꿈의 집
현실의 집

| 도판 출처 |

6쪽 전남일, 양세화, 홍현옥 공저, 《한국 주거의 미시사》(돌베개) 141쪽 도면
29쪽 전남일, 양세화, 홍현옥 공저, 《한국 주거의 미시사》(돌베개) 141쪽 도면
32쪽 전남일, 양세화, 홍현옥 공저, 《한국 주거의 미시사》(돌베개) 97쪽 도면
48쪽 전남일, 손세관, 양세화, 홍현옥 공저, 《한국 주거의 사회사》(돌베개) 102쪽 도면
138쪽 전남일 저, 《한국 주거의 공간사》(돌베개) 107쪽 도면

꿈의 집, 현실의 집

희망주택·저렴주택, 집에 대한 욕망의 사회사

초판 1쇄 인쇄 2014년 2월 22일 ＼**초판 1쇄 발행** 2014년 3월 10일
지은이 서윤영 ＼**펴낸이** 이영선 ＼**편집 이사** 강영선 ＼**주간** 김선정 ＼**편집장** 김문정
편집 허승 임경훈 김종훈 김경란 정지원 ＼**디자인** 오성희 당승근 안희정
마케팅 김일신 이호석 이주리 ＼**관리** 박정래 손미경

펴낸곳 서해문집 ＼**출판등록** 1989년 3월 16일(제406-2005-000047호)
주소 경기도 파주시 광인사길 217(파주출판도시) ＼**전화** (031)955-7470 ＼**팩스** (031)955-7469
홈페이지 www.booksea.co.kr ＼**이메일** shmj21@hanmail.net

© 서윤영, 2014
ISBN 978-89-7483-646-7 03900
값 14,900원

이 도서의 국립중앙도서관 출판시도서목록(CIP)은 e-CIP 홈페이지(http://www.nl.go.kr/ecip)에서
이용하실 수 있습니다.(CIP제어번호: CIP2014005711)

꿈의 집
현실의 집

희망주택 · 저렴주택
집에 대한 **욕망**의 사회사

서윤영 지음

서해문집

우리는 누구나
저렴주택에 산다

언젠가 누군가의 블로그를 엿본 일이 있다. 아니 엿본다는 말이 그다지 적당하지 않을 수도 있다. 그것은 사적인 이야기로 채워진 개인 블로그가 아닌, 자신이 그날 일했던 현장 사진을 찍어 올린 작업일지에 가까운 블로그였으니까. 블로그 주인의 직업이 조금 색다를 수 있다. 완곡하게 '특수청소'라 불리는, 쉽게 말해 부패한 사체와 그로 인해 얼룩진 주변 흔적들을 지우는 직업이다. 그가 다루는 죽음은 범죄 현장, 자살, 무연고 고독사 등 세 가지 범주로 나뉘는데, 대개 임종을 지켜주는 이 없이 혼자 당하는 일이라는 공통점이 있다. 하긴 누군가 임종을 지키는 자가 있다면 부패가 진행되도록 사체가 늦게 발견되는 일도 없을 것이다.

사진 속 모자이크로 처리된 죽음의 주변에는 TV와 옷장, 책상과 노트북이 있으며 벽에는 옷가지가 걸려 있고 밥솥 안에는 이미 쉰밥이 들어 있다는 점에서 여느 집과 별반 다를 바 없다. 그리고 그걸 들여다보는 나는 그 집의 구조와 방 배치를 궁금해한다. 블로그 속 집들은 대개 빌라, 원룸, 고시텔 등이며, 그중에 아파트는 한두 건이 있을까 말까 한 이유를 처음에는 잘 알 수 없었다. 아마 거기서부터 의문은 시작되었을 것이다.

왜 혼자 죽는 사람은 이런 집에서 살고 있는가. 혼자 죽기 위해서는 우선 혼자 살고 있어야 하는데, 그렇다면 누가 혼자 살고 있는가. 그들은 대개 미혼의 20~30대 젊은이거나 70~80대 독거노인, 그리고 이혼이나 가정불화 등으로 혼자 된 이들이었다. 이들은 사회가 제시한 하나의 모델 가족에 불과한 '4인 가족'의 범주에서 벗어난 이들이자, 철저히 4인 가족을 위주로 계획되는 주류 주택시장에서도 소외된 이들이다. 이런 사람들은 소득이 일정치 않아 주택시장에서도 취약하며 비교적 저렴한 주택에 세 들어 산다는 특징이 있다. 그리고 이는 우리 모두의 모습일 수도 있다.

현재 두 아이를 키우며 신도시의 33평 아파트에 사는 맞벌이 부부라 할지라도, 10년 전 남편은 대학시절 학교 근처의 고시원에서 자취를 했으며, 30년 후 자녀를 모두 출가시킨 뒤 남편과 사별한 아내는 독거노인이 되어 작은 빌라에 세 들어 살지도 모른다. 저렴주거에 산다는 것은 계층의 문제라기보다 생애주기에 따른 현상이라는 점에서 우리 중 누구라도 피해갈 수 없는 일이다. 이 책은 계층적으로 취약한 사람은 물론 주택시장에 갓 진입한 초입자와 은퇴와 함께 물러선 퇴입자의 주거에 대한 이야기다.

서점에 가면 매대에는 항상 건축 관련 책이 있다. 그중 큰 인기를 누리는 책들의 표지에는 푸른 잔디밭을 배경으로 2층집이 그려져 있고 '멋진 전원주택 짓기'등의 제목이 붙어 있다. 재빨리 훑어본 내용인즉 시내에 있는 아파트를 팔아 그 돈으로 시골에 땅을 사고 손수 전원주택을 짓는다는 것인데, 이는 은연 중 아파트를 부정적으로 보는 시각이 깔려 있다. 하지만 세상에는 그 토끼장 같은 콘크리트 박스에서 사는 것이 소원인 사람도 있다. 이 책은 바로 그런 사람들의 이야기다.

주택의 범주를 크게 희망주택, 대중주택, 저렴주택으로 나누어보았다. 대중주택이란 국민 대다수가 살고 있는 집이라는 점에서 아파트가 이에 해당할 것이다. 한편 희망주택은 국민 대다수가 희망하는 주택으로, 서점에서 화려한 주목을 받는 그 멋진 전원주택이 될 것이다. 그런데 희망주택, 대중주택, 저렴주택은 서로 동떨어진 별개의 것이 아니라 긴밀히 연결되어 활발하게 영향을 주고받아왔다.

우선 희망주택은 대중주택에 영향을 주었다. 전원주택 같은 느낌이 들도록 베란다를 크게 만든 아파트, 혹은 한옥의 정취를 느낄 수 있는 아파트 등이 이에 해당할 것이다. 한편 저렴주택은 또한 대중주택을 모방한다. 길거리 전봇대에 흔히 붙어 있는 빌라 분양 전단지에 '아파트 같은 구조'라는 수식어가 붙거나 아예 명칭조차 빌라트(빌라와 아파트의 합성어)인 것이 빌라가 아파트라는 대중주택을 모방하고 있음을 방증한다. 그래서 저렴주택을 보다 잘 이해하기 위해 먼저 희망주택을 이야기했다. 그러다 보니 아파트라는 대중주택만 쏙 빠진 모양새가 되었지만 언젠가는 대중주택으로서의 아파트에 대한 이야기를 해보겠다는 기약 없는 약속으로 변명을 대신한다.

차례

1

누구나 살고 싶은 집,

희망주택

어느 시대에나 그 사회에서 이상으로 생각하는 희망주택이 있었다. 국민의 대다수가 아파트에 살고 있어 이제 아파트가 국민주택이자 대중주택이 되어버렸지만, 정작 아파트에 살고 있는 사람들의 희망주택은 아파트가 아니다. 조그만 마당이 딸린 전원주택이나 도심 한쪽에 자리 잡은 한옥일 수도 있다. 내가 살 집을 언젠가 내 손으로 꼭 지어보고 싶다는 꿈을 평생 간직하면서 주택 잡지나 건축 서적을 틈틈이 뒤적이는 사람도 있을 것이다. 이처럼 대중주택과 희망주택은 일치하지 않으며, 그것은 어느 시대나 마찬가지였다.

근대사회가 시작되던 개화기 무렵 최고의 희망주택은 문화주택이었다. 문화생활을 하는 문화인의 집이라는 느낌을 풍기는 이 주택은 일제로부터 이식되었다. 도쿠가와 막부가 막을 내리고 메이지 천황이 친정(親政)을 시작하면서 열린 메이지 시대에 '문화'란 시대의 아이콘이었기에, 화양절충(和洋折衷)의 새로운 주택도 문화주택이라 일컬어졌다. 그리고 그 문화주택이 조선에 그대로 상륙하여 지어진 것이 이름도 동일한 조선의 문화주택이다. 다다미방과 서양식 양실이 함께 마련되어 있던 화양절충의 집에 조선의 온돌이 합쳐지면서 조-화-양(朝-和-洋) 3개국의 특성을 간직하게 되었다. 해방 후 일본식 다다미방을 제거한 채, 좌식의 온돌방과 양식의 거실로 구성된 한국식 문화주택이 널리 퍼지면서 어느덧 이름은 불란서주택으로 바뀌었다. 흔히 이태리타월이라고 부르는 때밀이수건의 기원이 실제 이태리가 아닌 것처럼, 불란서주택은 프랑스에서 유래한 주택이 아니다.

19세기 영국과 프랑스가 제국주의의 주체이던 시절, 인도와 아프리카 등지에 식민지 양식의 주택이 유행하게 된다. 푸른 잔디가 깔린 마당 위에 지어진 이국적인 경사지붕의 집, 이른바 '언덕 위의 하얀 집'이 유행하게 되는데 이것이 한국에 상륙하여 서양식의 이국적이고 낭만적인 집을 불란서주택이라 불렀던 것으로 추정된다. 문화가 메이지 시대의 아이콘이었던 것처럼 '서양'은 근대화 시대의 아이콘이었고, 그중에 가장 낭만적인 이름이 불란서였을 것이다. 솔직히 문화주택과 불란서주택은 서로 닮아 있었고, 또한 지금의 전

원주택도 마찬가지다. 차이점이라면 문화주택과 불란서주택이 도시에 지어지는 집이라면 전원주택은 1980년대 도시화와 자동차의 대중화 시기에 도심이 아닌 교외에 지어진 단독주택이라 할 수 있다. 은퇴한 이들이 거주하는 집이거나 혹은 주말 별장용으로 교외에 집을 짓는 것은 19세기 런던과 파리에서 널리 유행하던 풍습이었다.

서울에서 온 손님을 위해 텃밭에서 손수 키운 야채로 점심을 차리는 모습은 이미 100년 전 런던과 파리에서 유행하고 있었다. 그런데 누구나 꿈꾸는 그것이 불가능할 때에는 절충안이 등장하기도 한다. 타운하우스가 그것이다. 타운하우스는 이미 대중주택이 된 아파트 일색의 주거문화에 염증을 느낀 사람들을 대상으로 하는 주택이자, 손수 집을 짓고 모든 관리까지 직접 해야 하는 전원주택의 단점을 보완한 집이기도 하다. 본디 타운하우스는 영국 귀족들이 런던에 지었던 별장이었지만 한국에서는 오히려 서울 근교에 지어지는 고급 빌라의 대명사로 굳어지게 된다. 한편 그즈음 아파트가 보다 고층화, 고급화되면서 초고층 주상복합아파트가 등장했다. 타운하우스가 아파트의 특성을 되도록 숨긴 채 서울 근교에 지어진 집이라면, 초고층 주상복합아파트는 아파트의 특성을 더욱 부각시켜 시내 중심가에 지어놓은 집이라 할 수 있다.

개화기부터 현재까지 대략 100년간 시대를 흔들었던 희망주택을 크게 문화주택, 불란서주택, 전원주택, 타운하우스, 초고층 주상복합아파트 등 다섯가지로 일별해보았다. 이들 주택은 모두 외국에서 유래한 주택이자, 그 시원적인 근본은 영국과 프랑스라는 공통점을 갖는다. 또한 영국과 프랑스에서 직수입되는 대신 일제시대에는 일본을 거쳐, 그리고 현재에는 미국을 거쳐 한번 여과된 채 한국으로 들어오고 있다는 것이 여전히 공통점이다. 영국과 프랑스는 19세기 가장 강력한 제국주의 나라였는데, 한국은 그 직접적인 영향권에서는 벗어나 있었다. 하지만 일제강점기에는 일본을 통해서 직접적으로, 그리고 지금은 미국을 통해서 간접적으로 그 영향을 여전히 받고 있다. 일본은 동아시아에서 제국주의의 주체가 된 유일한 나라였으며, 현재 미국은 경제적으로 문화적으로 한국에 큰 영향을 끼치고 있는 것을 생각해볼 때, 희망주택이란 곧 제국주의의 주택이라는 생각이 든다. 거칠게 일별하자면 100년 동안 한국 사회를 회자했던 희망주택은 영국과 프랑스의 주택이 일본을 통해 혹은 미국을 통해 들어오면서 한국 실정에 맞도록 조정된 주택이라 할 수 있다.

일제시대는 끝이 났어도 아직도 일제의 잔재는 남아 있듯이, 제국주의는 끝이 났어도 주택은 여전히 제국주의의 그림자에서 벗어나지 못하고 있는 것이다. 또한 희망주택은 단순히 부자들의 집으로만 남아 있는 것이 아니라 어떤 형태로든 대중에게 영향을 끼친다. 고급 대형 아파트에서 선보이는 개인정원이 있는 아파트, 복층아파트 등은 명백히 마당 딸린 2층집에서 영향을 받은 것으로 보인다. 마당 딸린 2층집, 이는 19세기 아시아와 아프리카의 눈에 비친 유럽 주택의 이미지였는데, 21세기인 지금도 여전히 우리 사회의 희망주거가 되고 있다.

1
문화주택

scene # 1

나는 신경질입니다. 이것을 리해해 주어야 해요.

나는 처녀입니다.

돈만 만흐면 누구나 조하요.

나는 집세를 못 내였습니다.

구원해 주어요.

나는 쵸코-렛을 조아해요.

그것 한 상자만.

나는 외국류학생하고 결혼하고저 합니다.

나는 아즉 독신입니다.

나는 문화주택만 지어주는 이면 일흔 살도 괜찬어요.

피아노 한 채만 사주면.

《조선일보》 1930년 1월 12일자 만평 중에서

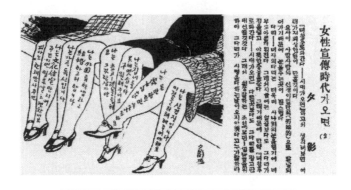

1930년 1월 12일자 《조선일보》에 실린 만평. 문화주택만 지어주면
일흔 살 노인에게게도 시집을 갈 수 있다고 적혀 있다.

지금으로부터 80여 년 전, 〈녀성 푸로파간다 – 시대가 오면〉이라는 제목
아래 실린 《조선일보》의 만평이다. 만평의 내용은 대략 이렇다. 요사이 볼
거리가 한층 많아지고 있는데 그중에 특히 여자의 다리가 사나이의 눈을
끌기에 충분한바, 만약 여성 프로파간다의 시대가 오면 다리를 대신 광고
판으로 쓸 것 같으니 모던걸의 다리가 사명을 다할 것이라고 말하고 있다.
과연 만평에는 짧은 미니스커트에 구두를 신은 네 명의 여성이 다리를 드
러낸 채, 그 다리에 자신의 요구사항을 적어 말하고 있다. 신경질적이니 이
해해달라. 집세를 못 내었으니 대신 내어주고 초콜릿 한 상자도 부탁한다,
외국 유학생하고 결혼하고 싶다. 이 중에 네 번째 모던걸은 문화주택에 피
아노 한 채만 있으면 일흔 살 노인도 괜찮다고 말하고 있다. 당시 모던걸의
마음을 사로잡았던 문화주택은 과연 무엇이었을까?

문화,
메이지 시대의 아이콘

—

영국과 프랑스를 비롯한 서구 제국주의의 물결이 바다 건너에서 해일처럼 밀려오던 19세기, 동아시아는 일대 혼란기였다. 신무기와 신기술을 앞세운 낯선 인종의 사람들을 바다 건너의 오랑캐 곧 양이(洋夷)라 부르고 그들이 타고 온 배를 흑선(黑船)이라 할 만큼 그것은 낯선 공포였다. 그에 대응하기 위한 우선적 방법은 바다 건너 현실을 외면하고 무시하는 것이어서, 조선뿐 아니라 중국과 일본도 쇄국의 빗장을 걸어 잠근 채 국내의 기존 질서를 유지하려 애썼다.

일찍이 중앙집권에 기반한 강력한 왕조국가를 건설했던 중국이나 조선과 달리, 일본의 천황은 형식적이고 상징적인 존재였을 뿐 실세는 중세 이래 막부(幕府)가 쥐고 있었다. 막부란 출정 중인 장군의 진영을 가리키는 말로 쉽게 말해 '임시천막사령부'라는 뜻인데, 최고사령관 곧 장군을 의미한다. 본디 일본은 1603년 이래 도쿠가와 막부가 권력을 쥐고 있었는데, 1867년 막부 시대는 막을 내리게 된다. 그리고 이듬해인 1868년 메이지 천황이 친정(親政)을 시작하면서 수도를 오사카에서 도쿄로 옮기고 쇄국의 빗장을 열어 개국을 단행하니, 이것이 메이지 유신이었다. 당시 가장 유명한 슬로건인 문명개화(文明開化)의 기치 아래 일본은 문화의 시대로 접어들기 시작한다. 이는 이전까지 칼이 지배했던 막부의 시대가 끝나고 문치교화(文治敎化)의 시대가 도래했음을 알리는 말이자, 메이지 시대를 상징하는 아이콘이기도 했다. 이후 문화란 발전하고 진보된 것, 새롭고 신기한 것 내지는 멋지고 세련된 것, 유행하는 것이라는 뜻으로 쓰이기 시작했는데, 이러한 사회상은 나쓰메 소세키의 장편소설 《나는 고양이로소이다》에 선명히 묘사되어 있다. 영어 교사의 집에 우연히 길고양이 한 마리가 들어오는 것으로 시작되는 이 소설은 극장에 가서 가부키 구경을 하는 것도, 백화점에서 쇼핑을 하는 것도, 레스토랑에 가서 공작새 혓바닥찜이라는 서양요리를 먹는 것도 인간들에게는 중요한 문화생활인 모양이라고 고양이의 눈으로 메이지 시대 소시민의 모습을 그리고 있다. 공작새 혓바닥찜은 아예 존재하지도 않는 요리로 교사를 놀리기 위해 서생이 꾸며낸 이야기에 불과한데, 서양 것이라면 무조건 모방하려는 메이지 시대의 모습을 풍자한 것이라 하겠다. 그리하여 메이지 시대 모든 것에 문화라는 접두어가 붙기 시작했다. 문화생활, 문화요리, 심지어 문화나이프에 문화기저귀까지 등장했고, 문화주택 역시 이러한 상황에서 탄생한 사회현상이었다.

문화촌의 문화주택
최초의 모델하우스

—

1922년 3월 도쿄 우에노에는 제1차 세계대전의 종전을 축하하는 평화기념박람회가 열렸는데, 그때 가장 큰 관심을 끌었던 것은 문화촌의 문화주택이었다. 도쿄제국대학 건축학과 오오쿠마 요시쿠니(大熊 喜邦) 교수의 지도 아래 일본건축회가 주관한 이 행사는 14채의 문화주택을 실제로 지어놓고 일반에게 공개했다. 어쩌면 이것이 최초의 모델하우스였을 것이다. 요즘

아파트 분양 현장에 실물과 똑같은 견본주택을 지어놓고 모델하우스라고 말하지만, 본디 '모델'이란 이상적인 사례를 제시한다는 점에서 '모범'과 같은 의미다. 즉 현재 아파트 분양 현장에 지어놓은 것은 정확히 말해 샘플하우스(견본주택)이고, 당시 박람회에 지어졌던 문화주택이 진정한 의미의 모델하우스(모범주택)였다. 이 주택은 부부와 어린 자녀로 구성된 4인 가족을 위한 집으로, 66m^2(20평) 내외의 규모에 응접실과 서재, 거실, 침실을 갖춘 형태였다. 결코 대형 호화주택이 아닌 중간계층의 도심 소형주택에 불과했지만 그 파급효과는 매우 컸다.

주택을 구체적으로 살펴보면 현관과 연결되어 응접실과 서재가 있고, 짧은 복도를 지나 거실, 주부실, 아동실이 나온다. 특이한 것은 66m^2 내외

1922년에 처음 선보인 도쿄 우에노의 문화주택.
식당과 거실, 응접실, 서재, 아동실 등 현대적인 명칭의 방들이 보인다.

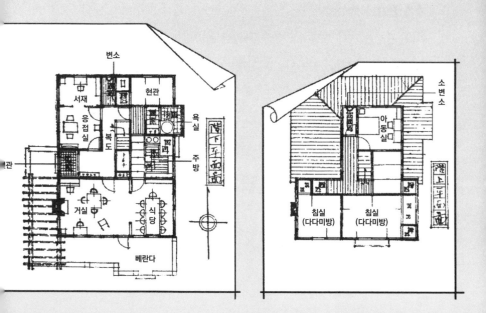

의 소형 평수(현재 한국 국민주택의 면적은 85㎡이다)인데도 응접실과 거실이 따로 마
련되어 있는 반면, 아동실은 하나에 불과하다. 자녀가 남매라면 하나의 아
동실로는 곤란할 것이고, 차라리 거실과 응접실을 하나로 합치고 침실을
하나 더 두는 것이 좋지 않을까 하는 생각도 들지만, 이는 현대인의 눈으로
당시의 주택을 본 것이다. 당시의 주택은 당시의 시각으로 이해해야 한다.

19세기 이전까지 일본의 전통주택은 가장의 시각에서 계획되었기 때
문에 접객공간이 많이 발달한 특징을 가진다. 일본의 주택은 고대의 신덴
즈쿠리(寢殿造), 중세의 슈덴즈쿠리(主殿造), 근세의 쇼인즈쿠리(書院造)로 발달
해왔다. 신덴즈쿠리란 침전(寢殿) 즉 가장의 침실이 되는 건물이 주가 되는
형태로, 헤이안(平安) 시대에 크게 발달했다. 이는 우리의 통일신라 시대에
해당하는 때로, 당시 동아시아의 주택 형태는 거의 비슷해서 내부에 뚜렷
한 방 구분이 없이 큰 방 하나로 이루어진 주택이 대부분이었다. 바로 이것
이 낮에는 가장의 거실로, 밤에는 침실로 사용되는 침전 즉 신덴이었다. 이
후 중세시대가 되어 봉건제도가 확립되면서 침전 부분에 접객을 위한 의
례적 공간이 부가되면서 침전이 주전(主殿)으로 발달한 주택이 슈덴즈쿠리
이다. 이러한 변화 과정은 당시의 사회상과 밀접한 관련이 있다.

중세 일본에서 실질적인 대민지배는 무사계층이 담당하였는데, 무사조
직은 정교하고도 치열한 상하관계에 기초하고 있었다. 지금도 군 조직에서
상급자가 하급자를 부르면 하급자는 재빨리 "네 일병 김 아무개"라고 관등
성명을 대는데, 이는 서로의 상하관계를 확인시켜 주는 역할을 한다. 무사
조직도 마찬가지였다. 조직의 최정점에 장군(將軍)이 있고 그 아래로 무장(武
將), 무사(武士)가 있었으며, 무사 내에서도 상급무사, 중급무사, 하급무사

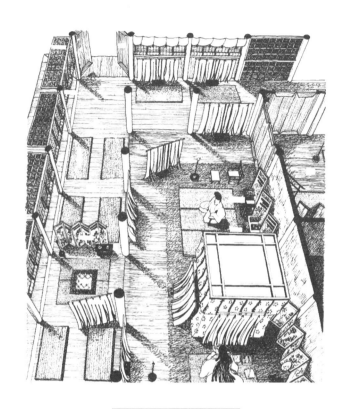

헤이안 시대의 귀족주거 신덴즈쿠리,
방 하나가 곧 침실이 되는 침전 즉 신덴이다.

가 있었다. 이러한 서열관계는 장군이 무장의 집을 방문하고, 무장이 무사
의 집을 방문하고, 무사 역시 상급무사가 하급무사의 집을 방문하는 것으
로 끊임없이 재확인되었다. 지금도 일본 사극을 보면 넓은 다다미방에 장
군 혹은 무장이 앉아 있고 그 앞에 하급자가 와서 머리를 조아리며 좌우로
사무라이(侍)라 불리는 호위무사들이 줄지어 늘어서 있는 것을 볼 수 있다.
이것이 바로 계급관계를 확인하기 위한 의례적 방문이요, 넓은 다다미방이

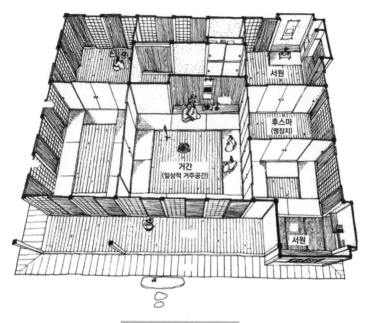

봉건시대의 귀족주거 쇼인즈쿠리,
건물 내부에는 공간 구획이 명확해지고, 접대공간, 서원, 다실 등이 부가되었다.

접객과 의례를 위한 공간 곧 주전으로 활용되었다.

하지만 봉건제도가 성숙하고 정치가 안정되는 근세시대에 들어오면서
접객을 위한 침전 외에 서원(書院)이 부가된 쇼인즈쿠리가 유행하게 된다.
서원이란 서재나 서고 등과 같이 책을 읽으며 공부를 하는 방으로, 조선의
사랑, 유럽의 서재(study)와 같은 방이다. 침실과는 분리된, 남성 가장이 낮
동안에 머물며 생활하는 곳이다. 중세까지만 해도 침실과 서재가 혼합된
공간이었던 슈덴에서 손님을 맞이하는 것이 보통이었지만, 근세로 접어들
면서 침실과 분리된 전용 쇼인에서 손님을 접대하는 것이 유행하게 된다.

이 시기 쇼인은 주인의 품격을 보여주는 공간이었기 때문에 점차 비대해지고 화려해지면서 다실이 부가되기도 했다. 요즘 우리가 알고 있는 다도(茶道)란 이 시기에 완성된 것으로, 차를 마시는 일상의 행위를 고도로 의식화한 것이다.

요약해보면 일본의 무가주택은 침전에서 주전으로, 다시 서원으로 발달하였는데, 이는 철저히 가장의 시각에 맞춘, 가장을 위한 주택이었다. 상급무사나 무장의 지위에 오르면 주택의 규모가 커지면서 하위 무사들의 대기공간과 숙소에 해당하는 도오자무라이(遠侍)가 부가되었지만, 그럼에도 불구하고 아내를 위한 방이나 자녀를 위한 방이 별도로 마련되는 일은 드물었다. 대신 이들이 거처하는 공간은 다이도코로 즉 대옥(對屋)이라 뭉뚱그려 칭하곤 했다. 하지만 1920년 문화촌의 문화주택에서 주부실과 아동실이 분명히 명기된 것은 일대 혁신이었다.

지금까지 주택 설계에서 한 번도 고려의 대상이 되지 못했던 여성과 어린이가 처음으로 자신의 방을 갖는 주체로 등장한 것이다. 자녀라 해도 성별과 연령을 고려하면 아동실도 두 개는 있어야 하지만, 그때는 아동의 프라이버시 개념은 생각하지 않던 시기여서 아이들은 성별에 관계없이 한 방을 썼다. 오히려 당시의 시각으로 보면, 부부는 침실을 공유하지만 아이는 5~6세 정도만 되면 별도의 독방을 갖는 요즘의 주택이 더 이상해 보일 것이다. 심지어 자녀가 중고생이 되면 학업에 열중하라고 침실 외에 별도의 공부방을 따로 주기도 한다. 그래서 어른 두 명이 한 방을 쓰고, 아이가 혼자 방 두 개를 쓰는 상황이 일어나기도 하는데, 메이지 시대의 문화주택은 어른이 각자 하나의 방을 쓰고 자녀들은 하나의 방을 공동으로 사용했다. 또한 거실이라는 새로운 공간도 등장했다.

거실(居室, 일본어로 居間)은 당시 생소한 개념이었다. 19세기 이전까지 일본 뿐 아니라 유럽에도 거실(living room)은 존재하지 않았다. 중세와 근세주택의 가장 큰 특징은 접객공간의 발달인데, 이는 아시아와 유럽이 모두 동일했다. 이 시기 조선에서는 접객공간인 사랑채가 유난히 발달하는 예를 볼 수 있다. '봉제사 접빈객(奉祭祀 接賓客)'이라 하여 조상의 제사를 받드는 일과 손님을 접대하는 일이 사대부가에서 치러야 하는 중요한 일이었는데, 그 접빈객의 장소로서 사랑이 중요했다. 유럽의 귀족들도 일주일에 한 번 시간을 정해놓고 정기적인 모임을 가졌는데, 이를 보다 정교하고 세련되게 발전시킨 것이 프랑스의 살롱문화다. 중세와 근세주택에서 식당과 객실 등 접객공간이 유난히 발달하였지만, 19세기 중반부터 서서히 접객공간이 사라지고 대신 가족단란행위를 전담하기 위한 공간으로서 거실이 새롭게 등장하기 시작한다. 그리고 그 거실 개념이 일본에 처음 소개된 것이 1920년대의 문화주택이었다.

20평 남짓의 작은 주택이지만, 각각의 방들에는 근세에서 근대로, 19세기에서 20세기로 넘어가는 과도기적 상황이 섬세하게 드러나 있다. 본디 접객공간을 중시했던 근세주택의 특징은 현관 앞에 붙은 응접실과 그 옆에 책상 하나를 놓고 서재라 이름 붙은 옹색한 공간에서 드러나고 있고, 근대주택의 특징은 새롭게 자리 잡은 거실에서 나타난다. 또한 지금까지 가장의 그림자 뒤에 숨어 지냈던 여성과 어린이가 주부실과 아동실이라는 이름으로 드러나기 시작했다. 그뿐만 아니라 침실은 다다미방, 거실과 응접실은 양식방으로 계획되어, 침실에는 전통적인 좌식가구가 놓이고 거실에는 의자와 테이블 등 입식가구가 놓이는 화양절충(和洋折衷, 서양의 기술은 받아들이되 일본의 정신은 유지한다)의 주택이 되었다. 어쩌면 1920년대는 일본 사회 자체가 일본식과 양식이 정신없이 뒤섞이는 시대이자, 유럽과 미국 역시 과거와 현재가 빠르게 교차하는 시대였을 것이다.

때는 바야흐로 간전기(間戰期), 제1차 세계대전이 끝나고 제2차 세계대전은 아직 발발하지 않은 시절이자, 유럽에서는 아르누보(Art Nouveau) 스타일이, 러시아에서는 구성주의가 유행하던 시기였고, 미국 역시 1929년 대공황이 일어나기 직전 풍요의 시기였다. 메이지 시대의 문화주택 역시 그 숨가쁜 변화의 시기에 탄생한 주택이었다. 그러나 문화주택이 첫 선을 보였던 1922년 평화기념박람회가 있고 이듬해인 1923년 관동대지진이 일어난다. 충격이 채 가시기도 전 1930년대부터 일본은 제2차 세계대전을 앞두고 전시체제로 바뀌고 이후 1945년 패전을 하게 되면서 문화주택은 크게 뿌리내리지 못하게 된다. 지진과 전시 상황, 패전 이후의 수습 등을 위해 개별 마당을 갖춘 단독주택보다는 빠르고 값싸게 주택을 대량 공급하기 위한 공동주택 건설에 치중하게 된 것이다. 대신 문화주택 열풍은 동시대 조선에 불어닥친다.

식민지 경성에 이식된
문화주택
—

1920년대 일본에서는 '모던보이, 모던걸'이라는 말이 유행했다. 머리를 자르고 서양식 옷을 입으며 서양의 유행과 사상을 따르는 젊은이라는 뜻인데, 사실 이러한 풍조는 유럽에서 먼저 유행했다. 특히 여성들이 머리를 길게 기르며 발목까지 내려오는 긴 원피스 형태의 드레스를 입는 전통 대신, 머리를 짧게 자르고 무릎 길이의 스커트를 입는 것이 전 세계적으로 크게 유행했다. 그리하여 짧은 일자형 단발머리를 하고 드러난 다리에 푸른 스타킹을 신은 신여성들을 블루 스타킹, 일명 '청탑파 여성'이라고도 불렀다. 근세와 근대의 과도기이자 19세기와 20세기의 전환기에 불어닥쳤던 모더니즘의 유행 속에서 탄생한 것이 일본의 모던보이와 모던걸이었고, 이러한 사조는 곧 조선에도 전해졌다. 여성이 짧은 단발머리를 한 것을 보고 놀라 모던걸(modern girl)인즉 곧 모단걸(毛斷-girl)이라고 비아냥거렸을 정도로 당시 일본과 조선은 실시간으로 문화현상을 공유했다. 문화주택 역시 마찬가지여서, 우에노 공원의 박람회에서 처음 소개된 문화주택은 7년 후인 1929년 경복궁에서 열린 조선박람회를 통해 조선에도 소개된다. 이때는 조선총독부의 시정(始政) 20주년을 기념하는 자리이자 1919년의 삼일운동 후 식민지배 전략이 무단정치에서 문화정치로 전환되던 시기이기도 했는데, 20~40평 규모의 문화주택 세 채가 지어져 전시되었다. 뿐만 아니라 전시 기간 중에 주택 구입 희망자를 선정하여, 전시가 끝난 후에는 적당한 대지를 구해 실제 그대로 이축을 하는 방안을 취했다. 마치 화랑에서 그림 전시와 판매를 동시에 하는 것과 같은 형식이자, 견본주택을 판매한다는 점에서 우리나라 최초의 모델하우스라 할 수 있다.

세 채의 주택 중 가장 인기가 높았던 1호 주택을 살펴보면 현관에서 곧바로 응접실 겸 서재로 연결되는 동선이 하나 있고, 그 외에 현관에서 복

1920~30년대에 유행했던 조선의 문화주택.
외관은 서구식과 일본식이 절충되어 있고
내부에는 온돌방이 부가되었다.

도를 지나 거실과 협실(거실 옆에 붙은 부속실), 온돌방으로 연결되는 동선이 보인
다. 이는 동선이 공적인 접대영역(응접실 겸 서재)과 사적인 거실영역(거실, 협실)으
로 양분되는 메이지 시대 문화주택의 특징을 강하게 보이고 있다. 또한 양
식의 응접실, 다다미 형태의 거실과 협실, 온돌방의 침실을 갖추고 있다. 기
존의 화양절충 외에 온돌방이 더 추가된 것으로, 식민지 주택의 가장 큰 특
징이라 할 수 있다.

일반적으로 식민지에 지어지는 주택은 식민 주체 본국의 주거양식을
따르면서 식민지 본토의 풍토와 환경을 감안하는 혼혈적 형식을 띤다. 그
래서 조선의 문화주택도 다다미 침실과 양식 응접실이 공존하는 화양절충
의 문화주택에 조선의 기후에 맞춘 온돌방이 추가되어, 결과적으로 세 가
지 형태의 건축양식이 한 지붕 아래 공존하게 되었다. 그 외에 2호 주택은

변소가 두 개 설치된 집이었고, 3호 주택은 발코니가 달린 2층 주택이어서 대중의 감탄을 자아내기에 충분했을 것이다. 그리고 곧 이러한 주택들이 경성에 지어지기 시작했다. 당시 일본인들이 많이 살았던 용산구 후암동 일대, 동대문구 신당동과 장충동 일대에 문화주택들이 많이 지어졌는데, 그곳은 전차 교외지역이라 불리던 곳이었다. 전차 부설에 따라 그 주변에 새로 생긴 신시가지와 그곳에 즐비했던 문화주택을 보고 받았을 문화충격은 다음에 섬세하게 묘사되어 있다.

이곳은 A정(町) 문화주택지이다. 뒤로는 울창한 송림이 있고 앞으로는 시내가 흐르고, 햇볕이 따듯이 비치는 해양한 일대에 채색의 부관(浮官)이 날아갈 듯이 벌여 있다. 빨간 벽돌집, 파란 세멘집, 노란 석탄집, 가지각색의 2층 양관이 하늘에나 떠오를 듯이 벌여 있다. 그리고 한 옆으로는 네 귀를 잠자리 날개같이 반짝 치켜 올리고 와네쓰 기름을 반들반들 먹인 호화의 조선와가(朝鮮瓦家)가 줄을 지어 벌여 있다. 지상낙원 소위 현대문화를 향락할 수 있다는 이상의 주택들이다. 기자는 구미의 어느 교외주택지나 본 듯이 무조건으로 찬사를 주며 매끈하게 닦여진 포도 위로 한 걸음 한 걸음 걸어가게 되었다. 뒤에서 뽕 하는 경적 소리가 난다. 놀라 돌아보니 37년씩 유선형 시보레 자동차 한 대가 미끄러지듯이 굴러 온다. (중략) 기자는 자동차가 사라진 골목을 돌아 이곳 문화주택가의 왕자인 K씨 집을 찾게 되었다. (중략) 흰 벽돌로 백악관 같이 지은 이층 양옥, 정원을 돌아 사랑으로 향하는 동안에 이층에서는 피아노 소리가 울리고 아래층에서는 레코드 소리가 화려한 음률을 전하고 있다. 그의 거실로 들어가니 이삼백 원 가량이나 된다는 자개장이 있고 그 외에 화려한 테이블과 교자(의자), 박래전기

축음기(외국산 전축) 그리고 온갖 명화와 자수 더구나 백 원씩이나 주었다는 파랑새 두 마리가 창문 옆에서 울고 있었다.

《조광》 1937년 4월호 중에서

이상의 주택, 구미의 교외주택 등으로 수식된 문화주택은 조선에 거주하는 일본인을 위해 일본인 건축가가 지은 일본인 주택이라는 한계점을 가지고 있었다. 그리하여 '문화적 조선주택의 표준형'을 모색해야 한다는 주장 아래 조선인 건축가들이 새로운 주택을 제시하기 시작했다. 당시 지식인들에게 있어 문화주택이란 곧 일본주택과 동의어여서, 이를 대체할 새로운 용어도 필요했다. 이에 조선인 건축가들은 이상주택(1923년, 김유방), 건강주택(1930년, 김윤기), 문화적인 주택설계(1937년, 이윤수), 조선주택개량시안(1941, 박길룡) 등의 명칭으로 《조선일보》, 《동아일보》, 《조선과 건축》 등지에 개량주택을 제안하기 시작했다.

도면을 구체적으로 살펴보면 현관에서 응접실 혹은 객실로 바로 연결되고, 복도를 지나 아동실, 주부실, 가족실로 연결되는 특징을 갖는다. 여기서 학생실(學生室)이 존재하는 것이 이채로운데, 메이지 시대 문화주택에서 흔히 보이는 서생실(書生室)과 같은 것이라 할 수 있다. 서생의 역할은 《나는 고양이로소이다》에도 상세히 묘사되어 있는바, 가장의 비서 겸 심부름꾼 역할을 하는 젊은 남성이다. 또한 식모실(食母室)도 존재하는데, 집 안에 서생과 식모를 두는 것은 메이지 시대 중산층 가정의 전형적인 모습으로 조선인 건축가가 제시한 이상주택 역시 메이지 시대의 문화주택을 모방하고 있음을 알 수 있다. 다만 양식과 다다미방이 없어지고, 모든 방은 온돌방으

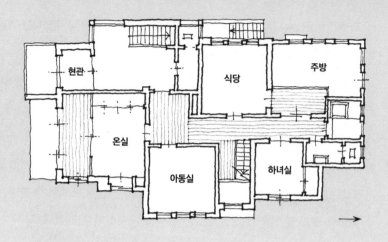

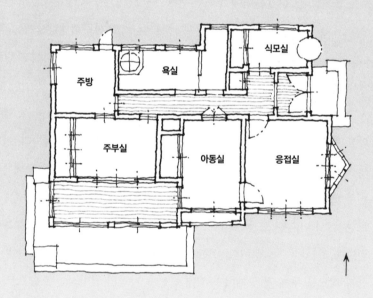

박길룡이 설계한 이상주택 안.
아동실, 주부실, 식모실, 응접실 등 일본 문화주택의 명칭이 그대로 사용되어 있다.

로 계획된 것이 차이점인데, 이는 1930년대 조선에 불어닥친 문화주택 담론의 가장 큰 특징이기도 했다. 메이지 시대의 신조어 '문화'에서 유래한 문화주택이 조선에 이식되었고, 조선인 건축가에 의해 조선식 이상주택이 생겨났지만 다다미방을 온돌방으로 바꾸는 데 그칠 뿐 학생실, 식모실, 응접실 등 메이지 시대의 주거 행태를 그대로 모방한 것이다. 당시 문화주택은 기존의 재래주택이 아닌 새롭고 편리한 주택, 현재 유행하는 최신주택 등의 의미로 쓰였으며, 문화주택만 지어주면 일흔 살 노인이라도 괜찮다는 신여성의 말처럼 갖가지 사회문제를 유발하기도 했다.

처녀 꾀는 수단인
문화주택과 피아노

—

1935년 10월 25일자 《조선일보》에는 박경수(당시 23세) 양이 은행가의 아들인 갑부 민병준을 상대로 위자료 1만 원을 청구한 사건이 보도되었다. 내용인즉 잡지기자로 일하던 박경수에게 민병준이 접근하여 자신이 지어놓은 문화주택이 있으니 결혼하여 함께 살자고 유혹하여 정조만 유린한 채 사라져버렸으니, 그 유린의 대가로 1만 원을 청구한 사건이었다. 비단 박경수 양뿐 아니라 이 시기 이런 일은 흔히 있었으니, 자신과 결혼하면 문화주택에 피아노를 사주겠다고 속이는 결혼 사기 및 그에 따른 고소고발 사건이 심심찮은 가십거리였다. 사실 결혼 사기는 어느 시대나 존재하는 것이지만, 그 미끼로 내 건 것이 문화주택이었다는 것이 흥미롭다. 요즘 방송국 PD나

연예기획사 대표를 사칭하면서 연예인으로 데뷔시켜 주겠다며 여성에게 접근하는 남자가 많은 것처럼, 유혹의 미끼는 여성이 가장 소망하는 것을 보여주는 거울이라 할 수 있는데 1930년대의 그것은 문화주택이었다.

그뿐만 아니라 그때 갓 생기기 시작한 화신백화점과 동아백화점에서는 특별 경품으로 문화주택을 내걸기도 했고, 요즘도 직장인들이 재테크 방법에 대해 관심을 갖듯 당시의 신문과 잡지는 문화주택을 마련하기 위한 자금 융통 방법을 소개하곤 했다. 일단 적금을 들어서 약간의 종자돈을 마련한 다음, 그 돈을 담보로 대출을 받아 대지를 매입한다. 그 후 대지를 가지고 담보대출을 받아 그 돈으로 문화주택을 지은 후 천천히 돈을 갚아나가는 방식인데, 이때 주의할 것은 개인 대금업자나 청부업자로부터 사채를 끌어다 쓰는 것은 위험하다고 조언하고 있다. 이미 오늘날의 주택담보대출과 비슷한 금융시장이 형성되어 있었던 것으로 보이며, 또한 은행에서 대출을 받아 문화주택을 지었다가 그 상환을 감당할 수 없어 주택은 빚에 넘어가는, 일명 하우스푸어도 많았던 것으로 보인다.

창문이 뚫어져도 백지 한 장 살 돈이 없고 신문지 한 장 얻을 길이 없어 화통을 한 창문을 두고 겨울을 맞는 사람도 있지만, 기와집도 부족하고 편리하지 않다고 양옥을 짓고 사는 사람이 많게 되었다. 모든 문화에 뒤떨어진 이웃사람들의 오막살이 집을 높은 양옥의 베란다에서 굽어보는 그 우월감이 자기의 생활의식을 높이는 것인지는 모르나, 그 문화주택에는 겨울이 오니 굴뚝에서 난로 연기가 피어 오른다. 피아노 소리가 나고 여자의 노랫소리가 나고 끼니 때면 이름도 알 수 없는 고기 굽는 냄새가 온 동리의 비위를 거슬리지만 자동차의 뿡빵 소리가 동리의 단잠을 깨인다. (중략) 날이 추워지니 양옥집도 창문을 닫고 겨울의 따뜻한 꿈을 꾼다. 그러나 그 집들은 은행에 몇 번이나 전당을 거푸 잡히고 언제까지 그 꿈을 꿀는지 그것을 생각하면 살 맛이 있겠느냐.

《조선일보》1933년 10월 26일자 중에서

해방 후의 문화주택
새마을주택이 되다
—

1930년대 이 땅에 문화주택이 처음 들어오던 때만 해도 꿈만 같았던 그 주택은 1960년대를 거치면서 도심 중간계층이 돈을 모아 살 수 있는 주택으로 대중화된다. 한국전쟁 후인 1960년대는 급격한 경제 성장의 시기이자 이촌향도(離村向都)의 시기였다. '집장사'라는 직업이 성행했던 것도 그즈음인데, 이들이 주로 지어 팔았던 것이 문화주택이다. 문화에 담긴 본래 의미도 사라졌고 내부 형태도 더 이상 메이지 시대의 문화주택이 아니었다. 응접실, 서생실, 식모실 등 접객과 고용인을 위한 공간이 사라지고, 침실과 거실, 주방 등 가족을 위한 주택으로 변화하였다.

주택에서 접객공간이 급격히 사라지는 시기가 1960~70년대라 할 수 있는데, 수유리, 상도동, 흑석동 등 서울 외곽이 신흥 주거단지로 개발되고 여기에 획일적인 집장사 집이 지어지면서 이러한 현상을 확산시켰다. 이는 도시에서만 일어난 일도 아니었다. 농촌 곳곳에 새마을운동의 깃발이 펄럭이면서 주택개량사업의 일환으로 새마을주택이 지어지기 시작했다. 지금도 경부고속도로 변에서 흔히 볼 수 있는 주택으로, 1970년대 도시 지역에서 유행하던 주택을 모방하여 지은 주택이다. 새마을운동의 노래에 "초가집도 없애고 마을길도 넓히고"라는 대목이 있듯이, 새마을운동이란 곧 초가집을 헐고 문화주택을 짓는 일이었고, 넓어진 마을길 주변에 양옥주택이 들어섰다. 이러한 주택 유형이 전국으로 확산되면서 문화주택이라는 명칭도 점차 사라지고 대신 도시에서는 2층 양옥집, 농촌에서는 새마을주택이라 불리게 되었다. 이러한 주거유형은 현재까지도 존속하고 있다.

국민 대다수가 살고 있는 국민주택 아파트, 암호 같은 번호키를 눌러 철제현관이 열리면 곧바로 거실과 마주한다. 거실을 중심으로 두 개, 세 개 혹은 네 개의 방이 연결되어 있으며, 주방도 거실과 연결되어 있다. 20평형대 소형아파트이든 40~50평형대의 대형아파트이든 한결같이 똑같은 구조로 되어 있는 내부구조는 1930년대의 문화주택에서 유래한다. 문화주택에 존재했던 서재 겸용 응접실은 사라졌지만, 1970~80년대까지만 해도 거실은 응접실과 혼동되어 사용되었다. 거기에 놓인 소파세트를 응접세트라 불렀으며 TV와 오디오, 피아노, 장식장 등 가장 값진 것들이 놓이는 곳이었다.

한편 서재는 소형주택에서 잠시 사라지는 듯하다가, 주택 사정이 좋아지는 1990년대부터 서서히 재등장하여 지금은 보편적인 방이 되었다. 입식부엌과 수세식 화장실 등은 모두 문화주택에서 처음 선보인 요소들이었으며, 결혼 후에 문화주택에서 살고 싶다는 당시 신여성들의 목소리는 결혼 후 강남의 아파트에서 살고 싶다는 요즘의 목소리를 그대로 닮아 있다. 견본주택을 먼저 전시한 후 판매하는 모델하우스, 주택이 상품으로 인식되면서 주택의 건설과 매매를 전담하는 집장사의 등장, 그리고 그들에 의해 획일적으로 지어진 집장사 집들, 과다한 주택담보대출로 인한 하우스푸어 등도 모두 문화주택에서 시작되었다. 당시 문화주택은 새로이 유행하는 편리하고 세련된 중산층 주택이라는 의미였고, 이는 지금도 꾸준히 재등장하고 있다.

1970년대의 불란서주택, 1990년대의 전원주택, 그리고 2000년의 초고층 주상복합아파트, 2010년대의 타운하우스 등 항상 그 시대의 서민들이 소망하는 주택은 존재했다. 그러한 주택들은 외형과 이름은 달랐어도 내부구조와 그에 담긴 담론은 대개 비슷했으며, 2014년인 지금도 마찬가지로 우리들은 새로운 이름의 문화주택을 기다리고 있다.

2
2층 양옥주택

scene # 2

한 8개월 동안 공사를 했던 것 같아요. 저희 식구가 오매불망 기대하던 하얀 2층 양옥이었어요. 당시 동네사람들이 저희 집을 하얀 집이라 불렀는데, 이후 저희 집을 흉내 낸 하얀 양옥이 동네에 여럿 지어졌어요. 돌아가신 아버지가 매일 저희를 앉혀 놓고 도면을 보여 주면서 여기가 누구 방, 여기가 거실, 여기가 부엌 하시면서 설명해 주셨던 기억이 나요. 학교 끝나고 오는 길에 친구들이랑 일부러 공사하는 그 앞을 지나치곤 했는데, 친구들이 얼마나 부러워했는데요. 현관 옆에 등나무를 심고 2층 베란다로 타고 올라가게 했어요. 몇 년 지나니까 2층 베란다는 등나무 그늘이 생겨서 거기다가 야외용 의자를 두 개 놓았죠. 아직도 그 집이 그 자리에 있는데, 지금 보면 참 작고 초라해요. 그래도 그때는 모두가 부러워했죠. 2층 양옥에 수세식 변소, 기름보일러, 거실, 입식 부엌, 뭐 이런 것이 있는 집이었으니까.

《한국 주거의 미시사》(2009, 전남일, 양세화, 홍형옥) 가운데 최현자(가명) 씨의 구술 내용 중에서 이제 50대에 접어든 화자가 서술하는 어린 시절은 대략 1970년대다. 2층 양옥, 하얀 집, 베란다, 등나무 그늘 아래의 야외의자 등이 마련된 집은 그 즈음 유행했던 '저 푸른 초원 위에 그림 같은 집을 짓고 사랑하는 우리 님과 한 백 년 살고 싶네(남진, 〈님과 함께〉)'라는 노래 속의 그림 같은 집과도 일치한다. 과연 어떤 집이었을까.

조선에서 제일 사치한 집
식민지 양식의 양관주택
—

엄밀히 말해 조선의 주거 근대화는 1930년대의 문화주택이 아닌, 1880년대 지방의 항구도시에서 시작되었다. 일본이 1868년 메이지 유신과 함께 개국을 단행했듯, 조선도 처음에는 흥선대원군이 실권을 쥔 채 쇄국을 고수했지만 1876년 고종이 친정을 시작하면서 개항을 하게 된다. 그리하여 부산, 원산, 인천에서 외국과의 통상을 허용하는데, 이곳에 외국인이 유입됨에 따라 그들의 주택도 함께 유입되었다. 외국인 주택은 양인에 의해 지어진 양식주택이라 하여 양관(洋館) 혹은 양관주택이라 불리면서 구한말 독특한 경관을 형성하고 큰 문화 충격을 주었다. 어쩌면 1930년의 문화주택보다 1880년대 양관주택이 준 충격이 더 컸을 것이다. 시대적으로도 50년 가까이 앞서 있었고, 화양절충의 문화주택에 비해 양관주택은 별다른 절충 없이 양인들이 지어놓은 양식주택이었다. 처음에는 개항지의 무역을 담당하는 상관(商館)이 대부분이었지만, 1890년대부터 서울에도 영국, 프랑스,

콜로니얼 스타일의 서양주택.
푸른 잔디 위의 하얀 집이라는 전형적인 이미지를 보여준다.

독일 등 각국 대사들의 공사관과 주택들이 지어지게 되었다. 이때 지어진 양식이 식민지 양식 일명 콜로니얼 스타일(colonial style)로 유럽인이 아시아 식민지에 짓는 주택양식이었다.

제국주의의 전성기였던 18~19세기, 가장 많은 식민지를 건설한 나라는 영국과 프랑스였다. 특히 영국은 인도와 아프리카, 프랑스는 아프리카와 베트남에 식민지를 건설하였는데, 이들이 아프리카, 인도, 베트남에 짓는 집들에는 공통된 특징들이 있었다. 우선 본국(프랑스 혹은 영국)의 주거 형태를 근간으로 하면서 현지의 기후와 풍토를 고려하는 주거형식을 띠었고, 식민지배와 관리 감독을 위한 몇 가지 요소가 첨가되었다. 일반적으로 식민주체가 되었던 영국, 프랑스, 독일, 네덜란드 등은 위도가 높은 지역이었고, 그곳의 전통주택들은 대개 겨울집이다. 반대로 식민지배를 경험했던 아프리카, 인도, 베트남 등은 위도가 낮은 지역이다. 따라서 겨울집을 아열대 지역에 짓는 과정에서 본국(유럽)의 주택 형태, 현지(아시아, 아프리카)의 기후와 풍토, 지배를 위한 공간이라는 세 가지 요소가 혼합된 독특한 식민지 양식이 탄생하게 된다.

식민지 양식에서 가장 중요한 것은 자국민의 위생과 안전이다. 성난 군중에 의한 폭동의 위험은 항시 도사리고 있었고, 열대 특유의 풍토병도 무시할 수 없는 요소였다. 가장 무서운 것은 말라리아였는데, 당시 유럽인들은 이것이 습하고 더러운 공기 즉 나쁜 공기(프랑스어로 mal aria)에 의해 감염된다고 생각했다. 그래서 자국민의 집은 맑고 깨끗한 공기를 찾아, 또한 되도록 원주민 마을과 멀리 떨어진 언덕이나 구릉에 지었다. 여기에 열대의 뜨거운 태양을 피하기 위해 차양을 길게 빼고 집 전체를 흰색으로 칠했으며, 비가 많이 내리는 우기에 대비해 지붕의 물매를 급하게 처리했다.

본디 겨울집을 비가 많고 무더운 지역에 짓다 보니 보조적 수단으로 각종 옥외공간이 부가되는데, 그중 데크와 베란다를 설치하여 옥외공간으로 활용하고 비와 태양을 피해 현관에서 바로 마차를 타고 내릴 수 있도록 포치(porch)가 발달하는 양상을 띤다. 또한 동반 가족인 여성과 아이들은 혼자 외출을 하거나 외부활동을 하는 것이 위험해서 주로 집 안에 머물며 시간을 보내곤 했다. 따라서 이들이 심심하지 않도록 울타리로 둘러친 마당 안에 1층에는 회랑, 2층에는 베란다를 설치하여 마을을 내려다보는 형식을 취하게 된다. 그리하여 언덕 위에 자리 잡은 하얀 집, 급하게 경사가 진 뾰족지붕에 차양과 처마가 길게 드리운 집, 데크와 포치, 베란다가 설치된 독특한 외관을 형성하게 된다. 여기에 항시 발생 우려가 있는 폭동을 미리 살

정동에 위치한 러시아 공사관.
현재 탑신만 남아 있는 상태지만
당시 상당히 고지대에 자리했음을 알 수 있다.
높다란 탑신이 감시탑의 전형적인 모습을 보여준다.

피기 위해 종탑이나 망루 혹은 뻐꾸기창을 설치하고 권위를 더하기 위한 화려한 장식을 부가하며, 특히 당시로서도 복고풍이라 할 수 있는 르네상스풍으로 외관을 꾸민 것이 식민지 양식 이른바 콜로니얼 스타일이다. 그리고 바로 그 주택들이 19세기 조선에 그대로 지어진 것이 양관주택이다. 대표적인 예가 세창양행 사택(인천, 독일 마이어 상사의 무역상사), 러시아 공사관(서울 정동), 영국 영사관(인천) 등인데, 마을이 굽어 보이는 언덕 위에 건설되었고 주택 앞 데크 부분에는 열주(列柱)가 설치되어 파르테논 신전을 보는 듯한 느낌을 준다. 이러한 주택은 상사 혹은 공사라는 이름이 말해 주듯 사무실과 주택을 겸하는 건축이어서, 1층에는 사무실이, 2층에는 침실이 자리 잡고 있는 말 그대로 양관(洋館)이었다.

한국과 중국 등 한문 문화권에서 옥(屋)이나 댁(宅)은 순수한 주거기능만 있는 집을 말하고, 관(館)은 업무시설이나 공공시설의 성격이 강하다. 따라서 양관도 본래는 조선에 거주하는 외국인을 위한 외교관사의 성격이 강했는데, 점차 고위계층의 주택으로 지어지기 시작했다. 대표적인 예가 이준용(흥선대원군의 장손) 주택, 윤덕영(순정효황후 윤씨의 큰아버지) 주택 등이다. 이 시기 일제는 왕족과 그 친인척들에게 귀족 작위를 주었기 때문에 조선의 왕족과 귀족들은 저마다 자신의 작위에 맞는 양관이 필요해졌다. 의식주는 매우 긴밀하게 맞물려 있어서 마치 디드로의 효과 같은 일이 발생한다. 디드로의 효과란 디드로가 멋진 오렌지색의 나이트가운을 선물 받았는데, 화려한 새 옷을 입고 앉아 있으니 문득 실내화가 낡아 보여서 새 신발을 사고 그다음엔 안락의자를 새로 사고 해서, 결국 서재 전체를 새로 바꾸게 되었다는 이야기에서 유래한 말이다.

새로운 작위를 받아 백작이 되고 나면 유럽이나 일본의 백작처럼 양복을 입었는데, 양복을 입은 채로 온돌방에 앉아 있는 것이 어색했기 때문에 처음엔 사랑을 양식으로 바꾸다가 결국 양식주택을 짓게 된다. 당시 귀족들 사이에서는 새로 받은 작위에 걸맞게 프랑스의 귀족주택을 모방하여 집을 짓는 것이 크게 유행했다. 현재 운현궁 양관이라 불리는 이준용 주택, 송석원이라 불리는 윤덕영 주택이 이에 해당하는데, 전형적인 프렌치 르네상스 양식에 내부 공간 역시 연회장과 식당 등 접객공간이 발달한 형태를 하고 있다. 특히 자작 작위를 받았던 윤덕영 주택은 실내 난방을 페치카(벽난로)로 하였으며 방마다 커튼을 달고 천장에는 샹들리에를 달아서 '조선에서 제일 사치한 집'이라는 지탄을 받았다. 새로운 주거유형은 언제나 최상류층에서 먼저 시작되었고, 아직 일반에게는 낯선 그 모습에 비난이 쏟아지지만, 이후 그것을 모방한 주택이 곧 확산된다. 새로운 주거유형이 도입될 때마다 반복되는 이 패턴을 벗어난 주택은 여태까지 단 한 건도 없었는

1911년 이준 주택.
프랑스의 귀족주택을 그대로 모방하여 지은 일명 '프렌치 르네상스' 양식의 주택.

데 양관주택도 마찬가지였다.

구한말의 양관은 외국인이 지었던 콜로니얼 스타일의 공사관, 조선인 귀족이 지었던 프렌치 르네상스 양식의 양관주택으로 나뉘지만, 일반 민중이 보기에 그것은 똑같은 양관주택이자 서양식의 세련된 주택이었다. 1930년대의 문화주택이 도심 중산층을 위한 한양절충의 주택이었다면 양관은 귀족을 위해 유럽에서 직수입한 주택이었기 때문에 문화적 충격과 열망은 더욱 컸다.

건축 그중에서도 주거건축은 소비문화의 일종이어서, 주거문화 역시 소비문화의 일반적 행태를 따른다. 상류층은 항상 남들과는 전혀 다른, 그래서 남들은 모방할 수 없는 차별소비를 하려 하고, 그 아래 중산층은 상류층의 차별소비를 적당히 모방하고 변용한다. 마찬가지로 최상류층의 차별소비였던 프렌치 르네상스 양식의 양관들은 이후 중산층을 위한 모방소비로 변형되었으니, 바로 방갈로하우스였다.

조선의 이상주택은
방갈로하우스

—

C군은 귀국한 길로 생활을 개선하느니 어쩌느니 하고 양관을 지었는데 (중략) 벽이 연와조, 지붕은 인조 슬레이트, 기타 부분은 목조이고 외양은 독일 제체시온에 가까운 듯하나 아무런 통일이 없다. 현관을 지나서 중앙이 홀이 되고 그 홀 안의 계상(階上)에 올라가는 계단이 있다. 그 홀에서 바른편 방이 가족실, 이 방으로 연속하여 식당, 주방, 변소가 있다. 계상은 침실이 2개 있고 서재와 욕실이 있다. 각 방의 난방은 모두 난로를 피우게 되었고 가구 등도 전부 양식이나 대체로 조선에는 조금도 없는 집이다 (중략) 지은 당시에 양풍 가구를 사들인다는 소위 문화설비 생활혁신에 분주하더니 어찌한 셈인지 양관이 불편하다고 그 양관 옆에 순 조선식으로 집 한 채를 지어 놓고 지금 그 집 가족들이 조선식 집에 거주하고 양관을 별로 쓰지 않고 혹 손님이 있으면 응접실로 쓴다.

〈유행성의 소위 문화주택〉, 《조선일보》 1930년 9월 1일자 중에서

양관주택은 유럽식 주거문화를 그대로 수용했기 때문에 당시 실정과 잘 맞지 않는 경우도 있었다. 거금을 들여 양관주택을 지었지만 계단으로 연결되는 2층, 온돌이 아닌 난로에 의한 난방 방식 등 생활의 불편으로 인해 비워두고 그 옆에 조선식 집을 새로 짓는 일까지 있었던 모양이다. 이에

건축계에서는 문화주택도 양관주택도 아닌, 조선인의 실정에 맞는 새로운 주택의 필요성을 말하기 시작했다.

그중 건축가 김유방은 우리 실정에 맞는 새로운 주택으로 캇테이지하우스(cottage house), 콜로니얼하우스, 뱅갤로(Bungalow) 등을 소개하였다. 캇테이지하우스 곧 코티지하우스란 19세기 프랑스에서 유행했던 소규모 별장주택이며, 뱅갤로 곧 방갈로는 앵글로 인디언 방갈로(Anglo-Indian Bungalow)의 줄임말로, 영국이 인도 식민지에 지었던 콜로니얼하우스이자 관리자 숙소를 말한다. '방갈로'라는 말 자체가 벵갈리안하우스(인도 벵갈 지역에 지은 집)에서 유래하는 것인데, 외형은 영국주택을 근간으로 하면서 무덥고 비가 많은 인도의 기후에 맞춘 주택이다. 혼혈적이고 이국적인 주거는 곧 영국 본토에 상륙하면서 중산층의 교외별장으로 각광받는다. 당시 영국은 신흥 중산층이 성장하여 교외에 전원주택을 짓는 것이 유행하였는데, 특히 영국 제국주의의 우월감을 드러내는 인디언 방갈로 형태를 선호했다. 그리고 이 유행이 일본을 통해 조선에 소개되면서 방갈로하우스도 함께 상륙한 것이다. 방갈로하우스의 이면에는 영국, 인도, 일본, 조선이 복잡하게 얽혀 있는데, 김유방은 이것을 조선의 생활에 가장 알맞은 주택이라 소개하면서 24평과 27평, 두 가지 주택을 제안한다.

당시는 급격한 문화 변혁기여서 문화주택과 양관뿐 아니라 콜로니얼하우스, 코티지 하우스, 방갈로 등 서양의 여러 주택들이 마구잡이로 소개되던 시절이기도 했다. 김유방은 방갈로하우스의 문화적 배경보다는, 영국식의 합리적 내부동선, 폭염과 폭우에 견디기 쉬운 외형, 4~5인의 소규모 가족이 살기에 적당한 규모라는 건축 요소만을 보고 이상주택이라 생각했을

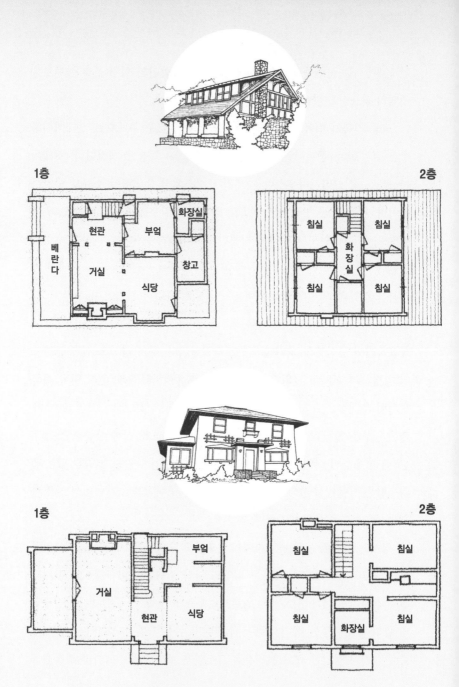

1층   2층

베란다 · 현관 · 부엌 · 화장실 · 거실 · 식당 · 창고

침실 · 침실 · 화장실 · 침실 · 침실

1층   2층

거실 · 부엌 · 현관 · 식당

침실 · 침실 · 침실 · 화장실 · 침실

김유방이 소개한 방갈로하우스. 유럽식 주택을 무더운 아시아 지역에 지으면서 변형된 유형인데,
김유방은 이를 한국식 기후에 적합하다고 보았다.

것이다. '소주택 중에서도 자연미를 수용하는 데 적당하고 처마가 넓어 조선주택과 유사하기 때문'이라고 그 수용 이유를 밝혔는데, 그때는 조선뿐 아니라 일본과 영국에서도 방갈로 건축이 크게 유행하고 있던 시절이었다. 당시 조선인은 무엇이 문화주택이고 양관이고 또 방갈로인가는 크게 중요하지 않았다. 불편하고 낡은 기존의 주택을 대체할 새롭고 편리한 주택, 이국적이고 세련된 주택이라면 문화적 경위야 어찌 되었던 상관하지 않았다. 김유방이 제안한 방갈로주택을 자세히 살펴보면 27평형의 경우 포치에서 생활실(living room)로 바로 연결되고 여기서 객실, 침실이 붙어 있으며 복도 하나를 지나 주방과 주부실(아동실 겸용)로 연결된다. 이는 당시의 문화주택이나 지금의 아파트와 비슷한 거실 중심의 주택인데, 다만 포치, 베란다 등 방갈로주택의 전형적인 요소들이 등장하는 것이 흥미롭다.

현재 우리는 베란다와 발코니를 명확히 구분하지 않고 사용하고 있는데, 이 둘은 건축법적으로 구분되어 있고 무엇보다 기원과 유래가 다르다. 발코니는 로마 제국시대에 널리 지어진 집합주거 인술라(Insula)에서 유래한다. 이는 역사상 최초의 아파트에 해당한다고 볼 수 있는데, 1층에 상점이 있고 2층 이상에 주택이 있었던 6~7층짜리 공동주택이다. 당시 로마는 국제도시로 성장하면서 심각한 주택 부족 문제를 겪고 있었고, 이에 셋집주택인 인술라가 시내를 뒤덮고 있었다. 20세기 영화사에 길이 남을 〈벤허〉가 바로 이 시기 로마를 배경으로 하고 있는데, 그 첫 장면이 신임 총독의 시가행렬 모습이다. 구름같이 몰려든 인파 속에 벤허의 여동생이 건물 옥상에 올라가 시가행진을 바라보다가 손을 잘못 짚어 기왓장을 떨어뜨리는데 그것이 하필 총독을 태운 말의 머리에 맞는다. 말이 놀라 뛰고 행렬이

로마시대의 인술라.
1층이 상점이고 2~4층이 주택이었던 로마시대의 공동주택,
영화 〈벤허〉는 인술라를 배경으로 하고 있는데,
벤허와 누이동생 뒤로 인술라의 발코니가 보인다.

엉망이 되자 총독이 크게 노하여 벤허와 여동생, 그 어머니까지 모두 노예
로 만들어버리는 것이 영화의 시작이다. 그때 여동생이 올라가 행진을 구
경하던 건물이 바로 인술라인데, 임대를 목적으로 지어진 날림 주택이 대
부분이어서 실제로도 그런 사고가 많았고, 무엇보다 화재의 위험이 컸다.
그 화재 중에 가장 유명한 것이 AD 64년의 로마 대화재다. 불은 며칠이나
계속되며 로마 시내의 절반을 태워버렸고, 이후 로마를 재건하면서 네로
황제는 몇 가지 원칙을 세운다. 화재를 방지하기 위해 건물 간 이격 거리와
소방도로를 두며, 또한 붕괴 위험을 방지하기 위해 각 인술라의 건축 높이

는 70피트 이내로 한다는 제한규정도 있었는데, 이를 현대적 수치로 환산해보면 대략 7층 이하의 건물 높이가 나온다. 아울러 각 인술라에는 화재 시 이웃세대로 대피할 수 있도록 발코니를 설치한다는 규정이 있었다. 즉 발코니는 화재 시 대피용도로 사용하기 위해 집합주택에 설치하는 시설물로, 현재 아파트에 설치된 노대(露臺)는 그 용도와 기원상 발코니에 해당한다고 볼 수 있다. 반면 베란다는 인도의 방갈로하우스에서 유래하는 것으로, 본디 겨울집을 열대지방에 짓는 과정에서 여러 가지 보조적 장치들이 부가되는데 그중 데크를 마련하여 옥외 생활공간으로 활용한 것이 베란다이다. 따라서 김유방이 제안한 방갈로하우스에 베란다가 마련된 것이다.

또한 그는 방갈로하우스를 소개하면서 2층 방갈로도 제안하고 있는데, 1층에는 베란다, 거실, 식당, 부엌이 있고 2층에는 네 개의 침실이 있는 중산층 주택이자 전형적인 유럽식 주택이다. 뾰족 지붕, 2층 주택, 벽난로 난방에 따라 필연적으로 생기는 굴뚝, 데크, 베란다, 파고라, 잔디밭 등에서 풍기는 이국적 분위기는 방갈로하우스의 이미지를 고착시켰고, 이는 해방 후 불란서주택과 새마을주택에도 영향을 준다.

불란서주택과
새마을주택
—

전쟁의 상흔을 서서히 수습해가던 1960~70년대 한국은 한창 성장기였다. 서울이 급격히 팽창하면서 기존의 사대문안을 벗어나 서울 외곽과 강남이

1970년대 불란서주택. 2층 양옥주택으로,
지붕의 양쪽 기울기가 서로 다른 독특한 지붕형태를 하고 있다.

개발되던 시기이기도 해서, 북부의 수유리 일대, 동부의 성동구 일대, 남부의 흑석동과 사당동 일대, 서부의 화곡동 일대가 그즈음 주택지로 새로 조성되었다. 일정한 규모의 택지 안에 비슷한 모습의 주택들이 지어졌는데, 크고 화려한 대문간에 잔디가 깔린 조그만 마당을 끼고 2층 주택이 있었다. 1층에는 데크와 파고라가 있어 등나무를 올리기 좋았고, 2층 뾰족지붕 아래에는 뻐꾸기창이 달린 다락방이 하나 있었다. 현관에 들어서면 응접실 겸 거실이 있었고, 전축, 피아노, TV, 장식장 등을 배경으로 일명 응접세트라 불리는 소파가 놓여 있었다. 거실을 중심으로 안방과 건넌방, 부엌, 식당이 있고 2층에 한두 개의 방이 있는 중산층 주택으로, 흔히 2층 양옥집 내지는 불란서주택이라 불렸다. 영국식 방갈로하우스에서 유래한 주택이 불란서주택이라 불린 이유를 어떻게 설명할 수 있을까.

사물의 명칭에는 많은 의미가 중첩되어 있다. 본디 우리는 2층집의 전통이 없는 나라여서, 개화기의 양관주택은 조선인의 눈에 비친 최초의 2층 주택이었다. 2층이 서양식 주택의 가장 큰 특징으로 인식되면서 2층 양옥, 2층집 등은 곧 양식주택이자 중산층 주택이라는 뜻으로도 통용되었다. 그 앞에 '마당 딸린'이라는 수식어가 덧붙기도 했는데, 잔디밭, 파고라, 등나무, 벤치 등 조경에 많은 신경을 쓴 것은 제국주의 시설의 콜로니얼 하우스에서 유래한다. 또한 폭우에 대비하기 위한 급격한 경사지붕은 이후 뾰족지붕이라 불리면서, 그 앞에 설치된 뻐꾸기창과 더불어 양옥의 가장 큰 특징이 되었다. 지금까지 우리나라에는 없었던 지붕 형태이기 때문이다.

주택의 지붕 형태는 크게 박공과 처마로 나뉜다. 박공은 ㅅ자 형태의 뾰족한 면을 말하고 처마는 그 옆의 평평한 부분을 말하는데, 중국과 한국, 일본 등 아시아에서는 처마가 있는 면을 정면으로 둔다. 하지만 유럽 특히 영국, 독일 등의 북유럽에서는 ㅅ자 형태의 박공 쪽을 정면으로 삼는다. 입면에 박공이 선명히 드러나는 것은 영미 주택의 특징으로, 나다니엘 호손의 소설《일곱 박공이 있는 집(The house of the seven gables)》은 제목 그대로 일곱 개의 박공이 있는 웅장하면서도 기괴한 주택을 배경으로 하고 있다. 또한 한국과 일본에서《빨간 머리 앤》으로 알려진 동화의 원 제목도 실은 《푸른 박공 집의 앤(Anne of the green gables)》일 만큼 영미주택에서 전면 박공은 일반적이다. 하지만 동양문화권에서는 박공이라는 이름조차 생소하여 보다 쉽고 친근한 뾰족지붕으로 바뀐 채 양옥주택의 가장 특징적인 요소로 자리 잡는다. 1960~70년대에 지어진 양옥주택은 대부분 전면 박공을 하고 있으며, 이는 전면 처마에 익숙해져 있던 눈에 이국적인 낭만을 선사했을 것이다. 그 뾰족지붕의 낭만을 더욱 극대화시킨 것이 불란서지붕으로, 양쪽 물매의 기울기를 서로 다르게 만든 지붕이다. 그리하여 1960~70년대 서울과 대도시는 불란서지붕을 한 불란서주택들이 지어졌는데, 프랑스에서도 존재하지 않는 이 주택을 어째서 불란서주택이라 불렀는지 몇 가지 추정을 해본다.

양옥주택은 개화기의 양관주택을 모태로 하고 있는데, 양관은 프렌치 르네상스 양식을 하고 있다. 이는 프랑스가 아닌 19세기 일본에서 유행한 양식이었다. 당시 일본은 '동양에서 먼저 진보한 나라가 아직 그렇지 못한 나라들과 연합하여 서구 제국주의의 침략에 맞서야 한다'는 논리로 침략을 정당화했다. 그리하여 일본이 조선에 지은 모든 건물은 일본식이 아닌 진보된 나라의 양식이어야 했고, 그 모델을 르네상스에서 찾았다. 일반적으로 지지 기반이 취약한 신흥정권이나 독재정권은 공공건물을 신축함에 있어 역사적으로 함의를 획득한 양식을 취하는 경우가 많다. 이를테면 히틀러가 로마네스크 양식을, 스탈린이 고딕 양식을 선호한 것이 대표적인 예로, 이미 그 우수함이 입증된 로만과 고딕의 건축양식이 신흥정권의 취약성을 보완해줄 수 있기 때문이다.

19세기의 메이지 천황 역시 마찬가지였다. 오랜 막부의 천막을 벗겨내고 친정을 시작한 그는 16세기의 르네상스 양식과 17세기 절대왕정 양식을 혼합하여 19세기말 네오 르네상스 양식을 만들었고, 새 술을 새 부대에 담듯 새로운 근대 양식의 건물을 네오 르네상스 양식으로 지었다. 그리고 이 양식이 식민지 조선에 그대로 이식되어 조선은행(현 한국은행 박물관), 조

현재 한국은행 박물관으로 쓰이는 옛 조선은행.
네오 르네상스 양식으로 지어져 있다.

도서관으로 활용 중인 옛 서울시청사 건물 역시
네오 르네상스 양식이다.

선총독부 청사, 서울시청사 등이 지어졌다. 한편 이즈음 상류층을 중심으로 양관건축이 유행하면서 이준용 주택과 윤덕영 별장처럼 프랑스 귀족주택을 모방한 주택이 확산되면서 르네상스와 프랑스풍이 혼합된 이른바 프렌치 르네상스 양식이 탄생했다. 프랑스풍이란 이국적이고 고급스러운 것, 서양식의 세련된 것이라는 의미가 부가되었고, 마침내 1960~70년대의 양옥주택을 불란서주택이라 부르게 된 것으로 추정된다. 당시 불란서주택은 이국적이면서 낭만적이고 세련된 주택이었다. 잔디가 깔린 마당, 테라스, 데크, 2층은 불란서주택의 큰 특징이었고, 이러한 중산층의 주거문화를 그 아래 계층이 모방하면서 각 요소들은 점차 변화가 일어났다. 하위계층으로 내려올수록 공간이 협소해지면서 소형화 이른바 미니마이즈(minimize)가 진행된 것이다. 한 뼘만 한 공간의 미니 잔디밭, 미니 테라스, 미니 2층과 그 앞에 마련된 미니 베란다 등 19세기 유럽의 콜로니얼하우스와 영국의 방갈로하우스에서 사용되던 모든 요소들은 100여 년의 시간을 뛰어넘어 1960~70년대 서울에서 '미니'라는 접두어가 붙은 채 고스란히 재현되었다.

일본식 문화주택에 대한 반작용으로 조선식 방갈로하우스를 제안했지만, 그것의 뿌리는 모두 제국주의 침략의 결과물이었다. 화양절충의 문화주택이 일본의 얼굴을 솔직히 드러낸 것이어서 그에 따른 비판도 충분히 받았다면, 방갈로하우스와 양옥주택은 보다 교묘히 숨겨진 제국주의의 또 다른 얼굴로, 비판조차 없이 자율적으로 받아들인 주택이었다. 또한 그것들은 지금도 여전히 우리 곁에 머물고 있다.

서울의 인구 유입이 점차 가속화하면서 미니 2층은 1970년 후반부터

1층과 2층의 면적이 동일한 완전한 2층 주택으로 지어지기 시작했고, 이는 1980년대 층별 임대를 가능하게 했다. 주인은 1층에 살고 2층을 통째로 전세를 주며, 개중에는 주차장을 개조하여 문간방을 만들어 월세를 주기도 했다. 그리고 이러한 셋집주택들을 양성화한 것이 1990년대의 다가구주택들이다. 지금도 우리 주변에서 흔히 볼 수 있는 외부계단이 노출된 수많은 다가구주택들, 그 기원은 100년 전 프렌치 르네상스 양식의 양관주택이자 50년 전 불란서 지붕을 한 양옥주택들이었다.

3
전원주택

scene # 3

"이놈들아, 그만 울어."

살림집 마을 모퉁이를 돌다가 수탉 우는 소리와 때맞춰 정겨운 아낙의 목소리를 듣게 된다. 아낙은 이사 온 지 얼마 되지 않은 듯, 거친 마당에서 괭이를 들고 자갈을 고르고 있는 중이었다. 한낮에도 울어대는 닭들에게 애정이 담긴 목소리로 구박을 하며 오래 전부터 일을 해 온 모양이다. 이마에는 땀이 가득했다. 살림집 마을에서 만난 첫 번째 주인공은 강○○ 씨(ㅊ대 무용학과 교수)였다.

"빡빡한 공연, 작품활동, 강의 등으로 심신이 완전히 지친 상태였어요. 나를 추스르고 새롭게 시작해야 한다는 생각으로 이곳에 왔어요. 왜 진작 전원으로 오지 못했나 싶어요. 생명을 느끼고 자연을 느끼면서 새로운 모색도 하게 되고…"

강씨와 토방에 앉아 햇볕을 쬐는 동안 시골아낙 강○○을 만나게 된다. (중략) 낯선 기자들의 침입에 당혹하며 인터뷰를 꺼리던 그녀도 시골아낙네들의 인심이 그렇듯 점심이나 먹고 가란다. 그녀가 뚝딱 지어내는 점심상은 아홉 가지 잡곡을 넣은 현미밥에 조미료를 넣지 않은 쑥국, 집 앞에서 땄다는 풋고추 절임, 냉이 무침, 동치미와 김치 등 어머니가 차려주는 시골밥상 그대로다.

《열려라! 전원주택》(1999, 이광훈 외) 중에서

1990년대 중반 충북 청원군에 있는 전원주택단지로 인터뷰를 가던 어느 기자의 인상이다. 무용학과 교수, 공연과 작품 활동, 강의 등의 낱말이 시골아낙, 시골밥상, 풋고추 절임과 냉이무침이라는 말들과 대조를 이룬다. 1980~90년대부터 유행하기 시작한 전원주택 붐은 우리나라에만 있었던 것이 아니다. 도시를 떠나 근교에 전원주택을 마련하는 일, 그것의 역사는 200여 년 전 영국으로 거슬러 올라간다.

귀족의 영지에 있던 집
영국의 컨트리하우스

—

전원주택은 영국의 컨트리하우스(country house)에서 유래한다. 현재 컨트리하우스를 별장주택 혹은 전원주택이라 번역하고 있지만, 정확한 뜻은 장원주택(莊園住宅) 내지는 영지주택(領地住宅)이다. 또한 컨트리하우스는 본디 매너하우스(manor house)에서 유래한 말이다. 유럽 전체가 마찬가지였겠지만, 산업혁명이 일어나기 전 영국에서 귀족들의 주된 수입은 방대한 영지에서 올라오는 지대수익이었다. 봉건제였던 중세시대에 왕으로부터 하사받아 조상대대로 내려오는 땅이 매너(manor)이고, 그 영지 내에 있는 귀족주택이 매너하우스다. 이때 매너하우스를 일명 컨트리하우스라고도 하였는데, 이는 영국 귀족의 독특한 특징 때문이었다.

유럽 문화는 영국과 독일, 북유럽 등지의 게르만 문화권과, 이태리, 프랑스, 스페인 등지의 라틴 문화권으로 크게 나뉜다. 영국과 프랑스는 게르만과 라틴이라는 서로 다른 문화적 배경을 가지기 때문에 주택의 모습과 사회상도 서로 다른데, 그중 하나가 귀족의 생활 양상이었다. 영국 귀족은 자신의 영지를 떠나지 않고 그곳에서 생활하는 임재지주(任在地主)의 경향이 강하지만, 프랑스 귀족은 자신의 영지가 아닌 파리에 머물면서 지대수익만 징수하는 부재지주(不在地主)의 성격이 강하다. 특히 프랑스의 귀족은 왕이 주최하는 연회와 만찬에 초대되는 것을 매우 중요하게 여겼기 때문에 파리에서도 왕궁 근처에 살았고, 매일 왕궁에 드나들며 왕실 주변의 시시콜콜한 한담과 예절에 주의를 기울였다. 이것이 바로 궁정사회였고, 그 섬세하고 까다로운 예절과 어법이 에티켓이었다. 프랑스 귀족을 궁정귀족이라 하는 것도 이 때문이다. 하지만 영국의 귀족은 자신의 영지에서 생활하는 전원귀족이었다. 주로 3월부터 10월까지의 농번기 동안에는 영지에 살면서 농사를 직접 감독했고, 추수가 끝나 겨울이 되면 런던으로 올라와 문화생활을 즐겼다. 이때 겨울을 지내는 런던의 집이 타운하우스(town house)였다.

영국 귀족에게는 매너하우스가 본거이고, 런던의 타운하우스가 겨울용 별장이었다. 때로 런던에 별도의 타운하우스를 가지지 않는 귀족도 있었지만, 자신의 영지 내에 매너하우스를 갖지 않은 귀족은 없었다. '영국인에게 있어 집이란 곧 자신의 성이다'라는 말이 있는데, 이는 귀족의 매너하우스를 말하는 것이었다. 중세의 매너하우스는 집이라기보다 영주의 성관(城館)에 가까워서 예배실과 무기실이 갖추어져 있곤 했다. 중세시대에 지어진 마법학교를 무대로 하는 '해리포터 시리즈'를 비롯하여 중세를 배경으로 하는 영화에서 빠지지 않고 등장하는 장면이 갑옷과 무기가 들어찬 무기

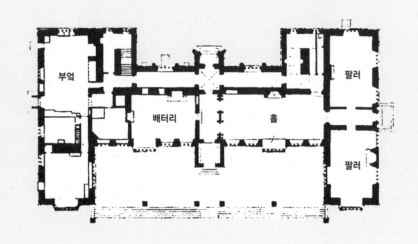

부엌   배터리   홀   팔러   팔러

중세의 매너하우스. 광대한 영지를 소유했던 영국 귀족의 집으로,
자신의 영지에서 생활했던 전원귀족의 면모를 엿볼 수 있다.

실이다. 중세 귀족은 특권과 함께 의무도 지고 있었는데, 그중 가장 중요한 의무가 국가 위급 시에 직접 무장을 하고 전쟁에 나가는 일이었다. 남편이 농노를 징발하여 조직한 병사를 이끌고 전쟁에 나가면 아내는 예배실에서 전승을 기원하는 기도를 드렸다. 이처럼 중세 매너하우스에서 가장 중요한 방은 무기실과 예배실이었고, 나머지 방들은 그다지 중요하지 않아서 대개 주인의 방, 여주인의 방 정도만 구분되어 있었다. 매너하우스는 지방의 영지에 있었기 때문에 별칭으로 컨트리하우스라고도 불렸는데, 중세 말기 새로운 신흥계급이 생기면서 매너하우스의 성격도 변하게 된다.

컨트리하우스,
젠트리의 상징이 되다
—

중세의 계급구조는 왕과 영주가 권력의 최고 정점에 있고 그 아래 공작, 후작, 백작, 자작, 남작 등 다섯 등급으로 구분된 귀족이 있고, 그 밑에 준남작, 기사, 성직자 등으로 구성된 하위 지배계층이 있었다. 그 아래로 소작농이 피지배계층을 이루었는데, 17세기부터 부유한 자작농인 젠트리(gentry)와 요맨리(yeomanry) 계층이 성장하기 시작했다. 젠트리는 대략 3,000에이커 이상의 토지를 소유한 자작농, 요맨리는 1,000에이커 이하를 소유한 자작농이었는데, 자작이나 남작 등 가난한 하위귀족이 소유한 토지가 1만 에이커 정도였던 것을 생각하면 상당한 부농이었다.

그리고 이는 조선에서 지방의 부농이 성장하여 만석꾼 혹은 천석꾼이 등장하던 시기와도 일치한다. 단순 비교는 무리가 있지만 만석꾼이 젠트리, 천석꾼이 요맨리에 해당했을 것이다. 당시 만석꾼이 지방에 농가를 신축하면서 사대부가를 모방하여 지었는데 그것이 오히려 사대부가보다 더 화려한 경우가 많았던 것처럼, 영국의 젠트리들도 귀족의 매너하우스를 모방한 컨트리하우스를 짓기 시작했다. 그 후 빅토리아 시대(1830~1901년)에 산업혁명이 일어나면서 기존의 농지 기반 젠트리가 아닌, 산업자본에 기반한 신흥 중산층이 생겨나 이들 역시 중산계급(gentry class)이라 불리기 시작했다. 농장이 아닌 공장을 소유한 자본가가 젠트리 대열에 합류하자 신흥계층의 정체성을 강화시켜 줄 컨트리하우스가 더욱 절실해졌다.

그리하여 19세기 런던 근교는 신흥 중산계급의 컨트리하우스로 뒤덮이기 시작했다. 공장을 소유한 자본가, 부유한 상인, 고위 공직자, 전문직 등으로 구성된 신흥 중산계급은 직업의 특성상 런던에 살아야 했기 때문에, 그들에게 컨트리하우스는 주말을 보내는 근교의 별장이자 새로이 획득한 사회적 지위의 상징이었다. 이러한 모습은 찰스 디킨스의 장편《위대한 유산》에 묘사되어 있다.

그곳은 뒷골목과 도랑, 작은 정원의 집합소 같았고 좀 따분한 은거지 같은 느낌을 주었다. 웨믹의 집은 정원 한복판에 있는 작은 목조주택이었고, 지붕이 대포를 탑재한 포대처럼 튀어 나왔으며 페인트로 칠해져 있었다.
"내가 지은 겁니다. 근사하지 않아요?"
나는 굉장히 근사하다고 찬사를 보냈다. 사실 그의 집은 내가 본 집 중에서 가장 작은 집이었고, 괴상하게 생긴 고딕양식의 창문과 들어가기 힘들 정도로 작은 고딕양식의 문이 달려 있었다.

"이건 진짜 깃대예요, 일요일이면 진짜 깃발을 달죠, 그리고 이쪽을 보세요, 이 다리를 건너서 깃발을 달고 연락을 차단하는 거예요."

그가 말한 다리는 너비 10센티미터, 깊이 5센티미터 정도의 구덩이를 가로지르는 널빤지였다. 그러나 그가 자랑스럽게 깃발을 재빨리 달고, 단순히 기계적으로 그렇게 하는 게 아니라 즐거운 마음으로 그렇게 하면서 미소를 짓는 걸 보니 나도 기분이 좋아졌다.

"매일 밤 그리니치 시계로 9시가 되면 대포를 발사해요. 저기 대포 보이죠? 대포 소리를 들어보면, 아마 스팅어로 착각하실 겁니다." (중략)

"뒷간에는 돼지가 한 마리 있어요, 닭들과 토끼들도 있고요. 작은 온실에서 오이를 재배하기도 해요. 이따가 저녁 식사하실 때 보면 내가 어떤 샐러드용 채소를 재배하는지 아실 겁니다. 그리고 또…, 이 작은 요새는 포위공격을 당해도 식량 보급 면에서 꽤 오래 버틸 겁니다."

《위대한 유산》(1861, 찰스 디킨스) 중에서

웨믹은 변호사 사무실에 근무하는 비서 겸 서기였는데, 변두리에 고딕양식의 작은 집을 지어놓고 해자, 다리, 대포, 깃대, 연못, 장원(텃밭) 등 중세 매너하우스의 모든 요소를 빠짐없이 옹색하게 모두 갖춘 채 명칭마저 집이 아닌 성이라 부르고 있다. 신흥 중산층인 변호사를 모방하려는 하위 중산층의 허세를 그려낸 장면인데, 런던에서 온 손님에게 뜰에서 직접 가꾼 야채를 대접하는 모습이 어쩐지 낯이 익다.

19세기 런던은 신흥 젠트리들로 넘쳐나면서 새로운 호칭도 획득했다.

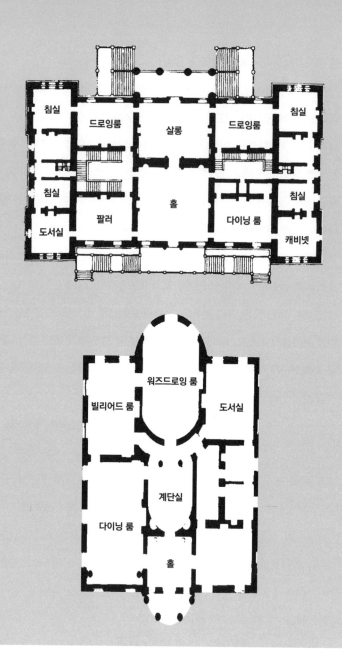

젠틀맨의 컨트리하우스.
18세기가 되면 젠트리라는 신흥계층이 등장하여 귀족의 매너하우스를 모방한 집을 짓기 시작한다.

본디 농민이던 조선의 만석꾼이 지방시에 응시하거나 말단 하위직을 맡으면서 생원, 진사, 초시, 첨지, 참봉 등의 별칭을 얻었듯, 젠트리의 성씨 앞에 미스터(MR.)라는 호칭이 붙기 시작했고 이들을 아울러 젠틀맨(Gentleman)이라 부르게 되었다. 한편 요맨리들은 굿맨(Goodman)이라 불렸는데, 시골 땅부자로 만족하면서 굿맨이 운영하는 여관이나 역마차 사업을 했을 뿐 런던으로 진출하지는 못했던 모양이다.

《위대한 유산》에는 런던의 젠틀맨 외에 읍내에서 여관을 하는 굿맨의 모습도 보이는데, 익명의 자산가로부터 막대한 상속재산 즉 위대한 유산을 약속받은 주인공이 런던으로 가기 위해 읍내 여관에서 역마차를 기다리던 장면과 이후 젠틀맨이 되어 다시 그곳을 찾는 장면이 인상적이다. 현재 젠틀맨(Gentleman)은 신사(紳士)로, 굿맨(Goodman)은 향사(鄕士)로 번역하고 있는데, 나다니엘 호손의 단편 《젊은 향사 브라운(Young Goodman Brown)》 외에 이렇다 할 특별한 향사는 보이지 않는다.

한편 같은 시기 파리 근교에서도 주말별장 일명 코티지하우스가 유행했다. 영국의 젠트리에 해당하는 프랑스의 신흥 중산계층이 부르주아(bourgeois)였는데, 이들은 부르(bour, 중세의 성)에 거주하는 성 안 사람 즉 도시민을 지칭했다. 부언하자면 영국의 젠트리와 프랑스의 부르주아는 19세기 시민계층을 형성한다는 점에서는 동일하지만, 영국의 젠트리가 본디 지방의 부농이 성장하여 런던으로 진출한 것이라면, 프랑스의 부르주아는 중세시대 자유도시의 상인과 시민이 성장했다는 차이점이 있다. 이는 영국의 귀족이 임재지주이자 전원귀족이었던 점, 프랑스의 귀족이 부재지주이자 궁정귀족이었던 점과도 무관하지 않은데, 19세기 파리도 부르주아 계층이 성장하면서 근교에 주말별장을 갖는 것이 유행하게 된다. 주중에는 파리에서 지내다가 주말이나 여름휴가를 시골 별장에서 보내고, 때로 친지들까지 초대하는 장면은 19세기 프랑스 소설에서 자주 등장하는 소재 중 하나였다.

플로베르의 자전적 소설인 《감정교육》에는 전형적인 부르주아 상인이 등장하는데, 골동품과 도자기를 주로 취급하는 그는 파리 근교인 생 클루에 별장을 마련해 지인들을 초대하곤 한다. 시골 별장은 부르주아의 전유물만은 아니었다. 에밀 졸라의 사실주의 소설 《나나》에서는 삼류극장의 배우가 귀족의 후원을 받으면서 파리 근교 미뇨뜨에 별장을 마련하는 장면이 나온다.

어렸을 때 그녀는 한 마리의 암염소와 함께 목장에서 살아봤으면 하고 생각했던 적이 있었다. 이 별장과 이 땅이 고스란히 자기 것이 된 지금 나나는 가슴이 터질 듯한 감동으로 부풀어 있었다. 늘 바라던 소망이 이제야 이루어진 것이다. (중략) 여자들이 미뇨뜨의 별장을 칭찬해주었다.
"정말 놀랄 만큼 근사한 집이야!"
그녀들은 파리의 공기를 그대로 옮겨놓았다. 지난 할 주일 동안의 소식을 모두 일제히 지껄여댔다.
"사실은 여러분이 오셨을 때 나는 막 감자를 캐러 나가려던 참이었죠."
나나가 말했다. 모두 옷도 갈아입지 않은 채 감자를 캐러 가겠다고 했다. 마치 유람 나서는 격이었다. 정원사와 조수 두 사람이 벌써 집 안쪽에 있는 밭에 나가 있었다. 여자들은 땅에 무릎을 꿇고 반지 낀 손으로 파헤치다가 커다란 감자를 찾아내면 환성을 질렀다.

"아아, 재미있어."

《나나》(1880, 에밀 졸라) 중에서

작품 속의 나나는 뮤지컬 배우인데, 19세기 프랑스 뮤지컬은 귀족문화의 전형인 오페라에 대항해 새로이 등장한 일종의 키치 문화였다. 예술성보다는 대중성과 오락성을 추구했고, 여배우들 역시 출연료보다는 연인 혹은 후견인이라 불리는 부유한 남성이 제공하는 생활비로 살았는데 그 관계가 끝나면 곧 생활의 어려움을 겪었다. 즉 중산계층(영국의 젠트리, 프랑스의 부르주아)이라 할 수 없는 배우가 귀족의 후원으로 시골별장을 소유했다는 것은, 그것이 당시 사회에서 중산계층의 소비지표로 작용하기 시작했다는 방증이다.

컨트리하우스를 모방한
컨트리 방갈로

—

일반적으로 소비문화는 특정한 양상을 띤다. 최고 상류층만의 특정한 문화 혹은 다른 계층과의 차별을 위한 소비문화가 있는데, 그 아래 새롭게 등장한 신흥 중산계층은 상류층의 차별적인 소비문화를 모방하게 된다. 그리고 그 신흥 중산계층보다 더 아래의 중간계층이나 서민층들이 중산계층의 소비문화를 또 한 번 모방하면서 변형 소비가 일어난다. 그리고 이 현상이 19세기 말과 20세기 초 영국에서도 일어났다. 그 이름만큼이나 빛나는 승리의 시대였던 빅토리아 여왕의 치세가 끝나가던 1890~1910년, 런던 근교에는 컨트리하우스에 이어 '컨트리 방갈로'가 새롭게 등장하기 시작했다. 이는 기존의 컨트리하우스보다 규모는 작으면서 외형은 식민지에 지었던 방갈로하우스를 모방해 지은 것이다. 대개 상류층의 차별소비가 그 아래 계층으로 전파되는 과정에서 원형이 그대로 보존되는 것이 아니라, 규모는 작아지고 대신 특정요소가 과장된 키치 형태로 변하게 된다. 귀족의 오락인 오페라가 19세기 신흥 중산층을 겨냥한 뮤지컬로 변형되면서 오페라보다 훨씬 더 낭만적이고 환상적인 서사구조를 취하여 결국 키치가 되었듯, 컨트리 방갈로 역시 지나친 낭만을 추구한 일종의 변형 소비였다.

방갈로하우스는 인도의 폭염과 폭우를 견디기 위한 집으로 가파른 물매, 긴 차양, 베란다, 포치 등을 특징으로 하는데, 이러한 외형적 요소들을 작은 집에 그대로 적용한 것이 컨트리 방갈로이다. 또한 이러한 집들은 낭만적이고 이국적일수록 더 좋았기 때문에 굳이 인도의 방갈로일 필요도 없었다. 그리하여 고대 그리스 양식, 이탈리안 르네상스, 프렌치 르네상스 그리고 인도와 중국을 교묘하게 섞은 오리엔탈 양식에 아라비안 양식까지 낯설고 이국적인 형태의 미니 컨트리하우스들이 런던 근교에 앞 다투어 지어졌다.

또한 이때는 기존의 말과 마차를 대체하는 새롭고 저렴한 교통수단으로서 자동차가 보편화되던 시기였다. 마차는 운행에 관계없이 말을 먹여야 하고 마부와 하인이 따로 있어야 했지만, 자동차는 운행을 할 때만 연료

런던 교외의 그림 같은 풍경. 중산층이 소형 컨트리 방갈로를 건축하면서
여러 양식이 혼재되어 그야말로 그림 같은 풍경을 연출하고 있다.

를 넣으면 되고 마부와 하인이 필요치 않았기 때문에 마차를 소유하기 어
려운 중간계층의 교통수단으로 환영받았다. 마차 대신 자동차를 순수 운전
하는 중간계층이 생겨나 근교의 컨트리 방갈로에 살면서 런던으로 출퇴근
을 시작한 것이다. 이에 교외주거단지가 성행하고, 런던 중심부와 교외를
연결하는 자동차 전용도로가 생기기 시작하면서 그 주변에 르네상스, 오리
엔탈, 아라비안 양식을 모방한 컨트리 방갈로들이 경쟁이라도 하듯 줄지어
늘어서 있곤 했다. 이러한 모습은 그림 같은 풍경 곧 픽처레스크(picturesque)
라는 비아냥을 받았는데, 이러한 풍경은 시차를 두고 1960~70년대의 서울
근교에서도 재현되기 시작했다.

주말주택과 공유별장
방갈로와 콘도가 되다

—

별장은 19세기 영국의 전유물이라기보다 오래전부터 있었으며, 그 기원은 로마 제국으로 거슬러 올라간다. 기원 무렵 로마의 부자들 사이에서는 로마 근교에 별장을 마련하는 것이 유행했고, 대표적 별장촌이 베수비오 화산 폭발로 유명한 폼페이, 네로의 별궁이 있었던 오스티아였다. AD 64년 7월 로마에서 대화재가 나던 날, 네로는 여름휴가를 즐기기 위해 휴양도시인 오스티아에 머물고 있었다. 르네상스 시대도 마찬가지였다. 이탈리아의 귀족과 거상들은 팔라초(palazzo, 중세 이탈리아 시기 관청이나 귀족의 저택을 이르는 말로 라틴어의 팔라티움(palatium)에서 파생되었다)라는 대저택 외에 시골에 빌라(villa)라는 별장을 따로 두었다.

조선도 예외는 아니어서 현재 압구정동의 유래가 된 한명회의 압구정, 〈면앙정가〉로 유명한 송순의 면앙정, 흥선대원군의 별장인 석파정 등이 유명한 별장이었다. 이렇듯 상류사회에 국한되어 있던 별장이 1970년대 경부고속도로의 개통과 함께 서서히 대중에게 전파되기 시작했다. 당시는 전쟁 이후 궁핍했던 생활이 조금씩 나아지던 시기이자, 1인당 국민소득 1,000달러, 수출 100억 달러를 달성(1977년)한 때이기도 했다. 무엇보다 한창 고도성장기여서 중산층 진입이 상대적으로 쉽던 때였다. 개선된 생활여건, 일명 '포니 신화'로 불리는 자동차의 대중화, 고속도로의 개통, 이 모두는 19세기 말 런던 인근에 전원 방갈로가 생겨나던 시기의 환경과 일치했고, 당연지사 한국에도 별장주택이 유행하게 되었다.

피서지의 방갈로.
현재 방갈로는 계곡이나 야영장에서 간이 숙소로 사용되고 있다.
협소한 면적에 조립식 주택인 경우가 많다.

그때는 별장 외에 주말주택이라는 용어도 사용되었는데, 주중은 직장이 있는 서울에서, 주말은 서울 근교에서 보내기 위한 주택이다 보니 되도록 낭만적이고 이국적인 형태를 띠어야 했다. 이미 서울은 불란서주택이 유행하고 있었기 때문에, 별장으로 인기 있는 모델은 보다 더 낭만적인 요소를 가미한 컨트리 방갈로, 알프스 산장 등이었다. 대표적인 예로 청평산장(1962년, 김중업), 4계절 주말주택(윤승중), 오동도 주말주택(오기수) 등이 있는데, 급경사의 지붕, 삼각형의 평면 등 실생활과는 동떨어진 과장된 형태가 많이 사용되고 있다. 거실과 주방, 한두 개의 침실이 있는 키치풍의 소형 별장이었지만, 1970년대 주말주택을 소유한다는 것은 꿈같은 일이었고, 이는 곧 중간계층의 변형소비로 이어진다.

서울 올림픽을 앞둔 1980년대 자동차는 더욱 대중화되고 레저와 스포츠 산업도 함께 유행하면서 시골 민박집에 '방갈로'가 유행하기 시작했다.

동해안이나 남해안의 해수욕장에 방 하나에 화장실이 딸린 임시 숙소를 지어놓고 방갈로라 이름 붙인 것이다. 거기에는 18세기 영국의 식민주거에서 유래한 방갈로하우스가 19세기 런던 중산계층의 컨트리 방갈로가 되었고, 일본을 거쳐 다시 한국으로 이식된 오랜 역사가 담겨 있다. 이제 방갈로는 거의 사라진 채, 이국적인 산장풍의 민박집은 펜션이라는 이름으로 불리고 있다.

소유는 인간의 뿌리 깊은 본능인데, 그중 가장 값비싼 재화인 주택의 소유가 불가능할 때 임대나 공유 등 대체소유가 발생한다. 며칠 동안 동해안의 방갈로를 빌리는 것은 별장의 최단기 임대라 할 수 있고, 반면 별장의 공유 형태는 콘도미니엄이다. 본래 집을 의미하는 라틴어 domus에 공유를 의미하는 접두어 con이 부가된 단어로, 공유하여 함께 사는 집이라는 의미로 미국에서는 아파트를 이렇게 부른다. 하지만 1980년대 한국에서는 공유별장이라는 의미로 사용되면서 대개 '콘도'라 줄여 불렀다.

별장 한 채를 온전히 소유하기 어려운 사람들이 10명 정도 모여 한 채를 공유하는 형식으로, 당시 콘도 회원권의 인기는 골프장 회원권과도 맞먹을 정도였다. 하지만 1990년대 이후 비회원도 요금을 내면 사용할 수 있는 형태로 전환되고, 무엇보다 해외여행이 자율화되면서 콘도 소유는 더 이상 중산층의 소비 행태가 되지 못했다. 대신 그 자리를 메운 것은 전원주택이었다.

베이비부머의
전원주택

—

이제 서울서는 못 살 것 같아요. 우리 애도 친구들 만나러 서울 다녀오면 목이 아프다고 난리예요. 물론 불편한 것도 많아요. (중략) 인터넷도 잘 안 되고 핸드폰도 잘 안 터져요. 근데 남편이 부지런해진 것이 참 좋아요. 정원 가꾸며 집 안 청소며 남편이 손도 까딱 하지 않으면 사실 생활하기 어렵죠. 저희 정원에 화초 심고 가꾸는 거 다 남편이 했어요. 친구들 초대해서 바비큐 파티 하는 것도 남편 몫이죠.

《한국 주거의 미시사》(2009, 전남일, 양세화, 홍형옥) 가운데
김인선(가명, 1959년생, 용인 거주) 씨의 구술 내용 중에서

1980년대 후반부터 별장주택과는 조금 다른 전원주택이 유행하기 시작했다. 둘 다 서울 근교에 지은 단독주택이라는 점에서는 동일하지만, 별장주택이 주말이나 휴가 시에 이용하는 별장(second house)이라면, 전원주택은 서울생활을 접고 완전히 이사를 내려온 본거(main house)였다. 1990년대 한국은 경제 성장의 첫 열매를 맛보던 시기이자, 서울의 지가가 가파르게 상승하면서 당대에 돈을 모아 서울에 단독주택을 짓는 것이 불가능해진 시기이기도 했다. 그래서 내가 살고 싶은 집을 내 손으로 직접 지어보고 싶다는 소망을 실현하기 위해서는 서울 외곽의 전원으로 나갈 수밖에 없었다. 서울 근교의 전원주택은 그러한 배경에서 탄생했고, 아울러 그 행위를 주도했던 당시 50~60대의 독특한 이력도 한몫을 했다.

특정 건축 유형이나 건축 현상이 유행하는 데는 당시 사회적 상황뿐 아

니라 그 행위를 주도한 사람들의 성향도 영향을 미친다. 당시 50~60대들은 1930~40년경에 태어나 1950~60년대에 청년기를 보낸 이들인데, 이 시기는 일제의 병참기지화 및 해방 후의 조국근대화 사업으로 인해 농촌이 와해되고 도시화가 진행되던 시기였다. 어린 시절을 농촌에서 보냈고 소년기나 청년기에 힘들게 서울에 정착한 것이 이들이 가진 공통된 기억이다. 사람은 유년기를 보낸 환경을 주거의 원형질로 평생 기억하는 습성이 있다. 서울에서의 삶은 신산하고 고단한 것이자 임시거처일 뿐 진정한 삶은 농촌에 있다고 생각하는 것이 유년기를 시골에서 보냈던 사람들의 공통된 정서이고, 이들에게 전원주택은 당연한 귀결이었다.

서울 근교 광주와 용인, 파주, 송추 일대의 외지고 경치 좋은 곳에 귀향한 사람들이 별장형 주택을 짓고 살았는데, 때로 교수촌, 예술인촌, 동호인 주택 등 서로 마음이 맞는 서너 집이 모여 전원주택 마을을 짓고 사는 경우도 많았다. 처음에는 아파트 일색의 도시 생활에 염증을 느껴 개성 있는 집을 짓고자 했는데, 실제로는 개성을 찾고자 했던 집이 오히려 개성을 잃고 말았다. 서너 명의 사람들이 모여 동호인 주택을 지으면서 똑같은 형태를 띠는 경우가 많고, 같은 아파트에 사는 두 사람이 모여 시골에 집을 지었는데 그것이 듀플렉스 주택(duplex house, 일명 땅콩집)이라서 여전히 쌍둥이처럼 똑같은 집에서 사는 경우도 많았다. 홀로 별장을 짓고 사는 경우라 하더라도 복층의 거실, 벽난로, 통나무 주택 등 유행하는 요소를 따르다 보니, 전국의 아파트가 똑같은 것처럼 전원주택 역시 서로 동일했다. 그것 역시 한 시대의 유행이기 때문이다.

전원주택의 시원이 되는 것은 영국 귀족의 장원주택을 19세기 젠트리

수도권의 전원주택.
작은 정원, 흔히 뾰족지붕이라
불리는 박공지붕의 형태가
방갈로 스타일의 콜로니얼하우스다.

들이 모방해 지은 컨트리하우스이고, 20세기 초반 중간계층이 다시 이를
모방해 지은 컨트리 방갈로다. 그것이 한국에 상륙해 1960~70년대의 방갈
로 형태의 주말주택이 되었고, 1990년대 전원주택의 유형으로 굳어졌다.
모방소비는 중산층이 상류계층을 모방하고, 그 아래 중간계층이 중산층을
모방하는 상향모방의 형태를 띠기도 하지만, 또한 동류모방의 형태도 띤다.
다시 말해 내가 어떤 계층, 어떤 집단에 속해 있다는 것을 보여주기 위해 그
집단과 계층의 소비문화를 모방하는 것이다. 청소년 사이에서 유행하는 특
정 브랜드의 의류, 20~30대 직장여성들이 선호하는 특정 상표의 가방이 대

표적 예인데, 1990년대 한국의 전원주택과 벽난로, 복층 거실 등의 인테리어도 마찬가지였다. 그것이 어느 정도 성공하여 이제 은퇴한 중산층이라는 특정 집단의 소비지표가 되면서, 동류모방과 획일적 유행을 초래한 것이다. 아파트를 벗어나 개성을 추구하고자 했지만 개성은 발현되지 못하고, 방갈로하우스의 베란다, 알프스 산장의 벽난로, 한국의 초가지붕과 대청마루가 혼합된 전형적인 키치 주택이 되었다. 그리고 이는 아라비아, 오리엔탈이 뒤섞인 19세기 런던 근교의 컨트리 방갈로와 별반 다르지 않다.

아울러 이러한 중간계층의 모방소비는 이제 서민층의 변형소비로까지 이어지고 있다. 2000년대에 들어서는 10~20평 내외의 간이 주말주택들이 개발되고 있다. 주방과 거실, 두 개의 침실로 이루어진 소형주택으로, 조립식 공법으로 지어지거나 이동식 주택으로 설치되기도 한다. 주말주택이 비교적 저렴한 가격으로 실현되었다는 점에서 긍정적이기도 하지만, 문제는 패스트하우징이라는 데에 있다. 부재를 미리 공장에서 만들어 현장에서는 조립만 하는 조립식 주택 혹은 주택을 통째로 공장에서 만들어 현장에 설치만 하면 되는 이동식 주택이 요즘 새롭게 등장하고 있는데, 공법이 간단하고 공기가 빠르다는 점에서 패스트하우징에 속한다.

패스트푸드, 패스트패션, 그리고 패스트하우징

—

의식주 전반에서 패스트 열풍이 부는 것이 현대사회의 특징이라 할 수 있는데, 그 선두는 20세기 중반 패스트푸드에서 시작되었다. 전 세계적으로 가장 많은 체인스토어를 두고 있는 맥도널드 햄버거는 전문 요리사를 두지 않는다. 모든 음식은 미리 공장에서 만들어져 개별 매장에서는 굽고 데우는 등의 간단한 조리만 하면 되는데, 이는 고임금의 전문직 요리사 대신 저임금의 시간제 노동자를 고용하면 되는 결과를 가져왔고, 또한 셀프서비스 시스템을 도입하여 음식 값은 매우 저렴해졌다. 싼값에 빠르게 한 끼 식사를 할 수 있다는 장점 때문에 패스트푸드점은 기존의 레스토랑을 몰아내고 빠르게 성장하기 시작했다. 하지만 정크푸드의 대명사이자, 설거지 비용을 줄이기 위해 사용하는 각종 일회용품들이 많은 환경문제를 유발하고 있다. 그런데 비슷한 현상이 패션에서도 일어났으니, 이른바 패스트패션의 등장이다.

옷이 전문적인 재단사나 양재사의 맞춤복에서 기성복으로 바뀐 것은 오래전 일인데, 최근에는 빠른 유행에 맞추기 위해 값싼 재료로 만들어 파는 저렴한 옷 이른바 패스트패션이 유행하고 있다. 세계적인 다국적 브랜드인 유니클로, 자라 등은 디자인은 본국에서 하고 제작은 노동력이 싼 제3세계에서 하고 있다. 당연히 옷값은 매우 저렴해서 유행하는 한 계절만 입고 버리는 옷이 되어가고 있다. 예전에는 옷값이 비쌌기 때문에 한 벌을 장만하면 몇 년을 두고 입었다. 하지만 옷값이 저렴해지면서 유행도 빨리 변하고 그때그때 유행하는 옷을 사서 몇 번 입고 버리는 패스트패션이 등장했는데, 이는 심각한 자원 낭비와 환경문제를 일으킨다. 패스트푸드에 이어 옷 또한 일회용품이 되면서 문제의 심각성이 커지고 있다.

의식주 중에서 변화의 속도가 가장 빠르고 대중적인 것이 음식과 옷이

미니 전원주택.
최근 소형 조립식 주택이
미니 전원주택으로 유행하고 있다.
그 기원은 컨트리 방갈로에 있다.

며, 주택은 가장 둔중하고 보수성이 강하다. 하지만 최근 주택마저 패스트 열풍을 타고 패스트하우징이 등장하기 시작했다. 패스트하우징이란 값싸고 작은 조립식 주택으로, 대표적인 것이 컨테이너하우스, 샌드위치패널주택 등이다. 과거에는 주로 건축현장에서 임시숙소로 사용되거나 농촌에서 간단하고 빠르게 짓기 위한 집으로 널리 사용되었는데, 공장에서 다 만들어진 주택을 트럭으로 운반하여 사용하고 있는, 그야말로 패스트하우징이다. 중산층의 전유물처럼 여겨지던 전원주택이 이제 그 아래 중간계층에까지 전파되면서 저렴하고 간단하게 지을 수 있는 조립식주택 일명 패스트하우징이 유행하고 있다.

값싼 재료를 사용해 지은 집이 내구력이 약하고 수명이 짧은 것은 일반적인 사실이다. 당연지사 값싸고 빠른 시간 안에 지은 패스트하우징은 내구력이 오래가지 못한다. 고작 10년 남짓이면 낡아서 더 이상 사용할 수 없는 주택이 되고, 그러면 곧 폐기하고 새로 지어야 하니 자원 낭비가 심각하다. 현재 우리나라는 아직도 집값이 비싼 편이라 저렴한 집에 대한 수요가 높다. 그래서 작은 집, 저렴한 집에 대한 대안으로 조립식 이동주택을 선호하는데, 이런 집은 이미 미국에서는 난민이나 빈민을 위해 단체로 공급하는 정크하우징의 대명사가 되어 있다.

아직까지 우리나라는 패스트푸드만 문제시되고 패스트패션, 패스트하우징에 대한 이해는 부족하다. 그러나 곧 패스트패션과 패스트하우징이 문제가 될 것은 확실하다. 1990년대 꿈의 주택이었던 전원주택이 2020~30년대가 되면 지방국도 변에 늘어선 저급한 픽처레스크의 패스트하우징으로 전락할지도 모르는 일이다.

4
타운하우스

scene # 4

주말농장을 가꾸고 캠핑을 즐겨 했던 안도환(42세), 오하나(34세) 씨 부부. 죽전의 50평대 아파트에 거주하던 부부는 아이들의 교육과 생활환경까지 고려해 지난 봄, 용인 동백의 타운하우스로 입성했다.

"동백을 모르는 사람들은 이곳이 시골일 거라고 생각해요. 하지만 직접 와보면 오히려 서울의 웬만한 외곽 동네보다 훨씬 세련된 건물들과 깨끗한 환경에 놀라곤 하지요. 특히 동백에는 다양한 브랜드 아파트단지와 타운하우스가 섞여 있어서 그야말로 또 하나의 도심이라고 생각하시면 됩니다."

"원래는 복층형 단독주택을 직접 짓고 싶었어요. 하지만 땅을 사는 것부터가 녹록하지 않았고 저희의 예산으로는 너무 외곽으로 이사를 해야 하더라고요. 그런데 이 집은 삼각 지붕인데다 외관이 목재로 마감되어 있어 전원주택 같은 기분이 듭니다. 아이들이 살기에도 따뜻한 인테리어 환경이지요."

이 멋진 집으로 입성한 지 이제 4개월차, 하나 씨 부부와 재희, 선우는 한창 주택살이에 빠져 있다. 뒤뜰에 텐트를 쳐 캠핑 온 기분을 내기도 하고, 아직 서툴긴 하지만 오이와 토마토도 심어보고 잡초도 뽑아가며 정원 가꾸는 재미도 만끽한단다. 단지 뒤로는 다양한 수종의 나무가 어우러진 석성산까지 펼쳐지니 자연과 도심의 이점을 누리고 싶었던 가족에게 이보다 좋은 환경이 또 있을까.

《레몬트리》 2012년 9월호 중에서

신사 숙녀가 사는 집
19세기 영국의 타운하우스

—

현대사회의 모습을 결정지은 양대 혁명을 꼽으라면 영국의 산업혁명과 프랑스 대혁명이라 할 수 있다. 프랑스 대혁명은 군주제가 공화정으로 바뀌는 대혁명이었고, 영국의 산업혁명 역시 인력이나 축력에서 기계동력으로의 단순 전환을 넘어선 생활양식 전반에 걸친 혁명이었다. 이 주역들이 영국에서는 젠트리, 프랑스에서는 부르주아지였다. 이들 신흥계층은 귀족이 아닌 농민 혹은 도시민으로 부를 축적했다는 공통점이 있으며, 또한 그 수는 전체 인구의 10% 정도에 불과하였지만 사회의 중대한 변혁을 이끌었다. 현재 우리가 일반적으로 사용하는 호칭 미스터(불어로는 무슈)는 본디 젠트리와 부르주아지를 이르는 말이었으며, 또한 젠트리를 신사 숙녀로, 부르주아지를 중산층이라 번역하면서 중산층의 신사 숙녀가 되기를 원한다.

그렇다면 19세기 이들이 살았던 주택은 무엇이었을까? 그것은 타운하우스였다. 본디 타운하우스는 영지를 소유한 귀족의 런던 별장이었지만, 18세기부터 젠트리 계층이 성장하여 이들을 위한 타운하우스와 컨트리하우스가 생기기 시작했음을 상술한 바 있다. 그런데 귀족의 본거가 자신의 영지 내에 있는 컨트리하우스이고 겨울 동안의 별장이 런던의 타운하우스라면, 신흥 젠트리들은 본거가 타운하우스이고 컨트리하우스가 별장이었다. 그리하여 이즈음부터 컨트리하우스는 장원주택, 영지주택이라는 본래의 의미 대신 별장주택이라는 뜻으로 쓰이기 시작해 현재에 이르고 있다.

영국과 프랑스는 서로 다른 문화적 배경을 갖고 있는데, 일찍이 도심

파리의 아파르트멍
1층 상점, 2층 로열층,
3층 중산층, 4층 옥탑방

런던의 타운하우스
1층 남성의 공적 공간, 2층 여성의 공적 공간,
3층 남성과 여성의 사적 공간, 4층 하인방

고밀에 적응해야 했던 라틴 문화권(프랑스)에서는 적층주거(積層住居)가 일반
적이지만, 게르만 문화권(영국)에서는 적층주거의 전통이 없었다. 적층주거
란 2층집이나 3층집과는 조금 다른 개념으로, 층별로 서로 다른 세대가 사
는 것을 말한다. 이를테면 똑같은 3층집이라 하더라도 3대가 함께 사는 대
가족으로서 1층에 거실과 조부모님 침실, 2층에 부모님 침실, 3층에 아들
부부의 침실이 있다면 이것은 한 가족이 사는 3층집이다. 그러나 동일한
건물에 1층에 주인 내외가 살고, 2층과 3층에 각각 다른 사람이 세를 들어
산다면, 즉 층별로 다른 세대가 산다면 이것이 바로 다세대 적층주거다.

　게르만의 농가주택이 2층으로 되어 있어서 1층에 가축을 키우고 사람
은 2층에 살았고, 또한 게르만의 3층으로 된 상인주택이 1층에 상점이 있
고 주인 가족은 2층에 살고 3층은 물품창고로 쓰이지만, 한 건물에 한 세대

게르만의 상인주택. 3~4층의 높이를 하고 있지만 1층은 상점, 2층은 주택, 다락은 창고로 사용한다는 점에서 적층화는 일어나지 않았다. 게르만 문화권에서 적층화란 매우 생소한 개념이다.

가 산다는 점에서 적층주거는 결코 발생하지 않았다. 게르만 문화의 시각에서 보자면 내 집 위에 누군가 다른 사람이 산다는 것은 결코 용납할 수 없는 일이었고, 당연지사 서로 다른 계층의 사람들과 함께 어울려 산다는 것은 생각하기 어려운 일이었다. 19세기 새로이 등장한 신흥계층 젠트리도 예외는 아니었기 때문에, 젠트리의 타운하우스는 별도의 장소에 따로 지어졌다.

대표적인 것이 런던의 코벤트 가든(Covent Garden), 레스터 스퀘어(Leicester Square), 레드 라이온 스퀘어(Red Lion Square) 등으로, 조지아 왕조(1714~1830년) 시대에 주로 지어져 조지안 테라스하우스(Georgian terrace house)라고도 한다. 이름이 대개 가든, 스퀘어 등으로 끝나는 것으로도 알 수 있듯이, 큰 정원이나 광장을 가운데 두고 타운하우스들이 늘어선 양식이다. 이는 큰 광장을 사이에 두고 아파트들이 늘어선 요즘의 아파트단지와도 비슷한 모습인데, 단지 내부의 거주자들은 강한 공동체 의식을 갖지만 외부인에게는 배타적인 인상을 준다는 특징이 있다. 서로 다른 계층이 함께 몰려 사는 것, 이른바 계층혼합(social mix)을 싫어하는 게르만적 전통에 따라 사회계층이 같은 사람들끼리 함께 살아야 하는 문화적 특성이 만들어낸 건축 유형이다.

사실 주거 분리는 계층별 신분 이동이 유동적인 사회 혹은 신흥계층이 등장한 사회에서 더욱 첨예한 문제가 된다. 조상 대대로 내려오는 족보와 귀족의 문장이 있다면, 그래서 그 이름자에 Of(프랑스의 De, 독일의 Von, 스페인의 Don 등에 해당하는 귀족 가문의 성씨)가 포함되어 있다면 그는 어디에 살아도 귀족이다. 하지만 성씨에 Of가 포함되어 있지 않은 젠트리에게 자신의 계층을 드러내는 것은 중요한 일이었고, 그러기 위해서 타운하우스에 그들끼리 모여 거주해야 했다. 이는 그리 낯선 모습도 아니다.

어느 도시나 부촌으로 이름난 동네가 있는데, 그 동네에 거주한다는 것이 거주자의 사회계층을 암시하는 표징이 되기에 거주자는 때로 학교와 직장이 멀어도 그 동네에 살아야 하는 경우가 있다. 서울의 대표적 부촌으로 알려진 강남 3구(강남구, 서초구, 송파구)에 집을 마련해놓고 사대문안의 중심 업무지구(CBD, central business district)로 통근하는 경우가 이에 해당할 것이다. 이러한 경우 주택은 개별적인 특성을 나타낸다기보다 그 집단의 속성을 나타내는 경우가 많듯 런던 중산계층의 타운하우스도 정형화되어 있었다.

구체적인 공간 구성을 살펴보면 지하 1층에서 지상 3~4층 정도의 높이에 각 세대는 지하 1층부터 꼭대기의 다락까지 전부를 사용한다. 즉 내 집위에 다른 세대가 사는 적층주거가 아닌 전층주거(全層住居)이며, 각 층은 게

런던에 있는 중산층의 타운하우스로 계층순일의 특징을 가진다.

르만의 전통에 따라 남녀, 주종, 기능별로 명확히 구분되어 있다. 퀸스 게이트(Queen's Gate)를 보면, 지하층은 부엌과 창고 및 남자 하인들(servant's space)의 공간이고, 1층은 식당(dining room), 응접실(parlor), 서재(study) 등 접대와 응접이 일어나는 남성의 공적 공간(gentleman's public space)이다. 그리고 2층은 여성용 응접실(drawing room), 여성용 서재(writing room) 등으로 이루어진 여성의 공적 공간(lady's public space)이며, 3층과 4층은 침실로 이루어진 사적 공간(private space) 그리고 옥상의 다락에 하녀방(maid's space)이 있다. 요약하면 1층이 남성의 공적 공간, 2층이 여성의 공적 공간, 3~4층이 사적 공간 및 지하가 하인 공간, 다락이 하녀 공간으로 나누어져 있는데, 이런 모습은 당시의 소설 《제인 에어》에 선명히 그려져 있다.

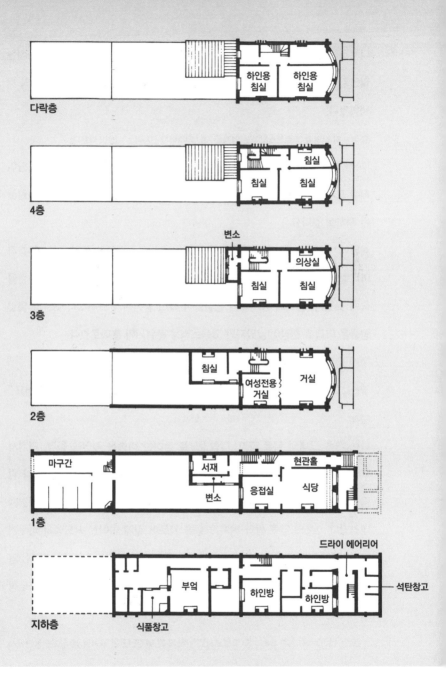

다락층

하인용 침실 하인용 침실

4층

침실 침실 침실

3층

변소 의상실 침실 침실

2층

침실 여성전용 거실 거실

1층

마구간 서재 현관홀 변소 응접실 식당

지하층

드라이 에어리어 부엌 하인방 하인방 석탄창고 식품창고

중산층 타운하우스의 내부 구성. 1층은 남성의 공간, 2층은 여성의 공간,
3~4층은 침실로 구성되어 있으며 지하실에 하인방, 다락층에 하녀방이 마련되어 있다.

나는 풀밭으로 걸어가서 고개를 들고 저택의 정면을 살펴보았다. 거대하지는 않았지만 상당히 커다란 3층 건물이었다. 귀족의 저택이라기보다는 신사의 저택이었다.

(중략 – 이 집의 주인 로체스터 씨는 영지를 지닌 지주이자 신사라는 내용이 나온다)

"여긴 식당이에요. 햇빛과 공기를 통하게 하려고 방금 창문을 열었어요. 사람이 자주 드나들지 않는 방에는 아무래도 습기가 차게 마련이거든요. 저쪽 응접실은 지하실 같아요."

식당에서 나오자 그녀가 집의 다른 부분들을 보여주겠다고 했다. 나는 위층과 아래층으로 그녀를 따라다니며, 하나같이 멋들어지고 잘 정돈된 모습에 감탄을 금치 못했다. 앞쪽의 큼지막한 침실들이 특히 웅장하게 느껴졌다. 3층의 몇몇 방들은 어둡고 천장이 낮았지만 고풍스러운 분위기가 흥미로웠다.

"하인들이 자는 곳인가요?" 내가 물었다.

"아뇨, 그들은 뒤쪽에 있는 더 작은 방들을 사용해요. 여기서 자는 사람은 없어요."

(중략)

나는 계속 그녀의 뒤를 따라, 다락방으로 통하는 비좁은 계단을 올라, 거기서 뚜껑 문까지 사다리를 타고 지붕으로 나갔다. 다락방은 지하 창고만큼이나 캄캄했다. 나는 손으로 더듬어 다락방에서 나가는 출구를 찾아낸 뒤 좁은 계단을 내려갔다. 3층의 앞쪽 방과 뒤쪽 방들을 가르며 길게 이어진 복도에서 머뭇거렸다. 멀리 끝에 작은 창이 하나 있을 뿐이라서 복도는 어둡고 좁고 낮았다. 양쪽으로 줄지어 선 작고 검은 문들마저 모두 닫혀 있어서 마치 '푸른 수염'의 성에 나오는 복도 같았다.

《제인 에어》(1847, 샬롯 브론테) 중 가정교사로 일하게 된 여주인공이 저택을 둘러보는 장면에서 특이한 점은 이 시기 타운하우스의 2층에 여성용 응접실(drawing room)과 부두아르(boudoir), 서재(writing room) 등 여성 공간이 많이 발달되어 있다는 점이다. 조선의 사대부가가 남성들이 생활하는 사랑채와 여성들이 거주하는 안채로 나뉘어져 있었다는 것은 주지의 사실이다. 남성에게는 응접, 담화, 독서를 목적으로 하는 공적 공간이 주어지고 여성에게는 가사와 침식을 위한 사적 공간이 주어지는 것이 일반적인데, 이 시기 영국의 타운하우스에서 여성의 공적 공간이 발달하는 특이한 양상이 나타난다.

여성용 응접실에 해당하는 드로잉룸(drawing room)은 위즈드로잉룸(withdrawing room)의 줄임말로 '물러나는 방'이라는 뜻을 가지고 있다. 프랑스의 살롱문화가 여성이 주도하는 모임인 반면 영국의 클럽문화는 남성들만의 모임이라 한 바 있는데, 게르만 문화는 남녀별로 공간 사용에 구분을 둔다. 집에서 모임을 가질 때도 식사는 남녀가 한자리에 모여서 같이 한 다음, 식후에는 남녀가 따로 모여 한담을 하는 것이 게르만의 전통이다. 식사 후 남성이 계속 그 자리에 앉아 정치나 군사 등 보다 전문적인 이야기를 나눌 무렵 여성은 따로 물러나 별도의 방에 모였는데, 이 물러나는 방이 위즈드로잉룸 곧 드로잉룸이다. 때로 주택의 규모나 사회적 지위에 따라 응접실이 두세 개 있어서 제1 응접실(1st drawing room), 제2 응접실(2nd drawing room)이라 불리는 경우도 있었고, 여기에 여성용 서재(writing room)가 부가되는 경우도 있었다. 이것은 남성의 서재(study)에 해당하는 여성의 공간이다.

19세기가 되면 여성의 문자 해독률이 증가하면서, 독서 및 편지와 일기가 여성의 중요한 교양으로 자리 잡는다. 이 시기 여성의 독서는 주로 문학에 국한되어 있었고 편지와 일기는 사적인 기록이었지만, 이 현상이 얼마나 광범위하게 퍼졌는지는 당시 유행했던 서간체 문학에서도 드러난다. 《프랑켄슈타인》,《젊은 베르테르의 슬픔》,《드라큘라》 등은 모두 편지 형식을 취하고 있는데, 이는 문학의 소비 주체가 여성이며 편지가 그들에게 익숙한 표현 형식이었음을 방증한다. 따라서 소설을 읽고 편지와 일기를 쓰기 위한 장소로서 라이팅룸이 등장한 것이다.

2층에 마련된 드로잉룸과 라이팅룸은 3층에 마련된 침실이나 드레스룸과는 분명히 다른 여성의 공적 공간이었다. 그래서 이를 현재 한국어로 정확히 번역하는 것은 불가능하다. 한국뿐 아니라 동아시아 전체를 통틀어 여성의 공적 공간은 따로 존재하지 않았으므로, 그곳을 정확히 지칭하는 단어가 없기 때문이다. 따라서 이 책에서는 여성 응접실, 여성 서재로 통칭하기로 한다. 또한 2층에 마련된 여성 공적 공간으로 부두아르(boudoir)가 마련되어 있다. 이를 대개 규방(閨房)이라 번역하지만, 한문 문화권에서 규방은 여성의 사적인 침실을 말하기 때문에 공적 공간을 규방이라 하기는 어렵다. 이는 본래 '토라지다'라는 뜻의 불어 bouder에서 유래하는 말이다. 드로잉룸이나 살롱에서 기분이 상하는 일이 있었을 때 물러나와 혼자 화를 삭이는 방으로, 경우에 따라서는 작은 살롱(petit salon)이라고도 하였다. 즉 2층이 여성의 공적 공간이라 해도 응접실(most public) 〉 서재(more public) 〉 부두아르(less public) 순으로 공적성(publicity, privacy에 반대되는 말)이 낮아짐을 알 수 있다. 이처럼 19세기 영국 주택에서 존재했던 여성의 공적 공간은 독보적이었다.

부유한 집에서는 여성 응접실이 두 개 혹은 세 개까지 있었지만, 주택이 협소해지면 가장 먼저 통합 또는 소멸되는 곳이기도 했다. 조금 작은 규모의 타운하우스를 보면 1층에는 식당, 응접실, 서재가 있고, 2층에 하나의 여성 응접실과 침실, 3층에 두 개의 침실로 이루어진 구성을 볼 수 있다. 즉 1층이 남성의 공적 공간인 것은 변함이 없지만, 2~3층은 여성의 공적 공간과 사적 공간이 통합되면서 층수와 규모가 줄어들었고, 아울러 하녀방과 하인실이 지하층에 통합되었다. 이는 중산계층 중에서도 하위 중산층과 상위 중산층의 차이라고 볼 수도 있지만, 19세기 초반에서 후반으로 갈수록 핵가족화 되고 하인의 수가 감소하는 사회적 경향과도 무관하지 않다. 그리고 이는 20세기 미국 도시의 타운하우스에도 영향을 미치게 된다.

18~19세기 미국은 영국의 영향을 많이 받았기 때문에 영국식 주거문화가 자리 잡아 현재에 이르고 있다. 미국 이민 초기에는 조지안 양식의 콜로니얼하우스가 지어지다가, 이후 타운하우스가 주도적인 주거유형으로 자리 잡게 된다. 19세기 뉴욕에 많이 지어졌던 타운하우스의 구체적 평면을 살펴보면 1층에 거실과 응접실, 식당이 있고, 2~3층에 침실이 있으며 주방과 창고, 하인실은 지하에 마련된 간단한 형태를 하고 있다. 핵가족이 일반화되면서 주택 내의 남성과 여성 구분은 사라지고 다만 1층은 공적인 영역, 2~3층은 사적인 영역으로만 양분된 것이다.

그 후 20세기가 되면 집 안에 하인이 사라지면서 1층은 식당, 거실, 응접실, 2층은 침실이라는 구도가 굳어진 채 일반적인 미국식 타운하우스의 전형이 된다. 현재 할리우드 영화에 등장하는 미국의 타운하우스들은 일정하게 구성된 단지 안에 자리 잡고 있는 것을 볼 수 있다. 마치 집장사가 지은 집처럼 비슷비슷한 집들이 주르륵 늘어선 것을 볼 수 있는데, 이는 계층별 주거 분리의 전통이 명확했던 영국식 타운하우스에서 유래한다. 본래

지상 2층 정도의 소규모 타운하우스.
1층은 거실과 식당, 응접실,
2층은 침실로 이루어진
간단한 집이다.

미국식 타운하우스.
미국의 대표적인 주거 유형,
1층은 거실과 식당이 있고
침실은 2층에 있다.

타운하우스는 개별로 지은 집이라기보다 코벤트 가든 혹은 레스터 스퀘어처럼 공동으로 지어 분양하는 집이었고, 미국의 주거단지 역시 개발업자가 지어 분양하는 집이었다. 이는 결국 단지 내 혹은 지역 내의 계층순일(階層純一, 계층혼합의 반대말로 비슷한 계층이 함께 모여 사는 것)을 유발하게 되었는데 이 모든 현상은 곧 한국에도 상륙하게 된다.

한국에 상륙한 타운하우스
고급 빌라가 되다

—

타운하우스가 국내에 소개되기 시작한 것은 대략 2000년대 초반으로, '도심주택'이라는 본래 뜻과 달리 교외에 지어진 저층저밀 주거단지, 즉 서울 근교에 지어진 고급 빌라의 성격이 강하다. 현행법상 주택은 개인주택과 공동주택으로 나뉘며, 공동주택은 5층 이상의 아파트와 4층 이하의 다세대주택으로 양분된다. 그런데 아파트는 우리나라에 처음 상륙했던 1950년대부터 단일한 명칭으로 사용되어 왔으나, 다세대주택은 빌라, 타운, 연립 등 다양한 명칭으로 불리곤 했다.

본디 빌라는 르네상스 시대 부유층의 시골별장을 말하는데, 1990년대 한국에서는 기존의 연립주택이 가진 서민적이고 저렴한 이미지를 제거하기 위해 고급 다세대주택을 지칭하는 말로 사용되었다. 언어란 자주 사용할수록 범속해지는 특성이 있어서 1990년대부터 빌라가 다세대, 다가구, 연립주택을 범칭하는 단어로 굳어지자, 이를 대체하기 위한 새로운 명칭이 필요해졌다. 그런 말은 생소할수록 효과가 있었기 때문에 타운하우스라는 명칭을 차용한 것으로 추정된다.

2000년대 초부터 지어지기 시작한 타운하우스는 기존의 빌라와 차별화 전략을 펼치면서 도심보다는 교외에 지어지는 저층 저밀 주거단지를 지칭하였는데, 또한 타운하우스만의 몇 가지 특성이 드러난다. 기존 아파트나 빌라가 한 층만을 쓰는 것에 비해 타운하우스는 한 가구가 3~4개 층을 쓴다. 이것은 본디 영국의 타운하우스가 적층주거가 아닌 전층주거임을 감안할 때 타운하우스의 가장 큰 특징이라 할 수 있다. 그래서 현재 아파트에서 가장 큰 문제가 되고 있는 층간 소음문제가 없고, 또한 층별 공간분리가 가능하다는 점에서 3세대 동거형 주택 혹은 재택근무나 소호(Soho, small office home office의 약자, 주택 내에 작업실을 두는 형태) 주택으로 인기가 높다. 그러나 수직동선이 길어 불편하다는 단점이 있다. 특히 2층 정도의 주택이라면 1층에 거실과 주방, 식당을 두고 2층에 침실을 두는 것으로 공간 분리가 일어나 편리하지만, 3층 이상이 되면 수직동선이 지나치게 길어 불편해진다. 이러한 단점을 보완하기 위해 4층 규모의 타운하우스를 짓되 1~2층을 한 세대, 3~4층을 한 세대가 쓰는 형태도 유행하고 있다. 현재 국내에 지어지는 타운하우스는 대략 네 가지 유형이 있는데, 그 유형을 이해하기 위해서는 우선 집합화와 적층화에 대한 이해가 선행되어야 한다.

도시에 인구가 밀집하지 않은 시기에는 평지에 단독주택을 한 채씩 짓는 것이 일반적이다. 조선시대의 초가집과 기와집, 일제시대의 문화주택, 해방 후의 불란서주택 등이 모두 이런 형태였다. 그러다가 도시에 인구가 집중하면서 고밀이 발생하면 집합화 현상이 일어난다. 이는 집들이 서로 벽과 벽을 공유하면서 맞붙는 형태로 영국의 타운하우스가 대표적이다. 그 후에 발생하는 현상이 적층화로, 층별로 서로 다른 세대가 사는 것을 말한다. 그리고 이 집합화와 적층화의 조합에 의해 네 가지 유형이 발생한다. 우선 집합화와 적층화가 전혀 발생하지 않은 상태로, 단독주택이 한 채씩 따로 지어진 형태다. 다음으로 집합화만 발생한 상태인데, 집들이 서로 외벽을 공유하며 맞붙는 형태로 영국의 타운하우스가 대표적이며 일본 에도시대의 나가야, 마찌야 등이 이에 해당한다. 다음으로 적층화만 이루어진

집합화   적층화

인구가 적을 때에는 단독주택을 한 채씩 짓고 살다가 인구가 많아지면
집들이 벽과 벽을 공유하며 서로 맞붙는 집합화가 일어난다.
이후 더욱 고밀이 일어나면 마침내 적층화가 일어난다.

상태인데, 대표적인 것이 19세기 프랑스 파리의 아파르트멍이다. 끝으로 집합화와 적층화가 중복된 형태가 바로 아파트다. 그런데 현재 국내의 타운하우스는 이 네 가지 유형이 전부 포함되어 있다. 아파트나 단독주택이 아닌 저층 저밀의 고급 주택단지라면 타운하우스라 이름을 붙이고 있어서, 고급 빌라의 새로운 이름일 뿐이다.

사실 1990년대 '빌라'라는 명칭이 등장한 이유도 그러했다. 기존 연립주택의 이미지를 탈피하고자 궁리해낸 이름인데, 본디 중산층의 소비문화가 서민층의 모방소비로 옮겨가면서 그 소비형태가 변형되듯이 최근 타운하우스 역시 변형된 모방소비가 일어나고 있다. 일반적으로 주택 유형 앞에 '미니'라는 이름이 붙기 시작하면 이미 변형소비가 시작되었다고 보는데, 최근 '미니 타운하우스'라 하여 1층에 거실과 식당, 2층과 3층에 각기

국내 타운하우스의 조감도.
중산층의 도심주택이라는 본래 의미와는
달리 한국에서 타운하우스는 교외에
지어지는 고급 빌라에 가깝다.
건축 형태 역시 여러 유형이 혼합되어 있다.

침실을 하나씩 두고 4층에 다락을 두는 주택도 등장하고 있다. 이 정도라면 소형아파트를 층별로 쌓아놓은 것에 불과할 뿐이어서, 수직동선이 너무 길어 같은 평수의 아파트보다 거주 효율이 훨씬 떨어진다. 1층부터 4층까지 쉴 새 없이 계단을 오르내려야 하는 불편하기 짝이 없는 집을 '미니 타운하우스'라 부르는 것은 주거생활이 하나의 소비문화라는 것을 재확인시켜 준다. 상류층이 차별소비를 하면 중산층은 그에 대한 모방소비를 하고,

서민층 역시 중산층을 모방하려다가 결국 변형소비가 일어나는 것이다. 그렇다면 현재 타운하우스 역시 1990년대의 빌라가 그러했던 것처럼 저층 저밀의 다세대주택을 고루 범칭하는 용어로 전락할 우려도 있다. 다만 현재 빌라는 주로 도심에 지어지고 타운하우스는 교외에 지어지는데, 본디 빌라가 시골 별장을 의미하는 말이었고 타운하우스가 귀족들의 도심주택이었던 것을 생각할 때 공교롭기 짝이 없다.

5
초고층 주상복합아파트

scene # 5

10평 아파트에서 시작해 각고의 노력 끝에 모든 이들의 꿈이라는 타워팰리스에 입주한 평범한 대한민국 아줌마. 고등학교를 졸업하고 23살의 젊은 나이로 결혼을 해 지금껏 보통의 주부로 살아왔다. 평범한 월급쟁이의 아내로 살았지만, 특유의 경제감각과 분석력으로 지금의 부를 얻었다. 아직도 자기가 책을 쓸 만한 사람인지 모르겠다며 겸손한 모습을 보이는 그녀는 진정한 대한민국 부자의 표본이다. (중략) 누구나 부자가 되길 원한다. 이 책을 쓰고 있는 나는 부자일까? 최고의 부자들만 산다는 타워팰리스에 입주했으니, 어떤 사람들의 눈에는 부자로 보일 수도 있을 것이다. 요즘 타워팰리스는 부의 상징이다.

《월급쟁이 부부의 타워팰리스 입성기》(2004, 유효남) 중에서

인용한 책은 '10평 아파트에서 타워팰리스까지, 한눈팔지 않고 달려온 어느 평범한 부부의 성공담'이라는 부제 아래 타워팰리스에 입성하기까지 24년간의 이야기를 담고 있다. 부모에게 재산을 물려받은 것도, 주식이나 투기로 벼락부자가 된 것도 아닌 평범한 샐러리맨 남편과 전업주부의 이야기가 담긴 이 책은 어느 시대 어느 사회에서나 흔히 볼 수 있는 자수성가한 사람들의 성공담이라 할 수 있다.

흥미로운 것은 타워팰리스에 거주하는 것과 부자가 되었다는 것을 동일시하고 있는 점인데, 이제 거의 보통명사가 되어버린 타워팰리스는 2000년대 초반 새로이 등장한 초고층 주상복합아파트다. 현재 초고층은 60층 이상을 말하며, 주상복합은 주거시설과 상업시설이 한 건물 안에 있는 것을 말한다. 건축물의 높이와 기능을 말하는 이 단어가 어째서 부의 상징이자 꿈의 주택이 되었을까.

아파트의 효시
19세기 프랑스의 아파르트멍

—

주상복합 아파트의 역사는 매우 오래되었다. 지금은 거의 사라졌지만 1960~70년대만 해도 1층에 상가가 있고 2층부터 아파트가 있는 주상복합 아파트가 많이 지어졌고, 또한 1층에 상점이 있고 2, 3층에 셋집을 두고 4층에 주인이 거주하는 상가주택도 주거와 상업이 복합되어 있다는 점에서 주상복합에 해당한다. 이는 대표적인 적층화이자 도심 고밀에 따라 필연

일자리를 찾아 로마로 몰려든
서민들이 살았던 인술라,
기록으로 남아 있는 최초의 공동주거다.

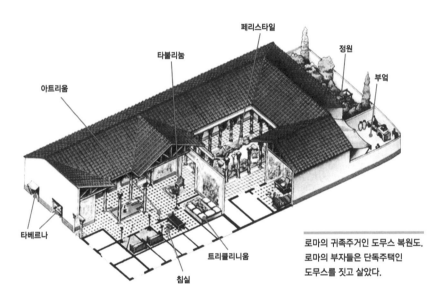

페리스타일

타블리눔

정원

부엌

아트리움

타베르나

트리클리니움

침실

로마의 귀족주거인 도무스 복원도.
로마의 부자들은 단독주택인
도무스를 짓고 살았다.

적으로 발생하는 현상으로 가장 오래된 예는 제정 로마시대로 거슬러 올라간다. 기원 무렵 로마는 이미 국제도시로 성장하면서 비대해져 일거리를 찾아온 노동자로 넘쳐나면서 고밀이 발생했다. 본디 로마의 부자들은 도무스(domus)라고 하는 단독주택을 짓고 살았지만 인구가 증가하면서 혼잡과 무질서, 소음 등으로 도심거주가 불편해졌고, 이에 부자들이 교외로 빠져

나가자 그 자리를 임대주택인 인술라(insula)가 메우기 시작했다.

현재 서울 지역의 동네를 걷다 보면 예전에는 마당 딸린 양옥이나 개량
한옥이 있던 자리에 기존의 주택이 헐리고 다가구주택이나 원룸이 들어선
것을 볼 수 있다. 로마시대도 마찬가지로 중산층의 단독주택이었던 도무스
가 헐리고 그 자리에 서민용 인술라가 들어서기 시작했다. 4~5층 높이에
1층에는 상점이 있고 2층 이상부터 임대용 주택이 있었는데 요즘의 상가
주택과도 비슷한 형태이자 역사상 최초의 공동주택 및 주상복합건물이었
다. 기실 상가주택은 도심주거의 가장 일반적인 유형이다. 인구가 많아지
면 가장 필요한 것이 주택이고 그다음이 구멍가게, 식당을 비롯한 소소한
상점들인데, 상가주택은 이 두 가지를 동시에 해결하기 때문에 도시주거에
서 가장 먼저 생기는 유형이다. 일찍이 도심 고밀이 발생했던 라틴 문화권
에서 인술라가 발달한 것은 필연적 현상이다. 그리고 이는 19세기 파리도
마찬가지였다.

현재 우리가 흔히 사용하는 아파트(apartment)라는 단어는 프랑스의 아파
르트멍(appartement)에서 유래한다. 지금도 파리 시내를 이끼처럼 덮고 있는
7층의 주상복합건물을 말하는데, 같은 시기 영국의 타운하우스가 적층화
없이 집합화만 이루어진 주거 형태라면 아파르트멍은 이와 반대로 집합화
없이 적층화만 이루어진 주거 형태다. 주택의 구체적 모습은 1층에는 카페,
약국, 빵집 등 작은 상점들이 입점해 있고 2층부터 주택이 입주하는 형태
다. 이때 임대료는 2층이 가장 비싸고 3층 이상으로 올라갈수록 차차 저렴
해진다. 요즘은 고층 아파트를 더 선호하지만, 전기설비와 상하수도 시설
이 없어서 일일이 계단을 걸어 올라가고 물을 길어 사용해야 했던 19세기

파리의 아파르트멍. 현재 파리의 가장 대표적 주거유형인 아파트르멍은
그 기원이 로마의 인슐라로 거슬러 올라간다. 1층에 상점이 있고 2~6층에 주택이
있다는 점에서 인슐라와 아파트르멍은 주상복합의 공동주택에 해당한다.

에 가장 좋은 층수는 벨 에타쥐(belle etage)라 부르는 2층이었다.

파리의 집세는 2층을 기준으로 3층은 그 절반, 4층은 3분의 1, 5층은 4분
의 1 등으로 저렴해졌는데, 이러한 모습은 발자크의 장편《고리오 영감》에
서 잘 드러난다. 보케르 부인이 운영하는 하숙집에는 7명의 하숙인이 살고
있는데, 2층에 가장 좋은 방이 두 개 있어서 그중 하나는 주인인 보케르 부
인이, 또 하나는 쿠튀르 부인과 빅토린 양이 살고 있다. 2층의 하숙비는 월
150프랑, 3층의 하숙비는 월 72프랑, 4층의 하숙비는 월 45프랑이다(당시 1프
랑을 요즘 가치로 환산하면 대략 4,000~5,000원 정도다). 그밖에 외래하숙인이라 하여 방은
임대하지 않고 저녁식사만 하는 이들도 있는데, 이들의 한 달 식비는 30프
랑이었다. 책 속에서 고리오 영감은 젊었을 적 제분업으로 큰돈을 모은 부

르주아였고, 그 부를 바탕으로 두 딸을 귀족가문과 부유한 은행가 집에 출가시키는 데 성공한다. 그러나 딸이 아버지를 모셔줄 거라는 기대와는 달리 부유한 집에 시집간 딸들은 평민 출신의 아버지를 부끄럽게 여겼고, 그 때문에 영감이 하숙집에 들어와 살게 되는 것으로 이야기가 시작된다. 처음에는 연간 1,200프랑을 내고 2층의 가장 좋은 방을 빌렸으나, 2년이 지나자 연간 900프랑의 3층방으로 옮기고 그 후 월세 45프랑의 4층방으로 옮겼다가 마침내 지붕 밑 다락방에서 숨을 거두는 이야기다.

사실 이는 19세기 파리의 아파르트멍에 거주하는 모든 사람들의 이야기이기도 했다. 하숙이든 임대이든 2층의 집세가 가장 비쌌고 3층, 4층으로 올라갈수록 저렴해졌는데, 이것이 아파르트멍의 큰 특징이다. 다시 말해 부유층과 중산층, 빈곤층이 한 지붕 아래서 하나의 계단을 공유하며 함께 살았고, 1층에는 상가까지 있어 주거와 상업이 공존했다. 이는 같은 시기 런던의 주거전용이자 계층순일의 타운하우스와는 전혀 다른 양상이다. 고대 로마제국의 인술라에서부터 파리의 아파르트멍까지 주상복합과 계층혼합은 라틴 문화권의 전통이었다.

1세대 초고층 주상복합
세운상가 아파트, 낙원상가 아파트

—

현재 우리나라의 아파트는 주거전용이 대부분이지만, 1960~70년대에는 주상복합아파트도 많이 지어졌고, 대표적인 것이 낙원상가와 세운상가 아

낙원상가 아파트.
지금은 노후해졌지만 당시로서는 혁신적인 주상복합아파트였다.

파트다. 지금은 상당히 노후하였지만 1967년 세운상가 아파트가 준공될 당시 육영수 여사와 김현옥 서울시장이 테이프커팅을 할 정도로 선풍을 일으켰다. 세운상가가 있는 종로 3가 일대는 본디 유명한 유흥업소 밀집지역이어서 '종삼으로 가자', 혹은 '종삼이네 집으로 놀러 가자'라는 말이 은어로 사용될 정도였다. 그 오명을 지우기 위해서는 전면 철거 후 전혀 다른 용도의 건물을 새로 짓는 수밖에 없었고, 그래서 건축된 것이 세운상가 아파트였다.

당시로서는 초호화 주상복합아파트였고, 뒤이어 낙원상가 아파트, 동대문상가 아파트, 을지로 삼풍 아파트, 삼원 데파트맨션 등이 지어졌다. 공통점은 종로, 을지로, 동대문 등 시내 중심가에 세워진 주상복합아파트이자 상당한 고층 고밀 아파트이며, 또한 중산층을 타깃으로 한 중대형 아파트였다는 점이다. 당시 4~5인 가족을 위한 서민용 아파트의 면적이 10평(33㎡) 내외였던 것에 비해, 삼풍 아파트는 19평(62.7㎡)에서 52평(171.6㎡)까지 대형평수로 이루어져 있었다. 현재 인사동 입구에 있는 낙원상가 아파트는 15층 높이에 1층부터 3층까지 500개의 점포가 입점해 있었고, 4층부터는 아파트와 관광호텔, 영화관까지 있었다. 개별 주호는 거실과 부엌 외에 4~5개의 침실이 있는 대형 아파트였고, 지하에는 슈퍼마켓을 두고 아파트 거주자는 구내전화를 통해 필요한 상품을 주문하면 주호까지 직접 배달을 해주는 서비스를 실시하였다. 이 정도라면 요즘의 최첨단 아파트 못지않은 인기를 누리며 세간의 눈총도 함께 받았을 것이다.

하지만 이후 주상복합아파트는 크게 유행하지 못하고, 1970~80년대부터 주거전용 아파트가 대단위로 지어지면서 거의 자취를 감추게 된다. 그래서 지금의 아파트들은 1층부터 꼭대기까지 모두 동일한 주호가 있으며, 다만 아파트단지 상가라 하여 슈퍼마켓과 몇몇 상점들이 있다. 주상복합아파트가 유행하지 못한 까닭은 상점과 시장이 너무 가까이에 있어서 오히려 주거의 질이 떨어진다는 것이 첫 번째 이유이고, 또한 아파트가 차츰 노후하면서 기존의 중산층은 이탈하고 대신 도심에서 상업이나 서비스업에 종사하는 노동자들이 입주하면서 거주자의 질이 떨어졌다는 것이 두 번째 이유로 추정된다.

일반적으로 집단주거지의 질은 건물 자체의 노후화보다는 거주자의 특성으로 인해 떨어지는 경우가 더 많다. 어느 집단이든 주거지의 순일성을 유지하기 위해 배척하고자 하는 무리가 있는데, 이 배척하는 무리가 점유해 들어오기 시작하면 기존의 거주자는 빠르게 이탈하면서 주거의 질이 저하되는 특성이 있다. 이를테면 미국의 대도시는 대개 빈곤한 흑인구역, 부유한 백인구역으로 나뉘어져 있는데, 전문직을 획득해 새로이 중산층에 편입한 흑인이 백인 중산층 지역에 이주해 들어오는 경우가 가끔 있다. 처음 한두 명은 문제가 되지 않지만 대략 거주자의 10%를 흑인이 점유하면, 기존의 백인 중산층은 다른 동네로 이사를 가고 점차 그 동네는 유색인종 거주지역으로 변하게 된다. 지금까지 다른 인종과 혼합해 살아본 적이 별로 없는 한국사회지만, 현재 특정지역을 중심으로 이러한 조짐이 조금씩 보이고 있다. 이러한 인종문제를 계층문제로 치환시켜 생각해보면, 서울 시내에 입지한 주상복합아파트의 경우에도 근처 시장 상인이나 도심 서비스업 종사자들이 하나둘 들어와 살기 시작하면 기존 중산층은 다른 곳으로 이주해나갈 가능성이 있다. 50년 전의 낙원상가와 세운상가 아파트가 그 과정을 거쳤을 것이다. 시내 중심가에 위치한 주상복합아파트는 입지적 특성으로 인하여 거주자의 성격이 변화하면서 기존의 고급스러운 이미지가 퇴색하였다. 이것이 결국 주상복합아파트의 외면으로 이어졌고, 그 후 한동안 잊혔다가 1990년대 후반 재등장하게 된다.

2세대 초고층 주상복합 타워팰리스

—

2002년 한국사회를 떠들썩하게 했던 초고층 주상복합아파트의 대명사 타워팰리스는 그간 꾸준히 진행되어 온 아파트 고층화의 산물이었다. 10층의 여의도 시범단지 아파트(1970년대 초반), 15층의 잠실 5단지 아파트(1970년대 후반)를 효시로, 15~20층 높이의 분당 아파트단지(1990년대 초반)가 있었고 25층 높이의 상계 신시가지 아파트(1990년대 중반)가 있었다. 그리고 1990년대 중후반부터 분당에 30층 높이, 군포, 산본 지구에 33층 높이의 아파트가 들어서면서 본격적인 고층화가 시작되었다. 현재 중층, 고층, 초고층이라는 말이 혼용되어 쓰이고 있고 최근 초초고층이라는 말도 사용되고 있다. 사실 고층과 초고층, 초초고층의 구분은 명확하다기보다 시대와 건축기술의 발달 정도에 따른 가변적인 개념이다. 1971년에는 31빌딩이, 1985년에는 63빌딩이 가장 높은 빌딩이었지만 이제는 중심업무지구의 평범한 건물이 되고 말았으며, 2000년대 초반까지만 해도 30층 이상이면 초고층이라 하였지만 지금도 그렇게 부르기에는 무리가 있다. 다만 구조적인 측면에서는 60층 이상을 초고층이라 한다.

일반적으로 60층 이하의 건물에서는 자중(自重) 즉 건축물의 자체 중량에 의한 수직압력이 큰 문제가 되지만, 60층 이상이 되면 자중에 의한 수직압력보다 옆면에서 작용하는 횡압력이 더 큰 문제가 되기 때문에 적용하는 공법도 달라진다. 따라서 근래에는 30층 이상 59층 이하를 고층, 60층 이상을 초고층, 100층 이상을 초초고층이라 부르는 추세다. 그리하여 대림 아크로빌(46층, 1999년), 대우 트럼프월드(41층, 2002년), 보라매 쉐르빌(49층, 2003년), 목동 쉐르빌(42층, 2003년) 등 40층대의 고층 아파트들이 2000년대 초반에 차례로 지어졌고, 뒤이어 타워팰리스 1차(66층, 2002년), 2차(55층, 2003년), 3차(69층, 2004년)와 목동 하이페리온(69층, 2003년)이 지어진 것은 고층화 뒤에 오는 초고층화의 예정된 수순이었다.

1층은 상점, 2~3층에 아파트가 있는 1970년대의 주상복합아파트.
당시에도 주상복합아파트가 더러 지어졌지만 곧 잊혔다가 2000년대 다시 지어지게 된다.
노후화된 일부 아파트를 헐고 그 자리에 초고층 주상복합아파트를 신축한 모습이다.

본디 초고층 주상복합아파트는 시대적 필요와 정책적인 이유로 장려되었다. 대형 건물은 기획에서 설계, 완공까지 대략 4~5년이 걸리기 때문에 지금 준공된 건물은 5년 전의 시대상을 민감하게 반영하고 있다. 2002년 타워펠리스가 등장하기 5년 전인 1997년은 최초로 주택보급률 100%를 달성한 해였다. 물론 수치상으로는 100%라 하더라도 여전히 서민은 주택 부족과 전세난에 시달리고 있었지만, 해방 후 50년 동안 심각한 주택 부족 문제를 겪어왔던 것을 생각하면 놀라운 성과였다.

또한 공교롭게도 그 해 11월 외환위기가 있어 주택가격이 급락하면서 건설회사들은 위기의식을 느꼈다. 기존 아파트를 대체하는 무언가 새로운 아파트가 필요해졌고, 그즈음 아파트에 휴머넥스, 홈타운, 낙천대, 롯데 캐슬, e편한세상 등과 같은 브랜드 네이밍이 유행하기 시작했다. 이는 전에 없던 현상이었다. 본디 아파트는 방배동 현대 아파트, 사당동 대림 아파트 등과 같이 동네와 건설회사 이름을 조합해 불렀는데, 갑자기 새로운 브랜드 이름으로 불리기 시작한 것은 절박해진 차별화 전략 때문이었다. 무언가 새로운 돌파구가 필요해진 상황에서 초고층 주상복합아파트의 등장은 필연이었다.

주거와 상업기능을 한데 합쳐놓은 주상복합아파트는 사실 그다지 큰 인기를 끌지 못했다. 낙원상가 아파트와 세운상가 아파트 등 1960년대의 주상복합아파트를 보아서도 알 수 있듯이, 고급화와 차별화 때문에 처음에는 제법 인기를 끌지만 크게 성공하지 못한 채 곧 무대에서 내려오곤 한다. 그 이후 동대문 아파트, 삼익맨션 아파트 등 주상복합아파트가 없었던 것은 아니지만 결코 뿌리내리지 못한, 어쩌면 한국 실정에는 맞지 않는 아파트라고도 할 수 있다. 그럼에도 주상복합 방식을 다시 채택한 이유 중 하나는 용적율 때문이었다. 즉 현행법상 주거지역 안에서 초고층 아파트를 짓는 것은 불가능하고 상업지역이나 중심업무지역에서만 지을 수 있는데, 그러기 위해서는 주거전용이 아닌 주상복합아파트여야 했다.

본디 영미문화권에서 주상복합아파트를 짓는 것은 상업지역이나 업무

지역의 도심 공동화를 방지하기 위한 목적이 크다. 이를테면 여의도나 종로, 강남 등 서울의 대표적인 업무 상업지역에는 고층 건물들이 즐비해 있는데, 직장인들이 퇴근을 해버린 야간에는 도심 거주자가 아무도 없는 텅텅 빈 지역이 된다. 이를 도심 공동화 현상이라 하는데 범죄나 노숙자의 증가 등 사회문제가 될 수 있다. 이를 방지하기 위해 도심에도 주거시설을 두고자 하는 목적에서 나온 것이 주상복합아파트다. 야간의 도심 공동화 현상을 방지하고자 만들어낸 것이 주상복합아파트이기 때문에 영미권의 주상복합아파트는 상업시설이 주된 요소이고 주거시설은 부가적인 것이다. 반대로 한국에서는 주거시설 위주로 되어 있어, 주상복합아파트란 곧 강남에 위치한 대형 고급 아파트의 이미지로 굳어지게 되었다. 주상복합아파트라는 말이 무색하게 주거기능만 과도하게 발달하였는데, 이것이 주거문화를 또 한 번 왜곡하고 있다.

우선 초고층이란 좋은 것이라는 인식을 심어주었다는 점이다. 이것은 1960~70년대 아파트는 곧 좋은 것이라는 인식을 정부에서 심어준 것과 같은 형태라 할 수 있는데, 본디 아파트는 도심 노동자들에게 양질의 주거를 제공하기 위한 집단주거의 성격이 강하다. 유럽이나 영미권에서 중산층은 단독주택이나 타운하우스에 살고 유색인종이나 노동자들이 아파트에 사는 경우가 많은데, 한국에서는 부족한 주택 보급 문제를 빠르게 해소하기 위한 방편으로 주택공사에서 아파트를 지어 공급하면서 아파트는 편리하고 세련된 주거 형태이자 중산층의 상징이라는 인식을 심어주었다. 아파트가 노동자들의 집단주거가 아닌 중산층의 주된 주거가 된 경우는 한국이 유일한데, 거기에는 이러한 정책적인 이유가 있었다.

마찬가지로 2000년대 초반 등장한 초고층 주상복합아파트는 초고층이 란 곧 좋은 것이며, 주상복합아파트는 주거전용 아파트보다 더 세련된 것 이라는 왜곡된 이미지를 심어주었다. 래미안, 캐슬, 자이, 푸르지오 등과 같 은 일반 아파트보다 더 좋은 아파트, 당연지사 하이페리온, 타워팰리스, 트 럼프월드, 아크로빌, 쉐르빌처럼 전혀 다른 차원의 새로운 브랜드 이름이 있어야 했다. 그리고 10여 년이 지났다.

현재 초고층 주상복합아파트들은 더 이상 크게 유행하지 않는다. 1997년 주택보급률 100%를 달성하고 15년 남짓 시간이 지나면서 이제 아 파트를 지어도 분양이 되지 않는 현상이 나타나기 시작했고, 수요와 공급 의 법칙에 맞게 아파트 가격은 천천히 하락하고 있다. 아울러 지속적으로 진행되어 온 아파트 고층화에 대한 반작용으로 저층 저밀 주거단지가 새 롭게 인기를 끌고 있다. 타운하우스 유행이 대표적인 예라 할 수 있는데, 이름만 타운하우스일 뿐 대형 평수의 고급 다세대주택에 불과한 것처럼 초고층 주상복합아파트 역시 대형 고급 아파트의 별칭으로 전락할 가능성 이 높다.

어찌 보면 현재 아파트는 24평, 33평, 44평 등 그저 그만한 평수에 천편 일률적인 형태를 하고 있는데, 주상복합아파트는 이것을 능가하는 보다 고 급스럽고 새로운 아파트가 필요해진 시점에 나타난 신형 아파트라 할 수 있다. 그것이 저층 저밀에 서울 근교에 위치했다면 타운하우스, 고층 고밀 에 시내 중심부에 위치했다면 초고층 주상복합이라 불린다는 점이 다를 뿐이다. 이렇듯 신개념의 공동주거를 표방했다가 곧 잊히거나 변형된 이름 들이 몇몇 있다. 1970~80년대의 맨션 아파트가 그러했고, 1990년대의 빌라 역시 이미지가 변형되었다. 2000년대 초반 새롭게 등장한 타운하우스와 초고층 주상복합아파트가 향후 어떤 모습으로 존재할 것인가는 결국 시간이 말해줄 것이다. 어쩌면 그 역시 문화주택과 불란서주택이 그러했던 것처럼 시대가 낳은 해프닝으로 남을지도 모를 일이다.

2

누구나 살아야만 하는 집,

저렴주택

현재 가장 많은 사람이 살고 있는 주택은 아파트다. 전체 국민의 60~70%가 여기에 살고 있고, 방 세 개가 딸린 85 ㎡ 크기의 아파트를 국민주택이라고 부를 만큼 아파트는 가장 대중적인 주택이 되었다. 여기서는 대중주택에 거주하기를 희망하는 사람들과 그들이 사는 곳에 대해 이야기하고자 한다. 그들이 사는 집은 보다 서민적이고 그래서 사회의 관심과 정부의 지원이 더 필요한 사람들의 주택이기에 저렴주택이라 이름 붙였다.

저렴주택의 특징을 저소득층의 소형 임대주택이라 정의하였을 때 그 역사는 조선시대로까지 거슬러 올라간다. 조선 후기 한양이 팽창하면서 인구 급증에 따른 심각한 주택 부족 상황에서 협호(挾戶), 협거(挾居)가 발생했는데, 이는 1950~60년대의 셋방살이와 유사했다. 개량한옥이나 간이주택 한쪽에 있는 방 하나를 세를 주기 때문에 수돗가와 화장실, 부엌을 주인집과 공유하는 형태였다.

그런데 1970년대가 되면 이러한 셋방살이 대신 2층 불란서주택에서 한 층을 통째로 세를 주기 시작한다. 1층을 전세로 주고 주인은 2층에 거주하던 식이었는데, 나중에는 세를 더 많이 받기 위해 지하실과 옥상을 개조하여 방을 들이기도 했다. 짓기는 2층으로 짓되 지하와 옥상에 셋방을 들이면 사실상 4층집이 되었고, 심지어 3층집을 지어놓고 반지하와 옥탑방을 들여 5층집이 되기도 했다.

반지하와 옥탑방은 법적인 테두리를 벗어난 집이었지만, 합법과 편법의 경계는 모호했고 극심한 주택난 아래서 위법은 피할 수 없는 상황이었다. 이에 정부가 편법이던 옥탑방과 반지하를 제도적으로 양성화하면서 지하 1층 지상 4층의 다세대주택, 일명 빌라가 탄생한다. 현재 법적으로 4층 이하를 다세대주택, 5층 이상을 아파트라 명시해놓았기 때문에 빌라가 4층까지만 지어지는 것이지 그 법적 상한선을 없앤다면 10층의 빌라도 가능하고, 이쯤 되면 빌라와 아파트의 경계도 모호해진다.

사실 유럽에서 아파트가 발생했던 수순도 그러했다. 산업혁명으로 인해 도시는 극심한 고밀을 경험하게 된다. 이에 지하방, 옥탑방은 물론, 공동방(커다란 방에서 다 함께 잠을 자는 형태로 대학생들의 MT 숙소나 찜질방 등과 유사하다) 및 시간제방(하나의 방에 임대인이 2~3명이 있어서 각자 하루에 8시간 혹은 12시간씩 시간제로 사용하는 형태)까지 등장했다. 이름조차 생소한 공동방과 시간제방이 서울에 나타나지 않은 것이 그나마 다행이라고 생각될 만큼 런던의 주거 사정은 열악했다. 이에 영국 정부가 노동자에게 양질의 주거를 제공하고자 한 것이 아파트의 효시였다. 아파트란 어느 천재의 획기적인 발명품이 아니라 극심한 고밀로 인해 발생한 주거 형태였는데, 그렇게 되기까지 단층의 단독주택은 3~4층으로 고층화되고 지하와 옥탑방이라는 비정상적인 주거 형태까지 나타나야 했다. 그리고 이러한 상황이 과거 50년 동안 서울을 비롯한 대도시에서 고스란히 진행되었으니, 외국에서 아파트가 수입되지 않았어도 다세대주택이 계속 고층화되는 과정을 거쳐 마침내 서울에도 아파트가 자생적으로 탄생했을 것이다.

어쩌면 저렴주거의 역사가 바로 이러할 것이다. 희망주택은 외국에서 수입된 모델이며, 더 자세히 말해 영국과 프랑스의 주택을 일본 혹은 미국을 거쳐 여과 수용한 것이었다. 하지만 저렴주거는 서민의 필요에 의해 자발적, 자생적으로 발생했다. 그것은 때로 편법과 위법의 경계 위에 있기도 했지만 이미 거스를 수 없는 대세가 되었고, 그즈음 정부에서 편법을 제도권으로 끌어들여 합법화한 것이 저렴주택의 역사라 할 수 있다.

어느 시대, 어느 사회나 저렴주거는 항상 존재했고, 다만 시대가 변하면서 그 이름과 형태가 조금씩 변했다. 셋방살이 대신 깨끗하고 현대적인 설비의 원룸주택이 들어섰고, 노란 물탱크에 회색빛 LPG 가스통이 위태롭게 서 있던 다가구주택들은 이제 도심형 생활주택으로 변하고 있다. 이제는 학생들도 자취방이나 하숙집 대신 원룸텔, 고시텔 등에서 생활하는 것이 보통이다. 그러나 달라진 것은 이름뿐, 그것이 저렴주거라는 점에서는 전혀 달라지지 않았다. 앞으로 10년 후 혹은 20년 후 지금으로서는 상상할 수 없는 새로운 주택이 나온다 한들, 그것이 저렴주거라는 사실은 변하지 않을 것이다.

1
셋방살이

scene # 1

셋방이라는 생각은 안 들 거야. 아예 세를 주려고 만든 방인걸. 돌아앉아도 아주 확 돌아앉아놔서 굿을 해도 모른다구. 부엌에 수도가 없는 게 하나 흠이지만 이만한 방 구하기도 쉽지 않아.

안집 할머니가 말했다. 뒤로 돌아가니 제법 넓은 마당이 나타났다. 안채와 나란히 두 개의 방이 붙어 있고, 기역자로 꺾여 역시 방인 듯 똑같은 밤색 나무문이 두 개 보였다. 마당을 가운데 두고 디귿자로 방들이 늘어서 있는 것이다. 안집 할머니가 그중 안채에 붙은 방의 문을 열었다. 문을 열면 부엌이고 부엌을 거쳐 방으로 들어가게 되어 있었다. (중략) 짐을 들여놓고 아버지는 우리를 데리고 시장에 나갔다. 국밥으로 저녁을 먹은 뒤 장을 보았다. 분홍빛 구름 같은 이불을 사고 솜과 석유곤로, 도마와 칼을 샀다. 발이 세 개 붙은 플라스틱 둥근 상을 사고 붉은 고무장갑도 샀다. 아버지는 두툼한 지갑을 열어 아낌없이 돈을 썼다. (중략)

무슨 놈의 집이 부엌에 수도도 없담, 양심에 철판 깔았어. 이러고도 돈을 받아먹다니. 요즘엔 아무리 콧구멍만 한 셋방이라도 입식 부엌과 더운 물 쏟아지는 목욕탕과 양변기, 기름 보일러는 기본이라구.

그 여자는 수건으로 얼굴을 문지르며 방에 들어올 때마다 빠지지 않고 불평을 늘어놓았다. 그러면 아버지는 곧 근사한 집을 지을 거라고, 뜨거운 물이 하루 종일 쏟아지고 연탄 따위는 갈지 않는, 기름을 펑펑 때는 집을 지을 거라고 대답했다. 아버지는 우리에게도 물었다.

어떤 집에서 살고 싶으냐.

유리창이 커다란 집, 방이 많은 집, 이층집, 삼층집, 살고 싶은 집을 얼마든지 많았다.

오냐, 이층집도 짓고 삼층집도 짓고 둥그런 집도 네모난 집도 지어주마

《새》(2009, 오정희) 중에서

저렴주택이란
무엇인가

—

오정희의 소설 속 주인공이 살고 있는 집은 한옥을 개조해 만든 셋방이다. 어머니 없이 큰집에 얹혀살던 어린 남매는 아버지의 손에 이끌려 낯선 동네의 어느 집으로 이사를 하게 된다. 그리고 다음날 아버지가 낯선 여자를 데리고 오면서, 단칸 셋방에서 남매와 아버지, 그 여자가 함께 지내는 것으로 이야기는 시작된다. 그 집에는 주인인 안집 할머니와 딸 부부 외에 다른 식구들도 많았다. 외판원 정씨, 화물트럭 운전사 이씨, 과자공장에 다니는 문씨 부부 그리고 주인공 가족 등 모두 다섯 가족이 한 집에 살고 있다. 한 지붕 아래 다섯 가족이 사는 집, 이것이 바로 셋방살이이자 대표적인 저렴주택이다.

저렴주택(LCH, low-cost housing)이란 저소득층이 저렴한 가격으로 거주할 수 있는 주택으로, 소형 평수이면서 전세 혹은 월세의 임대주택을 말한다. 저소득층, 소형, 임대라는 세 가지 조건을 만족시킬 때 저렴주택이라 칭하는데, 이때 저소득층은 소득수준이 낮은 사람뿐 아니라 주택시장의 초입자(初入者)도 포함된다. 학교 근처에서 자취를 하는 대학생, 첫 직장을 잡아 원룸을 얻어 독립한 직장인, 갓 결혼한 신혼부부 등의 시기는 명목상 월수입은 낮지만 그것은 생애주기에 수반되는 일시적 현상이어서 저소득층보다는 초입자라고 하는 편이 더 정확할 것이다. 대학생, 직장인, 신혼부부 등은 대부분의 사람이 겪는 생애주기이자, 이 기간을 모두 합산하면 10년 정도의 긴 시간이기도 하다. 뿐만 아니라 실직, 사별, 이혼, 사고나 질병 등으로 소득이 줄면 중산층도 저렴주택으로 이사를 해야 하는 상황이 발생할 수 있다. 이러한 이들을 퇴입자(退入者)라 한다면 우리는 누구라도 초입자, 퇴입자가 될 수 있으며, 생애주기를 통틀어 상당한 기간을 저렴주택에서 살게 된다. 그중에 가장 대표적인 저렴주택이 1960~70년대의 셋방살이인데, 지금은 거의 사라진 임대 형식이다. 주택임대는 임대료 지급 방식에 따라 전세와 월세가 있다. 요즘 '반전세'나 '깔세(보증금에서 매달 월세를 차감하는 형태)'가 등장하고 있고 드물게 연세(임대료를 1년 단위로 지불)나 주세(임대료를 1주일 단위로 지불)도 있지만, 어쨌든 반환보증금의 유무에 따라 전세와 월세라는 양대 범주로 나뉜다.

한편 거주 형식에 따라서는 공거(共居, 공동거주의 줄임말)와 별거(別居)로 나뉜다. 별거란 집주인과 세입자가 별개의 집에서 사는 형식을 말하며, 공거는 집주인과 세입자가 같은 집 안에서 함께 살면서 출입구와 마당, 부엌과 화장실을 공유하는 형식을 말하는데 셋방살이가 이에 해당한다. 요즘은 전세든 월세든 별거가 대부분이지만, 공거는 1960~70년대 서민들의 일반적인 주거 형태이자 주택난이 극심한 사회에서 발생하는 임대 형태였다.

한양의 주택문제
협거, 협호

—

이런 공거임대의 형태는 문헌상으로는 조선 후기에도 찾아볼 수 있다. 조선은 1708년 대동법을 전국적으로 실시하면서 큰 사회 변화를 겪게 된다. 이는 대공수미법, 즉 지방특산물을 바치던 공납을 쌀로 대납하는 조세상의 변화였지만, 공납이라는 현물경제가 쌀이라는 화폐경제로 전환되면서 사회는 놀랍게 변했다. 당시 쌀은 조운선을 타고 서해 연안을 거쳐 한양으로 들어왔는데, 조운선이 드나들던 한강 근처의 나루인 양화진, 서강, 용산, 뚝섬, 광진, 노량진, 두모포(옥수동), 송파진 등지가 새로운 물류 중심지로 부상했다. 이는 한강변 여덟 개의 나루라는 뜻으로 8강(八江)이라 불리면서 한양이 사대문 안팎으로 팽창하는 계기가 되었다.

도시가 성장하기 위해서는 인구가 증가해야 하는데, 그 흡인요인은 농촌의 잉여인력과 도시의 일자리다. 즉 농촌이 일종의 구조 변화를 겪으면서 농지를 잃은 농민이 많아지고 그러한 빈농들이 일자리를 찾아 도심으로 몰려들면서 인구가 급증하는데, 당시 조선이 그러하였다. 18세기가 되면 농업기술이 발달하여 지방의 부농이 증가하였다는 것은 주지의 사실인데, 이는 역으로 부가 편중하면서 빈농도 증가했다는 사실과 연결된다. 농업기술이 발달했다는 말은 적은 인원으로 많은 수확을 거둘 수 있게 되었다는 말이고, 이리하여 토지를 잃게 된 빈농들이 상업에 종사하거나 일거리를 찾아 한양으로 몰려들게 된 것이다.

일찍이 카렌 암스트롱이 《축의 시대》에서 언급했듯, 전혀 교류가 없던 문화권에서도 일정한 시기가 되면 비슷한 현상이 발생하는 것이 역사의 법칙인데, 지방의 부농이 신흥계급으로 성장하고, 그 과정에서 발생한 빈농이 도시로 유입되는 것은 19세기 영국 런던의 상황과도 비슷하다. 인클로저 운동(농경지이던 곳을 울타리로 막아 양을 키우는 방목장으로 만드는 것)으로 농지를 빼앗긴 빈농들이 런던과 신흥 공업도시로 몰려들면서 극심한 주택난이 발생했고, 이들에게 양질의 주거를 제공하기 위해 공동주택을 지었던 것이 아파

트의 효시인데, 조선 후기 한양도 급격한 인구 유입으로 심각한 주택문제
를 겪어야 했다. 이들은 경제적으로는 빈농이자 사회적으로는 도망한 외거
노비들이었다.

조선사회를 완벽하게 이해하기 위해서는 전체 인구의 3~4할을 차지했
던 노비에 대한 이해가 선행되어야 하는데, 이들은 그저 피상적으로만 다
루어지는 것이 현실이다. 노비는 크게 공노비와 사노비로 나뉘며, 또한 사
노비는 외거노비와 솔거노비로 나뉜다. 공노비는 일명 관노라 하여 지방
관아에 소속되어 특정 용역에 종사하는 이들을 말하며, 사노비는 양반 개
인에게 소속된 노비이다. 이 중 솔거노비는 주인집이나 그 근처에 살면서
몸종 노릇을 하거나 주인의 농장에서 농사를 짓는 노비로, 사극에서 빠지
지 않고 등장하는 노비가 이 솔거노비다.

한편 외거노비는 역사의 관심에서 빗겨나간 이들이자 조선 후기 사회 변혁을 주도했던 이들이다. 이들은 외거, 즉 주인집에서 떨어진 별도의 곳에 거주하면서 1년에 베 두 필(여자는 한 필 반)의 신공(身貢)만 납부하면 되는 노비였다. 인신구속적 성격이 강했던 솔거노비와 달리 신공 납부라는 경제적 구속만 있었던 외거노비는 자기들끼리 모여 상당히 독립적인 생활을 하였고, 조선 후기가 되면서 솔거노비보다 외거노비의 수가 더 많아진다. 이는 조선 후기 화폐경제가 확산되면서 주인은 신공이라는 고정수입이 들어오는 외거노비를 선호했고, 또한 노비 입장에서도 어느 정도의 독립성과 재산 축적 및 그에 따른 면천도 가능한 외거노비의 삶을 선호했기 때문이다. 따라서 서로의 이해관계가 맞아 떨어져 솔거노비가 다수 외거노비로 전환되면서 조선 후기 외거노비의 비율이 매우 높아진다. 그리고 이들의 수가 점차 많아지면서 급기야 신공 납부를 거부한 채 도망하여 익명성이 보장되는 한양 같은 대도시로 들어가 잡역인부, 물지게꾼, 삯빨래, 삯바느질 등 도심 서비스업에 종사하게 된다. 이른바 도시노동자가 출현한 것이고, 이들을 위한 주택으로 협거(挾居) 혹은 협호(挾戶)가 등장하기 시작했다. 여기서 협은 좁을 협(狹)이 아닌 끼일 협(挾)을 쓰는데, '끼어살이' 즉 주택의 일부를 빌려 주인과 함께 사는 셋방살이이자 공거를 말한다.

이들은 주로 행랑채나 문간채의 방에 세 들어 살았던 것으로 추정된다. 본디 행랑이나 문간에 살던 솔거노비들이 외거노비로 독립하면서 빈 방이 생기고 화폐경제의 전환에 따라 일정한 수익이 보장되는 협호가 임대인과 임차인 상호의 이익과 일치했을 것이다. 무엇보다 솔거노비가 감소하면서 바느질, 빨래, 물 긷기, 장작 패기 등 예전에는 솔거노비가 담당하던 일을 이제 품을 주고 구매해야 하는 용역이 되면서 고정수익이 더욱 필요해졌을 수도 있다.

요약하면 솔거노비가 외거노비로 전환되는 현상과 한양의 인구 집중 및 협호, 협거의 증가는 조선 후기 화폐경제로의 이행에 따른 여러 현상들로 서로 긴밀하게 맞물려 있다. 협호와 협거, 이것이 조선 후기 등장했던 셋방살이였지만, 어느 시대나 민중들의 삶은 그다지 기록으로 전해지지 않는 터라 많은 자료를 확보하지 못하고 있다. 그러나 역사는 항상 재현되는 법이어서 100~200년의 시간을 뛰어넘어 서울에도 이 현상이 다시 나타난다.

개량한옥의 셋방살이
도심 임대주택으로 변화하다

—

1960~70년대 한국은 급격한 이촌향도(離村向都)의 시대라, 서울은 심각한 주택난을 겪고 있었고 그 와중에 탄생한 것이 개량한옥의 셋방살이였다. 개량한옥은 현재 북촌이라 알려진 가회동 일대, 서촌이라 알려진 옥인동 일대에서 흔히 볼 수 있는 ㅁ자 한옥으로, 네모 난 안마당을 중심으로 안채와 문간채가 ㄴ+ㄱ자 혹은 ㄷ+ㅡ 자의 형태를 이룬 주택이다. 1930~40년 대에 주로 지어져 도시형 한옥으로서의 중요한 가치를 지니고 있다.

한양은 조선 후기 대동법 시행으로 인해 한강변 팔강까지 확장한 이후 1930~40년대에도 팽창이 한 번 더 있었다. 당시 한반도의 병참기지화 전략에 따라 식민수탈이 심해지면서 농촌이 와해되어 이농 인구가 도심으로 유입되고 있었다. 아울러 한양에도 몰락한 양반이 생기면서 과거 이들이 살았던 가회동, 누상동, 봉익동 등 북촌의 사대부가도 공가가 생기고 있었다. 이에 '집장사'라는 새로운 직업이 등장하여 기존의 대형필지를 소형으로 분할해 도시형 한옥을 지어 팔기 시작하면서 형성된 것이 개량한옥이다.

전통주거는 ㄱ자형의 안채에 ─자형의 사랑채가 붙어 ㄷ자를 이루는 경우가 많은데, 이 형태가 1930년대 협소한 필지의 도시주거에 적응하기 위해 더욱 조밀해지고 내향화되어 ㄷ자, ㅁ자의 개량한옥이 탄생했다고 볼 수 있다. 일제시대에 생겨난 주거유형이라는 이유로 개량한옥을 전통주거와는 거리가 먼 형태라 보는 견해도 있지만, 이는 한옥이 도시주거에 적용하면서 생긴 불가피한 변형이었다.

가회동 한옥은 서울과 경기지방에 널리 분포했던 ㄱ자 집을 원형으로 하고 있으면서, 협소한 대지에 부엌과 대청 및 서너 개의 침실을 갖는 도시 중산층의 주거유형을 창출했다. 그리고 이것이 20~30년의 세월을 지나 도시형 임대주택으로 재등장한 것이다. 주인은 안채를 쓰고 문간에 위치한 문간방이나 사랑채를 세입자에게 주는 형식인데, 본래 하나였던 집의 일부를 세를 주다 보니 출입구와 마당, 수돗가, 화장실, 부엌을 함께 공유해야 했다. 현재의 시각으로 보면 매우 불편해 보이지만 당시의 시대상과 또한 한옥이라는 특수성을 함께 고려해야 한다.

지금 우리가 살고 있는 아파트와 단독주택은 거실을 중심으로 각 방이 모여 있는 집중형 평면을 하고 있다. 안방에서 자녀방이나 주방으로 갈 때 대부분의 동선은 거실을 통과하도록 되어 있고, 특히 소형 아파트는 거실

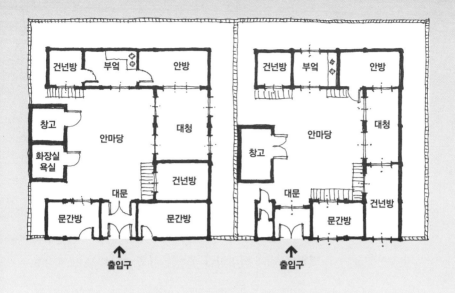

ㅁ자 한옥. 네모난 안마당이 중심인 주택으로, 전통한옥이 도시화되는 모습을 보이고 있다.
ㄷ자 형의 본채와 ─자형의 아랫채가 붙어 ㅁ자를 이루고 있다.
한편 도심 고밀이 진행되면서 아래채의 문간방에 셋방을 들이는 집이 많아졌다.

과 주방, 식당이 한데 맞붙은 LDK가 집 안의 중심이 된다. 이렇듯 거실을
중심으로 각 방이 연결된 형식을 집중형이라 하는데, 한옥은 거실 중심이
아닌 분산형 평면을 하고 있다. 대신 주택의 중심 역할을 하는 것은 안마당
으로, 안채에서 문간방이나 사랑방으로 갈 경우 신을 신고 마당을 지나가
야 하기 때문에 오히려 독립성과 프라이버시 유지에 용이하다. 한집에 살
기는 하지만 마당으로 분리된 형태, 이것이 셋방살이 곧 공거를 가능케 한
첫 번째 이유였다.

또한 당시는 대가족 제도가 서서히 해체되던 시기였다. 전통적인 대가

족하에서 결혼한 장남은 분가를 하지 않았고 차남이라도 결혼 후 몇 해 동안은 부모 집에서 함께 지내다가 분가를 하는 것이 보통이었다. 그래서 각 세대의 독립성을 위해 안채와 사랑채, 행랑채, 문간채, 별채 등으로 구분되어 있었다. 그런데 해방 후 대가족 제도가 무너지면서 본디 아들 내외가 살던 아래채나 별채 등이 비게 되고, 여기에 세입자가 그 공백을 메우게 된 점도 있다. 또는 문간방이나 행랑방 등 본래는 고용인이 살던 방을 해방 후 고용관계가 사라지면서 세를 주게 된 것도 한몫을 한다.

1930~40년대의 개량한옥은 도심 중산층이 거주하는 곳이어서 한두 명의 고용인을 두고 있었다. 대개 어멈이라 부르는 식모(食母, 현재 이 말은 비하적인 의미가 되어 더 이상 사용되고 있지 않지만, 본래는 비하적 의미가 아니었다. 유모, 찬모, 침모처럼 이름 뒤에 모(母)가 붙는 것은 여성에 대한 존경의 표현이었는데, 자주 쓰다 보니 그 의미가 비천해진 것뿐이다)와 아범이라 부르는 청지기가 있었는데, 이들은 주로 부부가 많았고 행랑방이나 문간방에 거주했다. 그런데 해방 후 식모와 청지기가 사라지면서 대신 그 방에 세입자를 두게 되었다.

전통적인 대가족이 해체되면서 그 공간적 공백을 세입자가 대신 메운 셈인데, 이들 세입자는 저소득층이면서 또한 주택시장의 초입자들이었다. 시골에서 어린 자식을 데리고 상경한 일가족, 갓 결혼한 신혼부부, 독신의 직장인, 자취하는 학생 등이 셋방살이를 하였는데, 이들은 연소하면서 서울살이의 경험도 별로 없었다. 그리하여 집주인과 세입자 간에는 단순한 임대 계약관계를 너머 부모-자식 관계 혹은 주인-고용인 관계를 연상케 하는 종속적인 관계가 발생했다. 나이 먹은 주인아주머니는 문간방에 세 들어 사는 신혼의 새댁을 자신의 며느리 대하듯 했고, 때로 김장이나 주인집의 대소사에 세입자 여성의 노동력이 동원되는 것도 예사였다. 이러한 것들이 주택난에 수반되는 셋방살이의 서러움이자, 영화나 소설에서 흔히 다루어지는 소재이기도 했다. 안방 드라마로는 1970년대의 〈셋방살이〉, 1980년대의 〈달동네〉, 1990년대의 〈서울의 달〉이 유명하고, 드라마로도 제작되었던 박영한의 연작 《왕릉일가》도 있다. 시골 부자에 해당하는 여주댁 식구들은 본래 우묵배미의 구옥에 살고 있었는데 행랑채, 사랑채에 차례로 셋방을 들이더니 마침내 근처에 새집을 지어 이사하면서 자신들이 살던 안채도 세를 주게 된다. 그런데 이 안채를 과연 누구에게 세를 주느냐에 따라서 미묘한 신경전이 일어난다.

사실상 안채란 과수원지기에게 꼭 필요 불가결한 공간이라 말할 수 없다. 그는 한 평 반 남짓한 행랑채 방 한 칸도 과분할 정도의 초라한 살림도구였다. 가구라고 해 봐야 고물 텔레비전과 재봉틀에다 이불 속에 묻어 두는 청국장 단지 정도가 고작이었다. 그러니 홍씨는 안채라는 공간이 필요했던 게 아니라 안채가 상징해주는 어떤 권위에 연연해 있었다고 하는 것이 정확하지 않을까. 주리네가 안채차지를 해 버림으로써 자신은 관리인이기는커녕 여전히 일개 머슴으로서 남의 집 쇠죽이나 끓여 바치며 방세나 탕감 받는 초라한 행랑살이에 불과하다는…… 그러므로 그 안채란 그에게 있어서는 행랑살이 머슴의 지위로부터 그보다 한 단계 높은 관리인의 자리로 직위를 격상시켜 주는 확실한 임명장과도 같은 것이었다. 번들거리는 안채 대청마루에 버티고 서서 에헴 하고 크게 한 번 내뱉는 기침과 귀신굴 같은 행랑채에서 새어 나오는 기침과는 그 볼품이 다른 것이다.

《왕릉일가》(1988, 박영한) 연작 중 〈지옥에서 보낸 한 철〉 중에서 셋방살이에서 가장 불편한 것이 부엌을 함께 쓰는 일이었다. '한솥밥을 먹는다'라는 말도 있듯이 취사단위란 곧 가족단위인데, 집주인과 세입자 간에 부엌을 함께 쓰다 보면 별개의 가족단위가 하나의 취사단위가 되는 기형적인 현상이 일어난다. 이는 집주인 입장에서도 불편한 노릇이어서 세입자용 별도의 부엌을 신설하고 별도의 화장실과 출입구를 두는 집도 많아졌다. 본디 한 채의 집이었지만 별도의 부엌과 출입구가 있어 세입자의 독립성이 보장되는 집, 이러한 집은 주인 거주 및 일부 임대라는 도심 대중 주택의 전형적인 성격을 가진다. 즉 1930~40년대의 개량한옥이 30년 남짓한 세월을 거치면서 도심 임대주택으로 변화한 것이다. 이처럼 개량한옥은 상업주택 혹은 상품주택의 효시였다.

옷도 기성복과 맞춤복이 있듯이, 주택도 내가 건축가에게 설계를 의뢰해서 짓는 맞춤주택이 있고 이미 지어진 주택을 구매하는 상품주택이 있다. 지금 우리가 살고 있는 아파트가 대표적인 상품주택이고, 빌라, 타운하우스, 타워팰리스도 모두 상품주택이다. 현재 대부분의 사람들이 상품주택에 살면서 맞춤주택을 꿈꾸고 있는데, 상품주택의 효시가 집장사 집 이른바 1930~40년대의 개량한옥이었다.

또한 개량한옥은 한옥의 현대화와 도시화 가능성을 보여주었다. 한옥은 대지가 넓은 농촌이나 사대부가에서만 가능하고 필지가 협소한 도시에는 불가능하다고 알려져 있지만 개량한옥은 협소한 필지에서도 한옥 건축이 가능하다는 것을 보여 주었다. 최근 새롭게 지어지고 있는 한옥, 이것을 현대 한옥이라고도 하는데 사실 1930년대 개량한옥을 한 번 더 개량한 형태라 할 수 있다. 이렇듯 한옥은 해방 후 임대주택이 되면서 점차 도시 대중주택으로 변모해나갔다.

과도기적 간이주택에서의
셋방살이

—

셋방살이의 무대는 개량한옥만이 아니었다. 개량한옥은 건설 당시에도 중간 규모의 도시 중산층 주택이었는데, 근현대사에서 가장 빈곤했던 1950~60년대에 이런 주택을 짓는 건 무리였다. 모든 것이 부족한 상황에서 집을 짓자면 가장 손쉽게 구할 수 있는 재료로 가장 익숙한 형태로 지을 수밖에 없고, 그래서 당시 가장 많이 지어진 주택은, 재료와 건축수법은 양옥이면서 공간 구성은 한옥의 형태를 띠는 이른바 간이주택이었다. 서울 및 경기지방의 전통민가인 ㄱ자 집을 원형으로 하면서 형태는 벽돌집 모양을 한 간이주택들이 1950년대 급속히 등장하고 이후 1960년대가 되면 협소한 대지에 방을 더 많이 넣기 위해 기존의 ㄱ자 대신 ㅋ자 형태로 변형된다.

우리의 전통주거는 크게 홑집과 겹집으로 나뉜다. 지붕 아래 방들이 한 줄배기인 것이 홑집이고 두줄배기로 늘어선 것이 겹집인데, 홑집은 전라도, 경상도 등 남부지역에서 많이 볼 수 있고, 겹집은 함경도와 강원도 등 북부지방에서 발견되는 유형이다. 현재 우리나라는 분단 상황으로 인하여 함경도를 비롯한 북부지방의 전통주거에 대해서는 많이 알려져 있지 않은데, 마치 전(田)자처럼 생긴 겹집 유형도 우리의 전통주거 중 하나다.

한편 중부에 해당하는 경기, 충청도 지방에는 곱은자 집(꺾음집) 혹은

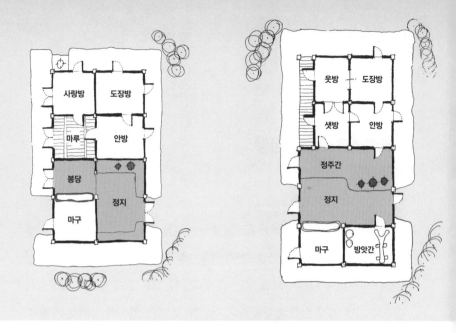

북부지방의 겹집. 정지(부엌)가 매우 크며 그 옆으로 방들이
두 줄로 배치되어 있다. 추위를 피하기 위한 목적이 크다.

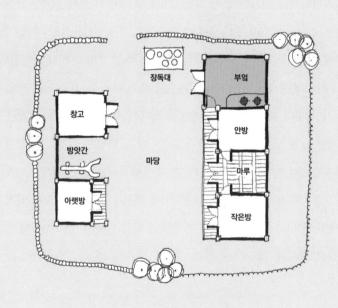

남부지방의 홑집. 방들이 한 줄로 배치되어 있는 홑집이다.
여름을 견디기 쉬운 구조로 되어 있다.

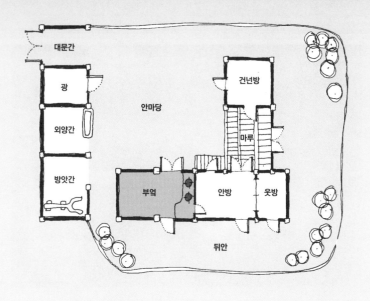

중부지방의 꺾음집. 서울을 비롯한 중부지방에는 ㄱ자 집이 일반적이었다.

ㄱ자 집이 발달했다. 거칠게 일별하자면 북부지방에는 전(田)자형의 겹집, 남부지방에는 일(一)자형의 홑집, 중부지방에는 ㄱ자 형의 꺾음집이 대표적인 유형이라 할 수 있다. 1960년대 등장했던 간이주택은 중부지방의 ㄱ자 집을 벽돌 혹은 콘크리트블록이라는 현대적 재료로 지은 집이라 할 수 있는데, 처음에는 ㄱ자로 짓다가 좁은 필지에 방을 더 들이기 위해 일부를 겹집화하면서 결과적으로 ㅋ자 집이 되었다. ㄱ자 집이 완전 홑집이라면 ㅋ자는 홑집과 겹집의 절충형이라 할 수 있는데, 이문동, 면목동, 장위동 등 사대문 외곽의 변두리 지역에 두루 나타나기 시작했다. 당시의 극심했던 주택난에 부분임대를 염두에 두고 지은 집이었고, 그래서 아예 세입자

한옥과 양옥의 절충식 간이주택.
1950~60년대에 주로 지어졌지만 현재 거의 남아 있지 않다.

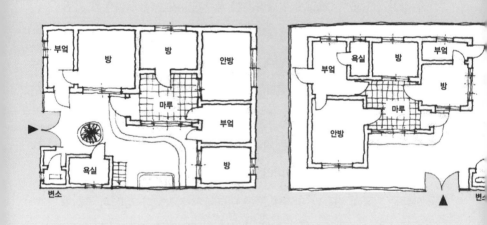

ㅋ자의 간이주택. ㄱ자로 꺾인 부분이 점차 비대해지면서
겹집화되는 양상을 보인다. 이 부분에 임대를 위한 셋방을 두었다.

를 위한 별도의 부엌을 두는 경우가 많았다. 즉 한 지붕 아래 두 개의 부엌이 마련된 임대 목적의 집이었다. 도면을 살펴보면 부엌만 별도로 쓰고 욕실과 변소(화장실은 1980년대 이후, 욕실과 변소가 합쳐진 형태를 말하고 이때는 변소라는 말이 정확하다)를 공유하는 형태다. 단층집이며, 집주인은 부엌과 마루(거실), 두 개의 방을 쓰고 임차인은 마루 없이 부엌과 방 하나를 사용하는 흔히 말하는 단칸 셋방이다.

간이주택이나 개량한옥은 결국 우리의 전통주택을 당시 상황에 맞게 재구성한 집이라 할 수 있다. 문화주택이나 불란서주택 혹은 타운하우스 등 희망주택은 그 원형이 외국에서 수입된 모델인 경우가 많다. 하지만 저렴주택은 자생적으로 발생하는 특징을 가진다. 전통한옥에서 변화된 개량한옥에서 셋방살이가 발생하고, 또한 중부지방의 ㄱ자형 꺾음집이 고밀에 적응하기 위해 ㅋ자로 변형되는 것이 대표적인 예이다. ㅋ자 간이주택의 세 방 중에서 하나를 세를 준 집주인이나, 그 하나에 세 들어 사는 임차인이나 모두 고만고만한 서민들이었을 것이다. 그런데 이러한 일부 임대 형태는 1970~80년대 보다 본격적인 양상을 띠면서 규모도 확대된다. 본디 개량한옥에서 문간방을 세 주던 형태였다가, 간이주택을 지을 때부터 임대를 목적으로 부엌을 두 개 지었다면, 1970년대부터는 보다 더 본격적인 임대주택이 등장하고 임차인도 한 가구가 아닌 두 가구, 세 가구가 되는 경우도 많았다. 이른바 한 지붕 세 가족이 나타나기 시작한 것이다.

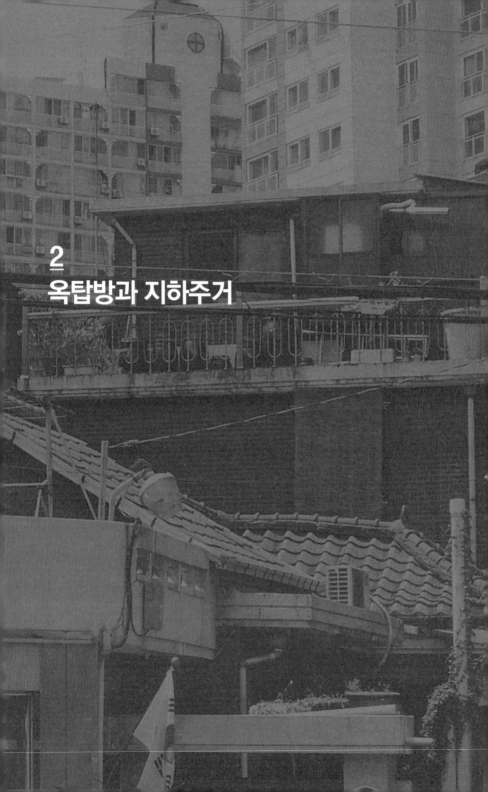

2
옥탑방과 지하주거

scene # 2

나에게는 옥탑방에 사는 사촌동생이 하나 있다. (중략) 나는 이사 갈 때 딱 한 번 가 봤는데 지은 지 얼마 안 되는 집이라 옥상으로 통하는 야외계단만 좀 위태로워 보일 뿐, 널찍하고 깨끗한 방에 주방과 수세식 화장실이 달려 있을 뿐만 아니라 옥상을 온통 마당처럼 쓸 수 있어서 셋방이라는 구차스러운 느낌은 안 들었다. (중략)

이사 갈 때만 해도 겉은 반드르르해 보였지만 워낙 날림집인데다가 세 줘 먹으려고 나중에 올린 옥탑방은 더 엉터리여서 여기저기 뒤틀리고 금 가서 겨울에는 수도와 화장실이 얼어붙어 못 쓰고 여름에는 비까지 새서 비닐조각으로 임시변통을 해야 한다고 했다. 환자까지 있는 집 꼬락서니가 그러하니 다년간 누적된 누추가 어떠하리라는 건 짐작하고도 남았다. (중략) 옥탑방의 더위는 밤에도 화덕 속 같다는 것이었다. 선풍기를 두 대나 틀어 놓고 자는데도 환장하게 더워서 러닝셔츠를 물에 담갔다가 대강 짜서 입고 자면 그게 마르는 동안은 좀 견딜만해서 잠을 청할 수가 있는데 아침에 일어나면 머리가 무겁고 기운이 하나도 없다고 했다.

《그리움을 위하여》(2001, 박완서) 중에서

합법과 불법의 경계
1970년대 적층화의 시작
—

인용한 글은 서울 잠실 인근의 옥탑방을 배경으로 하고 있는 박완서의 소설이다. 옥탑방이란 건물의 옥상 위에 가설한 방으로, 극심한 도심 고밀속에서 발생하는 기형적 주거다. 그리고 이는 해방 후 꾸준히 지속되어온 부분임대의 극단적 형태다. 앞서 1950~60년대에 가회동, 보문동 등지의 개량한옥에서 문간방이나 행랑방을 일부 세를 주는 형태가 나타났고, 1960~70년대에 간이주택이 나타나 세를 주었다고 상술한 바 있다. 좁은 필지에 집을 짓다 보니, 주인집은 침실 두 개에 부엌 하나, 임차인은 침실하나에 부엌 하나인 경우가 많았다. 이 정도라면 집주인이나 임차인이나주거 면적에서 큰 차이가 나지 않고 임대수익도 그리 많지 않았을 테니 그저 반찬값이나 버는 수준이었을 것이다.

서울은 급격한 인구 팽창과 주택난을 겪고 있었지만, 대단지 아파트는아직 시기상조였고, 정부 차원에서 주택문제를 해결하는 것도 아니었다. 결국 개인단위에서 자발적으로 나온 해결책이 셋방살이 곧 부분임대였다. 그리고 1970년대에 이르러 그 부분임대가 더욱 조직적이고 고밀화되는 양상을 띤다. 우선 적층화가 시작되었다. 2층집을 지어 1층은 세를 주고 2층은 주인이 사는 형식이 발생한 것이다.

적층화와 2층집이 의미상 조금 다르다는 것은 상술한 바 있다. 2층집은 일제시대 상류층의 양관주택이나 중산층의 문화주택에서 이미 시작되었지만 적층화는 아니었다. 1층에 거실, 식당, 안방을 두고 2층에 자녀방을

다세대 거주 단독주택.
본래는 2층 불란서주택이었으나 1층과 2층에 서로 다른 세대가 세 들어 사는 집이다.

두는 한 가족이 거주하는 집이었다. 하지만 1970년대 서울 변두리에 기존의 주택과는 조금 다른 집들이 지어지기 시작했다. 외형은 불란서주택과 비슷했지만, 마당은 한결 좁아지고 미니 2층 대신 1층과 2층의 면적이 똑같은 집, 거기에 2층으로 올라가는 외부 계단이 설치된 '다세대 거주 단독주택'이었다. 이는 1960년대의 간이주택보다 더 고밀화된 형태로, 대개 주인은 2층에 살고 1층은 두 세대 정도 세를 주는 형식이다. 이것이 우리나라 주거 역사상 처음으로 나타난 적층화 현상이다. 도심주거의 가장 큰 특징은 적층화와 집합화 현상이다. 현재 서울의 대표적 주거유형인 아파트가 바로 고도로 적층화되고 집합화된 주거라 할 수 있는데, 적층화의 첫 현상이 1970년대에 나타났다고 볼 수 있다. 비록 2층에 불과하지만 1층과 2층에 서로 다른 세대가 사는 것, 이것으로 적층화는 시작되었다.

옥탑방.
본래 옥상 물탱크실이 있던 자리에 방을 만들어 세를 놓았다.

그리고 1980년대가 되면 이 현상이 더욱 가중되어 옥탑방이 등장한다. 1970년대의 불란서주택은 지붕이 경사져 있기 때문에 그 위에 옥탑방을 올리는 것이 불가능했는데, 1980년대부터 지붕의 경사가 없는 평지붕 집을 지으면서 장독대나 물탱크실을 두어 옥상을 이용하기 시작했다. 다시 말해 단층집이 2층집이 되고, 그 2층을 세를 주어 적층화가 되고, 물탱크실을 개조해 옥탑방을 들여서 사실상의 3층집이 되는 등, 주택은 점차 적층화되고 고밀화되고 있었다.

이러한 집들은 지금도 흔히 볼 수 있어서 고층 건물에서 내려다보면 풍선 같은 노란 물탱크와 장독대, 빨랫줄이 걸린 옥상이 마치 ㅁ자 집의 안마당같이 펼쳐져 있는 것을 볼 수 있다. 땅값이 점차 비싸지고 고밀이 진행되면서 마당 대신 옥상을 생활공간으로 이용하는 것이다. 이때 평지붕의 2층 양옥집을 지어 준공검사를 받은 뒤 옥상에 별도의 가설물을 설치하여 방을 만들고 세를 받는 것이 옥탑방이다. 옥탑방의 면적이 8분의 1을 넘지 않으면 합법이지만, 합법과 불법, 편법의 경계는 모호했고 거주환경은 열악했다. 건물의 무게를 고려하여 값싸고 가벼운 재료로 만들었기 때문에 여름엔 덥고 겨울엔 추웠으며, 철제계단만 가설되어 있을 뿐 별도의 화장실과 부엌이 설치되지 않는 경우가 많았다. 그래서 취사는 불가능하고 '잠만잘 분'이라는 이름으로 대학가 주변에 광고지가 나붙기도 했다. 1층의 세입자, 2층의 주인, 3층의 옥탑방까지, 1980년대 단독주택은 거의 3층집이 되어가고 있었다. 그리고 이는 '겉은 반드르르해 보였지만 워낙 날림집인데다가 세 줘 먹으려고 나중에 올린 옥탑방'이라는 말로 박완서의 소설 속에 선명하게 드러나 있다.

사실 역사가 기록하고 있는 최초의 옥탑방은 제정 로마시대의 인술라다. 기원 무렵 로마는 이미 국제도시로 성장하고 있었고, 도시는 일자리를 찾아 온 노동자들로 인구가 급증했다. 급격한 인구팽창은 기형적인 변형주거를 유발했고 인술라의 난립이 큰 사회문제가 되었다.

앞에서 살펴보았듯 본디 로마의 부자들은 도무스라고 하는 단독주택을 짓고 살았다. 이는 네모난 안마당을 중심으로 방들이 모여 있는 중정주택(中庭住宅)으로 마치 우리의 ㅁ자 한옥과도 비슷하다. 중정주택의 특성상 거리에 접한 면은 하인방이나 행랑방이 되었다가 도시에 인구가 많아지면 제일 먼저 일부임대로 전환되는데, 당시 로마도 그러했다. 도무스 중에서 거리에 면한 일부가 상점(taberna)으로 전환되고, 점차 내부의 방까지 모두 임대로 바뀌기도 했다. 나중에는 임대수익을 더 높이기 위해 도무스를 임대용으로 개조하거나 아예 처음부터 임대 목적으로 짓기도 했다. 이러한 임대 목적의 공동주택이 인술라다. 당시 로마에서 도무스 대 인술라의 비율은 1 대 9 정도로 인술라가 만연해 있었으며, 되도록 세를 많이 받기 위해 5~6층까지 지어 올리는 경우가 많았다. 중산층의 단독주택은 주거의 쾌적성을 위해 단층이거나 2층 이상을 넘어가지 않는다. 그런데 이 정도로 고층이었다는 것은 당시의 주거난이 얼마나 심각했는지를 단적으로 보여주는 예라 하겠다.

AD 64년, 로마 대화재가 발생한 뒤 네로 황제가 대대적인 재건사업을 실시하며 세운 법령 중에 각 인술라는 붕괴를 방지하기 위해 70피트 이내로 건축하라는 조항이 있다. 70피트는 현재 20미터 남짓한 높이가 되고, 이는 6층 건물에 해당한다. 그렇다면 7~8층 건물도 존재했었다는 말이 되는데 놀라운 수준이다. 당시에는 이미 콘크리트가 존재했는데, 4~5층 정도만 콘크리트로 짓고 그 위에 세를 더 받기 위해 목조 가건물로 증축한 형태였을 것이다. 화재와 붕괴에 매우 취약하고, 6층 이상은 지을 수 없다는 건축 상한선도 그 때문에 나왔을 것이다. 본 건물 위에 얼기설기 올라간 가건물의 모습은 2000년 전의 로마 인술라에서, 그리고 1990년대의 서울에서 똑같이 진행되고 있었다.

영국 산업혁명 시기의
지하주거

—

사실 옥탑방보다 더 열악한 것이 지하주거였고, 이는 19세기 영국의 공업도시에서 발생했다. 18세기 말 영국에서 산업혁명이 일어나면서 맨체스터, 버밍엄, 리버풀 같은 신흥 공업도시들이 생겨났다. 산업혁명이 일어나기 직전인 1801년 런던의 인구가 10만 명 남짓이었는데, 고작 50년이 지난 1851년 리버풀이 39만 5천 명, 맨체스터가 33만 8천 명, 버밍엄이 26만 5천 명이었던 것을 보면 인구 팽창이 얼마나 급속도로 진행되었는지를 알 수 있다.

사실 영국은 18세기부터 빈농이 증가하고 있었다. 밀을 경작해야 할 농경지를 양을 키우는 방목장으로 전환하는 인클로저 운동의 시작, 젠트리 계층의 등장 이면에는 빈농의 증가라는 그림자가 있었다. 농지를 잃은 이들은 도시로 몰려들어 공장노동자가 되었고, 그리하여 신흥 공업도시들은 극심한 주택난을 겪었다. 공장 하나가 생기면 몇백 명의 노동자가 함께 생기고, 당연지사 그 주변에 몇백 가구의 집이 있어야 했다. 하지만 수력발전에 의존했던 당시의 공장은 아무 기반시설 없이 강가에 덩그렇게 세워진 경우가 많았다. 주택 부족은 필연적인 현상이어서, 지하셋방까지 등장했다.

본디 영국의 타운하우스는 지하 1층에 석탄창고, 부엌 및 하인방이 있고, 다락에 하녀방이 있다. 당시는 하녀와 하인의 인권을 크게 생각하지 않을 때라서, 지하의 하인방과 다락의 하녀방은 거의 부속공간에 가까웠는데, 그러한 지하실이 셋방으로 활용된 것이다. 날씨가 좋지 않기로 유명한 영국에서 지하주거는 환기가 되지 않고 햇빛이 들지 않아 늘 축축하고 곰팡이가 슨다. 더구나 본디 빈농이던 공장 노동자들은 돼지를 키우는 습관이 있어서 약간의 여윳돈이 생기면 저축 삼아 돼지를 사다 길렀는데, 이는 벼룩, 이, 파리 같은 해충과 전염병을 유발했다. 부엌이라고 해봤자 스토브 하나를 놓은 것이 전부인 단칸 지하셋방에서 5~6명의 가족이 돼지와 함께 지내는 것은 예사였다. 그나마 이것은 한 가족이 한 방에서 사는 것이어서

영국의 노동자주거. 산업혁명 시기 신흥 공업도시로 이주해온 노동자로 인해 도시는
극심한 고밀이 발생했고, 이에 노동자에게 양질의 주거를 제공해주기 위해 등장한 것이 아파트다.

양호한 편에 속했다. 더 고약한 경우는 독신 노동자가 한 방을 2교대 혹은
3교대로 임대하는 것이었다.

"방 일부 세 놓음."

바로 일전에 세인트제임스홀에서 5분도 채 안 떨어진 집의 창에 붙어 있던 벽
보다. 휴 프라이스 휴즈 목사는 침대가 3교대로 임대되고 있다고 진술했다. 즉
한 침대를 세 명이 사용하는데 각각 8시간씩 쓰는 것이다. 그래서 침대는 식을
새도 없다. 침대 밑도 마찬가지로 3교대로 임대된다. 보건국 공무원들은 다음
과 같은 경우를 너무도 많이 접했다. 약 28㎡의 방에 세 명의 여성이 한 침대를
쓰고 두 명의 성인 여성이 침대 밑을 쓴다. 약 47㎡의 방에 남자 성인 한 명과
두 명의 아동이 한 침대를 쓰고 두 명의 성인 여성이 침대 밑을 쓴다. 이보다 좀
나은 2교대 방은 주로 이렇게 사용된다. 호텔에서 밤새 일하는 젊은 여성이 낮

동안 침대를 차지한다. 저녁 7시에 그녀가 나가면 벽돌공 조수가 들어온다. 아침 7시에 그가 일하러 나간 뒤 그녀가 일터에서 돌아온다.

《밑바닥 사람들》(1902, 잭 런던) 중에서

믿을 수 없을 정도로 열악한 주거환경 때문에 페스트, 콜레라 등 전염병이 발생하여 목숨을 앗아갔고, 이에 영국정부는 1848년 공중위생법을 제정하여 주거환경 개선을 위한 노력을 한다. 지하셋방의 금지, 최소한의 주거 면적, 변소와 우물에 대한 규정, 최소 채광시간의 규정 등이 마련되었고, 이는 영국 건축법의 기초가 되었다. 또한 공동주택의 기본원칙이 되어 현재 우리나라의 아파트에도 영향을 미쳤다.

지하에서
반지하로

—

이 지하실방으로 이사를 오던 날, 그는 맨 먼저 의자를 놓고 올라서서 창문의 유리에 흰 종이를 바르는 일부터 해치웠다. 측백나무로 울타리를 쳤고 또 앞은 강노인의 채소밭이어서 딱히 들여다볼 눈도 없을 것이지만 무방비 상태로 노출당하는 일은 예방할 필요가 있다는 생각에서였다. 그는 밤이 되면 의자를 놓고 올라서서 창을 닫았다. 여름이 되면서 그나마 숨통이 막힌 방은 후텁지근했다. 그래도 창을 열어놓은 채 자고 싶지는 않았다. (중략) 무궁화연립의 102호는 말하자면 그의 주인집인 셈이었다. 무궁화연립의 일층에 사는 이들에겐 모두 이만 한 넓이의 지하실이 배당되어 있었다. 대개는 창고 식으로 쓰고 있지만 간혹 식구가 많은 집에서 방을 들이는 경우도 있었다. 아이들의 공부방으로 사용하거나 또는 잠만 자고 다니는 공원들에게 세를 주기도 했다. 세를 줄 때에는 꼭 주인집의 현관 열쇠가 필요하게 마련이었다. 지하에는 화장실이 없는 까닭이었다. 누구라도 다 그렇지만 아무 때나 벌컥벌컥 문이 열리는 꼴을 좋아할 집은 별로 없었다. 집을 비워야 할 때는 열쇠를 가지고 있는 지하실의 타인이 마음에 걸리기도 하였다. 그런저런 이유로 돈이 꼭 필요한 집이 아니면 지하실방을 세 주는 일이 없게 되었다.

《원미동 사람들》(1987, 양귀자) 중에서

1980년대 서울 인근 위성도시의 골목길 풍경을 묘사한 《원미동 사람들》 중 지하 생활자에 관한 이야기다. 무궁화연립 102호에 사는 여자는 지하실을 방으로 개조하여 공원(공장 근로자)에게 세를 준다. 본디 1층에 부속된 지하실이어서 조그만 수도꼭지 외에 별다른 하수도 시설은 갖추어져 있지 않았다. 그래서 그는 쓰고 난 허드렛물을 양동이에 받아 밖으로 갖다 버리는데, 문제는 화장실의 사용이었다. 세를 줄 때는 분명 화장실을 쓸 수 있게 해준다고 약속했으면서도, 막상 문을 두드리면 주인 여자는 요지부통 문을 열지 않았다. 하는 수 없이 청년은 공장 화장실, 인근 상가 화장실을 전전하는 이른바 화장실 대란을 겪게 된다.

1970~80년대의 양옥집들은 반지하의 부속실을 두는 경우가 많았다. 옥상에 물탱크실이 있었다면 지하에는 창고, 보일러실, 차고 등이 있었다. 그런데 주택 부족이 심각해지면서 이곳을 개조하여 셋방을 들이기도 했다.

본디 부속공간이던 지하실을 개조하여 만든 방이다 보니, 기본적인 상하수도 시설이 갖추어져 있지 않은 곳이 많았다. 창이 작아서 환기와 채광이 제대로 되지 않아 습기가 차고 곰팡이가 슬었다. 특히 여름이 견디기 힘든데 무더위뿐 아니라 장마철에는 빗물이 바닥에 고였다.

수재뿐 아니라 화재도 문제였다. 지하셋방이든 옥탑방이든 임의로 개조한 방들은 주방설비가 갖추어지지 않아 버너나 석유곤로를 사용하다가 불이 나기 쉬웠고, 설상가상 소방차의 진입이 어려웠다. 주차장을 개조해 방을 들이다 보니 정작 자동차는 골목길에 세웠기 때문이다. 옥탑방과 지하셋방을 들이는 것은 당시 거의 관행이 되다시피 해서 동네 전체가 골목마다 주차장에서 밀려난 자동차가 주차되어 있었고 이는 결국 소방차의 진입을 막았다. 그뿐만 아니라 성범죄에도 취약했다. 지하셋방이라도 상부에는 조그만 쪽창이 마련되어 있는데 이것은 길에서 집 안을 들여다보는 창 역할을 하기도 했다. 혼자 사는 여성의 방을 몰래 엿보다가 이후 더 큰 범죄로 이어지기도 했으니 옥탑방보다 지하셋방의 환경이 더 열악했을 것이다. 지하셋방과 옥탑방이 있는 집, 이는 1980년대 서울의 대표적인 주거유형이었다.

짓기는 2층집을 짓되 지하와 옥탑을 개조하여 방을 들이면 4층집이 되었고, 때로 3층집을 지어 지하와 옥탑방을 들이면 5층집도 가능했다. 이 정도라면 단독주택이라고 말하기도 어렵게 된다. 혹은 1층에 점포, 2, 3층에 셋집, 옥상에 원룸을 두는 경우도 있었는데, 이는 파리의 아파르트멍과 유사하다. 지금도 파리 시내를 뒤덮고 있는 아파르트멍은 1층은 상점이고, 2, 3, 4층으로 올라갈수록 임대료가 저렴하며 지붕 밑 다락방은 가장 저렴한

파리의 아파르트멍.
1층에는 상가가 있고 2~6층에 주택이 있는, 일종의 주상복합 건물이다.

독신자용 숙소라고 상술한 바 있다. 파리는 우리의 아파트단지에 해당하는 대규모 고층 고밀 아파트가 존재하지 않는 대신 아파르트멍이 대표적인 주거유형인데, 이는 오랜 시간 도심 고밀에 적응하면서 나타난 자생적 주거유형이다. 마찬가지로 1980년대 서울도 다세대 거주 단독주택 혹은 상가주택이라고 하는 4층 규모의 단독주택이 널리 유행했다. 아파트처럼 개별 등기가 가능한 것은 아니지만 세대별로 개별 출입구가 있어 독립성이 지켜지는 집, 단독주택도 아니고 연립주택도 아닌 다세대 거주 단독주택이다.

제정 로마시대 가난한 도시 노동자를 위해 인술라가 발생했고, 산업혁명 시기 영국의 대도시에 지하주거가 등장했다. 이는 모두 급격한 인구 팽창 아래서 발생한 자발적이고 자생적인 주거였고, 여기서 로마 대화재 혹은 페스트, 콜레라 등의 재앙이 발생했다. 이에 네로 황제 혹은 영국정부가 법령을 통해 몇 가지 대책을 세우고 그 법령에 의해 결국 하나의 주거유형

도심이 고밀해지면서 단독주택의
모습은 점차 변화한다.
한 집에 2~3세대가 거주하는
다세대거주 주택 혹은
상가주택으로 변하기도 한다.
본디 지하주차장이던 곳을 개조하여
학원으로 만들었다.

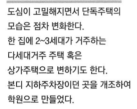

이 완성되듯 1980년대 서울도 마찬가지였다.

1930년대의 개량한옥과 간이주택에서 발생하기 시작한 부분임대 형태(셋방살이)가 불란서주택이라 불리던 중산층 단독주택에서도 발생하기 시작했다. 이후 1980년대가 되어 주택난이 더욱 가중되면서 지하셋방-1층-2층-옥탑방으로 구성된 다세대 거주 단독주택 및 지하셋방-1층 상가-2층-3층-옥탑방으로 구성된 상가주택 등이 등장했다. 이러한 지하와 옥탑의 거주환경은 열악했고 주차난, 소방차 진입 불가 등의 문제가 발생하기도 했다. 이런 문제를 해결하기 위해 정부가 법령으로 규제를 하면서 등장한 것이 1990년대의 다세대주택과 다가구주택이다. 흔히 빌라로 불리면서 신혼부부를 비롯한 주택시장의 초입자들이 주로 살던 집이었다.

3
빌라, 연립, 다세대

scene # 3

구석구석에 틀어박힌 조잡한 색깔로 단장한 연립들을 기웃거리다가 마침내 그들은 집을 하나 계약했다. 전세계약이 아닌 매매계약이었다. 전철역에서 버스로 네 정거장쯤 떨어진 동네의 연립주택 3층, 18평짜리였다. (중략) 방이 셋에 거실이라고 부를 공간도 있었고, 온수까지 빼 쓸 수 있는 연탄보일러를 두루 돌아보며 아내는 모처럼 벙싯벙싯 웃고 있었다. 세상에, 꿈만 같아요. 이것 보세요, 당신 지난번에 살았던 정릉의 현이네 집 아시죠? 그게 열여덟 평인데요, 삼천만 원이 넘는다구요, 아녜요, 지금은 사천쯤 할 거예요, 봐요, 이리 와봐요, 목욕탕 욕조도 마블이에요, 무늬가 아주 고상하잖아요. (중략)

서울에서 그처럼 떠돌아다니다가 전세방 생활을 청산하고 겨우 연립이나마 한 채 사서 들어왔는가 했더니 한 달이 멀다 하고 이곳저곳의 문제점들이 출몰하기 시작하는 데는 정신이 없을 지경이었다. (중략) 이사 오던 해 겨울에는 천장이며 벽에 습기가 배어들어 물이 흐르기 시작했다. 이어서 온 집 안에 곰팡이 냄새가 가득해지고 서서히 해동이 되면서는 숫제 비가 새듯 천장에서 물이 떨어졌다. (중략) 이어서 주방의 하수구가 막혔고 보일러의 굴뚝이 무너져 보일러까지 새로 갈아야 하는 일이 터져버렸다. 지은 지 삼 년도 채 안 되었다는 집이 걸핏하면 터지거나 막히거나 무너지는 데에는 어이가 없을 뿐이었다. 그런 일들이 아니라면 하다못해 목욕탕의 수도꼭지가 헛바퀴를 돌거나 변기의 물탱크가 제구실을 못 하거나 해서 크고 작은 돈이 쉴 새 없이 집수리하는 데 들어갔다. 이제 더 이상의 고장은 없으려니 하고 있으면 느닷없이 보조키가 말을 들어먹지 않아서 내친 김에 새로 발명되었다는 컴퓨터 보조키까지 달게 했다.

《원미동 사람들》(1987, 양귀자) 중에서

빌라,
서민주택의 대명사

—

현재 아파트도 단독주택도 아닌 집을 빌라(villa)라고 범칭하고 있지만, 이것은 해열제를 아스피린이라 하는 것처럼 일종의 상품명이다. 건축법에 명시된 주택은 크게 단독주택과 공동주택으로 나뉜다. 이 중 단독주택은 다시 단독주택, 다중주택(多重住宅), 다가구주택(多家口主宅)으로 세분되고, 공동주택역시 다세대주택(多世帶住宅), 연립주택(聯立住宅), 아파트로 세분되므로 법적으로 명시된 주택은 모두 6종이다. 흔히 말하는 빌라, 타운하우스, 원룸 등은이 6종 주택 중 하나에 해당하며, 다만 오피스텔은 주거시설이 아닌 업무시설로 분류된다.

단독주택은 말 그대로 단독주택으로, 개량한옥, 불란서주택, 전원주택, 별장주택 등이 모두 이에 해당한다. 다중주택은 3층 이하, 연면적 100평(330㎡) 이내의 주택이면서 여러 명이 세 들어 사는 집을 말한다. 고시원, 학생용 원룸 등으로, 각 방에 화장실은 설치할 수 있지만 주방은 개별로 설치할 수 없기 때문에 '잠만 잘 분'이라는 안내문과 함께 대학가 주변에서 흔히 보이는 건물이다. 식사는 매식을 하거나 공동주방을 이용해 간단한 음식 정도만 할 수 있다. 다가구주택은 3층 이하, 연면적 200평(660㎡) 이내의 주택으로, 각 주호별로 화장실과 주방이 모두 설치된 집이다. 다중주택에는 없는 개별주방이 있고 면적도 넓기 때문에 독신의 직장인, 신혼부부 등이 선호하는 원룸 혹은 투룸에 해당하는데, 임대 세대는 총 19세대까지만 가능하다. 이러한 집들은 법적으로 모두 단독주택이므로 개별 세대는 임대만 가능할 뿐, 별도의 등기를 하거나 매매할 수 없다. 학교 앞 원룸 301호에 살면서 그 301호 하나를 내 명의로 등기를 하거나 매매할 수 없는 것처럼, 다가구주택 201호에 사는 사람 역시 그것을 개별로 소유하거나 매매하는 것은 불가능하다.

한편 외형상 비슷해 보이지만 다세대주택은 공동주택에 해당하므로 개별 등기와 매매가 가능하다. 다세대주택은 4층 이하, 연면적 200평 이하의 공동주택이며, 연립주택은 4층 이하, 연면적 200평 초과, 그리고 아파트는 5층 이상의 공동주택을 말한다. 그런데 이러한 6종 주택 중에서 단독주택과 아파트는 구별이 쉽지만, 다가구주택, 다세대주택, 연립주택은 외견상 구분이 쉽지 않다. 더구나 명칭마저 ○○빌라, ○○맨션, ○○타운 등으로 불리고 있는데, 이것은 일종의 상품명이자 임의로 지은 것이어서 ○○궁전, ○○팰리스 등도 얼마든지 가능하다. 그래서 현재 살고 있는 집이 어떤 주택인가 알기 위해서는 등기부등본을 확인하거나 부동산 중개업소에 문의를 하면 되는데, 사실 그것은 그다지 중요하지 않은 문제일 수도 있다. 다가구이든 다세대이든 연립이든 그저 빌라일 뿐이며, 아파트나 단독주택을 소망하면서 주택시장의 초입자들이 잠시 머무는 집의 성격이 강하기 때문이다.

여섯 개로 세분된 주택을 차례로 나열하면 단독주택-다중주택-다가구주택-다세대주택-연립주택-아파트 순이 될 것인데, 이중 첫 번째에 위치하는 단독주택은 예나 지금이나 모두가 바라는 가장 이상적인 주택이요, 맨 끝자리에 위치한 아파트는 대부분의 사람들이 살고 있는 대중적인 주택이다. 아파트가 이렇게 대중주택이 된 데는 정책적인 이유가 컸다.

서울은 1950년대부터 2000년대까지 만성적인 주택 부족 현상을 겪어

왔다. 주택 공급에 개입하는 주체는 첫째가 국가 혹은 지자체이고 둘째가 민간기업이고 세 번째가 개인인데, 이 중 두 개의 거대주체가 주로 공급한 것이 아파트였다. 국가는 주택공사를 통해 주공아파트를 공급했고, 기업은 OO건설이라는 회사명이 그대로 붙은 OO아파트를 지어 분양했다. 6종류의 주택 중 국가와 기업이 제공한 것은 아파트라는 단일 품목이었고, 나머지 5종류의 주택이 철저히 개인의 몫으로 돌아간 것이다. 그러다 보니 사람들이 가장 이상적으로 여기는, 자신이 살 집을 직접 짓는 단독주택은 어느 사이 가장 희소한 유형이 되고 말았다. 아울러 요즘 단독주택은 유명 건축가에게 의뢰를 하여 짓는 이른바 작품주택의 경향이 점차 강해지고 있다. 예전에는 땅값이 상대적으로 저렴했고 또한 학력보다는 풍부한 실무경험을 바탕으로 한 건축가가 있어 비교적 저렴한 가격에 주택 설계를 담당했지만, 땅값이 비싸져 서울 시내에 대지를 마련하기가 어렵고 또한 건축사의 자격조건이 까다로워지면서 설계비용이 비싸졌다는 것도 한몫을 한다.

그리하여 6종의 주택 중에서 아파트는 국가나 기업이 제공하는 대중주택이 되고 단독주택은 작가에게 설계를 의뢰하는 고급주택이 되고, 남은 것이 4종의 주택이다. 이 중 다중주택(고시원, 학생용 원룸)은 임시거처의 성격이 강하고, 다가구, 다세대, 연립이 저렴한 도시 주택의 대명사가 되면서 빌라로 뭉뚱그려 불리게 되었다. 이러한 주택들은 대개 '집장사'라 불리는 개인 사업자가 공급하고 있는데, 국가도 기업도 건축가도 외면했던 이 주택들은 1980년대, 1990년대, 2000년대를 거치면서 도심에서 가장 필요한 저렴주거의 역할을 충실히 이행해왔다. 이제 구체적으로 살펴보도록 하자.

임대만 가능한 집,
다가구주택

—

예전에는 분명 마당 딸린 아담한 양옥집이나 개량한옥이 있었을 법한 자리
인데 지금은 대문을 열자마자 숨 돌릴 틈 없이 빽빽하게 서 있는 3층집, 벌
겋게 녹슨 철제 난간과 외부계단이 아슬아슬하게 붙어 있는 붉은색 벽돌
집, 대개 두어 집 많아야 서너 집이 세 들어 사는 것처럼 보인다면 다가구주
택일 가능성이 높다.

도심 임대주택 중에서도 가장 서민적인 집이자 1950~60년대 개량한옥
의 셋방살이, 1960~70년대 간이주택과 단독주택에서의 셋방살이로 지속
적으로 명맥을 유지해오는 유형이다. 개량한옥의 셋방살이가 본디 단독거
주용으로 지은 주택을 임시 개조하여 일부 임대를 놓았다면, 1970년대에는
처음부터 임대 목적으로 짓는 집이 생겼다고 상술한 바 있다. 2층집을 지어
1층에 세입자가 살고 2층에 주인이 거주하는 형식이었는데, 점차 세를 더
받을 생각으로 지하실이나 주차장을 개조하여 반지하방을 만들고 옥상을
개조하여 옥탑방을 만들었다. 사실 반지하와 옥탑방은 건축법에는 명시되
어 있지 않은 용어로, 편법이 만들어낸 방이다. 지상 2층 주택을 짓되 나중
에 지하실을 개조하여 셋방으로 만들 요량으로 지상에서 조금 올려진 상태
로 지으면서 여기에 환기와 채광을 위해 쪽창을 설치한다. 건축법상 지하
지만 윗부분에 조그만 창이 달려 있는 방, 이것을 편의상 반지하라 부르게
된 것이다.

반지하는 쪽창의 크기가 클수록, 다시 말해 지상 위로 튀어나온 부분이

많을수록 쾌적했다. 건축법상 지상 위로 튀어나온 부분이 2분의 1 이상이면 지상, 그 이하이면 지하로 분류되었기 때문에 이를 교묘하게 이용하여 지하층이 꼭 절반 정도로 튀어나오도록 지어놓고 반지하라 이름 붙인 것이다. 옥탑방도 마찬가지였다. 본디 주거시설은 둘 수 없고 다만 물탱크실을 비롯한 부속시설만을 설치할 수 있으므로, 물탱크실을 지어 놓은 채 정작 물탱크는 외부로 빼고 그곳을 방으로 만들어 세를 주는 것이 옥탑방이다. 2층집이었지만 반지하와 옥탑방을 합쳐 사실상의 4층집, 이를 제도적으로 양성화한 것이 다가구주택이다. 본래 하나의 주택이었으므로 셋방처럼 임대만 가능할 뿐 개별 등기가 불가능한 집이다. 그러한 제도적 정비가 이루어진 것이 1980년대 중반이어서, 1980년대 후반이 되면 임대 목적의 다가구주택이 본격적으로 들어서게 된다.

주택의 형태는 건축법이 결정짓는다. 즉 연면적 100평 이하의 3층집이라고 법에 명시되어 있으므로, 그 최대한도에 육박하는 연면적 100평의 3층집을 짓는다. 그러면 한 층은 33평이 될 것이고, 각 층마다 16.5평짜리 세대를 두 개씩 두어 모두 6세대로부터 임대수익을 올릴 수 있다. 세입자의 몫으로 정해진 16.5평짜리 집은 방 두 개에 주방 하나, 화장실 하나, 거기에 설계자의 솜씨에 따라 옹색한 거실이 나올 수도 있지만 너무 좁아서 결국 방 하나는 거실로 터서 사용해야 하는 집이 나오는 것이다. 양귀자의 소설 속 원미동 사람들이 사는 집은 그렇게 탄생했다. 그나마 18평 연립이어서 방 세 개에 거실이라고 부를만한 공간도 있는 소설 속의 그 집은 다가구주택이 아닌 연립주택이지만, 당시 집들은 그저 빌라로 통칭될 뿐 큰 차이는 없었다. 그곳에 사는 사람 역시 이 집이 다가구인지 다세대인지 연립인지 정확하게 모르는 경우가 많았다.

이러한 다가구주택은 1990년대 강남 지역을 중심으로 점차 주호가 작아지는 경향을 보인다. 한 층의 면적이 33평이라고 할 때, 타 지역에서는 16평으로 나누어 2세대를 두는 것이 대부분이었는데 독신자가 많은 강남 지역에서는 8~10평짜리 주호를 서너 개 두는 현상이 두드러지기 시작한 것이다. 주호 안에 방 두 개는 무리이고, 주방 겸 거실 하나에 침실 하나가 마련된 원룸 형태의 집이 된다. 편법의 반지하가 있는 3층짜리 집에 각 층마다 8평 원룸이 네 개씩 있다면 모두 열여섯 개의 원룸을 들일 수 있다. 임대용 원룸은 이런 식으로 만들어졌다. 강남, 여의도 등의 업무지구를 비롯하여 신촌, 영등포 등의 부도심에 직장인이나 신혼부부를 위한 주택이 생기기 시작한 것이다.

또한 때맞추어 급변하는 가족관계도 한몫을 했다. 1970~80년대만 해도 2~3명의 자녀에 노부모를 모시는 가정이 많아 가구당 가족 수는 4~5명이 보통이었다. 그런데 1990년대에 이르러 자녀 수도 줄고 신혼부부나 독신자의 주택 수요가 증가했다. 예전에는 신혼부부라 하더라도 처음 얼마간은 부모 집에서 살림을 배우다가 이후에 분가를 하는 풍습이 있었는데 주택난이 심화되면서 그 풍습이 사라졌고, 또한 서울과 수도권이 팽창하면서 자취를 하는 사람도 늘어나게 되었다.

예전에는 강북에 사는 사람이 강남의 회사로 출퇴근을 하거나 혹은 의정부, 성남 등에 사는 사람이 도심으로 출퇴근을 하는 경우가 많았는데, 1990년대 분당과 일산이라는 거대 신도시를 필두로 수도권이 급속히 팽창하게 된다. 그리하여 같은 수도권이라도 물리적 거리가 길어지고, 결국 수

단독주택을 헐고 그 자리에 신축한 다가구주택. 겉모습은 다세대주택과 비슷하지만 개별 등기가 불가능하고 임대만 가능하다.

다세대주택의 외형은 다가구주택과 유사하지만 공동주택에 해당하기 때문에 개별등기와 매매가 가능하다.

다세대주택이나 다가구주택은 흔히 빌라라 불리면서 도시의 경관을 형성한다.

도권의 사람들이 수도권에서 자취를 하는 것이다. 집은 일산이지만 수원에 직장이 있는 경우 혹은 분당에 집이 있고 직장은 일산에 있는 경우라면 출퇴근 시간이 너무 길어 자취를 하게 된다.

또한 얼마 전까지만 해도 미혼여성이 자취를 하는 것에 대해 우려와 편견도 있었지만 시대가 변해 편견이 사라지면서 도심과 부도심에 1~2인 가구가 증가했다. 그래서 직장인과 독신여성, 맞벌이 부부의 주거지로 가장 선호되는 강남 등지에 원룸이 성행하기 시작했다. 현재 강남대로 주변에는 고층 건물들이 병풍처럼 늘어서 있고 바로 한쪽 뒤로는 3층짜리 원룸들이 비늘처럼 밀집해 있는 것을 볼 수 있다. 대개 원룸 혹은 투룸이라 불리지만, 법적으로는 다가구주택이어서 매매는 불가능하고 임대만 가능하다. 물론 이 사이로 4층짜리 다세대주택과 연립주택들이 들어차 있기도 했다.

다세대주택, 연립주택
서울 변두리를 뒤덮다
—

연립주택은 흠씬 비라도 내리면 물에 젖어 녹아 내려갈 듯 위태로웠다. (중략) 강 선배가 일러준 408호 앞에서 나는 숨을 한 번 가다듬었다. 초인종은 없었다. (중략) 집은 15평이 채 안 되어 보였다. 방은 두 개였다. 작은 방은 현관을 들어서면서 왼편에 위치해 있고, 큰 방은 부엌을 마주보고 있다. 딱히 거실이라 부를 공간은 없었으나, 큰 방의 미닫이문을 열어두면 부엌까지 한 공간으로 이어져 거실이 되었다. 강 선배는 집 곳곳을 돌아다니며 설명을 했다. 뜨거운 물이 잘 안 나오니까 될 수 있으면 목욕은 목욕탕에 가서 해. 머리를 감거나 설거지를 할 정도의 온수는 나오니까 너무 걱정 말고.

《레고로 만든 집》(2001, 윤성희) 가운데 단편 〈이 방에 살던 여자는 누구였을까〉 중에서

다세대주택은 외형상 다가구주택과 비슷하지만, 4층 이하, 연면적 200평 이하의 공동주택이어서 개별 등기와 매매가 가능하며, 흔히 ○○빌라, ○○맨숀, ○○타운 등의 이름이 붙는 경우가 많다. 또한 연립주택은 높이는 4층 이하, 연면적 200평 초과의 공동주택을 말하므로, 다세대주택보다 전체 규모가 크고 명칭도 ○○연립이라 붙는 경우가 많다.

이들은 지상 4층에 반지하가 붙어 사실상 5층 주택이 되는 것이 특징인데, 이때 B01호, B02호 등은 반지하를 말한다. 사실 이는 법망을 교묘하게 피해간 편법적 수단이다. 지상과 지하에 절반씩 걸쳐진 방을 만들어놓은 것인데, 건축법상 지하에 해당해서 연면적에 포함되지 않기 때문에 건축업

법적으로는 연립주택이지만
명칭은 대개 빌라로 통칭되었다.

자 입장에서는 손쉽게 연면적을 늘리는 수단이 되었다. 그리하여 주택가라면 어김없이 반지하가 딸린 4층 빌라들이 늘어선 풍경이 연출되곤 했는데 이러한 불법과 편법을 묵인한 데는 당시의 시대 상황도 한몫했다.

주택은 사유재산이기도 하지만 또한 공공재 역할도 한다. 주거 안정은 국가가 제공해야 할 기본적인 서비스 중 하나인데, 국가의 주택 공급정책은 아파트 공급에 치중해왔고 대형 건설사 역시 마찬가지였다. 그래서 유럽에서는 저소득층의 주거 안정을 위해 국가가 저렴한 가격에 공급하는 아파트가 한국에서는 고소득자의 주거유형으로 자리매김되는 현상까지 불러왔다. 불과 얼마 전까지만 해도 아파트 거주가 중산층 편입과 동일시되면서, 강남 아파트 불패신화, 중대형 아파트 불패신화라는 말도 있었다. 그러나 정작 주거 안정이 가장 필요한 저소득층과 주택시장의 초입자를 위한 정책은 존재하지 않았다. 이 틈을 파고 들어간 것이 집장사라고 불리는 개인사업자들이었고, 자투리 땅 위에 불법과 편법의 교묘한 경계 위

반지하 4층 빌라. 지상과 지하에 반쯤 걸쳐져 있어 반지하란 용어가 만들어졌다. 법적으로는 주거용으로 사용될 수 없는 지하실이지만, 실질적으로는 저렴한 셋방으로 이용된다.

에 서 있던 집이 빌라로 통칭되는 주택이었다. 이에 1980년대 뒤늦게 정부가 제도적으로 정비하고 법적으로 양성화한 것이 다세대주택과 연립주택이다. 그리하여 1980~90년대 서울 변두리를 비롯하여 부천, 성남, 하남, 안양 등지의 위성도시에 빌라와 연립이 우후죽순처럼 생겨나게 된다. 영세업자들이 짓는 집이다 보니 더러 날림공사가 있었던 모양이다. 서울의 전세방을 떠돌다가 부천시 원미동의 연립주택으로 이사를 들어간《원미동 사람들》의 은혜네 집을 보아도 천장 누수에 주방 하수구, 보일러, 보조키 등 수많은 하자가 발생했다.

법과 제도란 불법과 편법 및 관행을 양성화하기 위해 만들어지는데, 그것이 한 번 제도화되고 나면 특정 형태를 규정짓는 역할을 한다. 지하주거와 옥탑방은 불법과 편법의 틈새에서 자라던 일종의 관행이었고 이를 제도적으로 보완한 것이 지하주거 금지와 층수 제한이었다. 지하주거 금지 및 3층 이하의 다가구 주택, 4층 이하의 다세대주택이라는 규정은 결국 3층 주택은 다가구주택, 4층 주택은 다세대주택이라는 특정 유형을 창출했다. 서울 시내 아파트가 모두 똑같이 생겼듯 빌라도 결국 같은 모양을 하게 된 것이다.

모든 주택은 그 시대의 이상을 제시하면서 중산층이 살기를 희망하는 일종의 희망주택이 있고, 대다수의 대중들이 살고 있는 대중주택이 있다. 또한 대중은 항상 자신이 중산층이라고 착각하거나 적어도 중산층이 되려고 노력하는 것처럼, 대중주택은 항상 희망주택을 모방한다. 단독주택의 느낌을 갖게 하는 아파트, 한옥처럼 꾸민 아파트, 정원이 있는 아파트 등이 바로 그러한 예일 것이다. 마찬가지로 저소득층은 중간계층이 되기를 희망하며, 저소득층의 저렴주거는 대중주택을 모방한다. 아파트처럼 꾸민 빌라, 연립이지만 내부구조는 아파트와 똑같은 집이라고 부동산 중개업소에서는 저렴주거를 포장한다. 여기에 ○○빌라트, ○○아트빌 등 아파트와 빌라를 교묘히 합성한 이름이 붙기도 한다.

중산층의 희망주택이 본디 유럽의 귀족주택을 모방하면서 규모를 축소하여 지은 것이듯, 저소득층의 저렴주거 역시 대중주택을 모방하여 지어진다. 그런데 이러한 모방의 경향은 항상 위에서 아래로만 향하는 것이 아니라 때로 아래에서 위로 향하기도 한다. 저렴주거 역시 시대의 변화에 따라 그 이미지를 벗고 고급화되면서 대중주택에 영향을 미치기도 한다. 1980년대 더러 지어졌던 연립주택은 지금은 사라지고 있는 추세지만, 4층 이하 연면적 200평 이상이라는 법적 테두리 안에서 변신을 시도하기도 했다. 서울의 일부 부촌에서 지어지는 고급 빌라가 대표적인 예이며, 2000년대 이후부터는 타운하우스라는 이름으로 주목받기도 한다. 고급 빌라, 타운하우스, 이런 용어는 법적으로는 존재하지 않는 일종의 상품명인데, 대개 연립주택에 속한다. 저렴주거의 대명사였던 다세대와 연립주택이 앞으로 어떤 변신을 할지는 모르는 일이다. 다만 대중주택이라고 하는 것이 본디 고소득층의 희망주거가 하향화되고 또한 저소득층의 저렴주거가 고급화되어 만들어진 것이라면, 흔히 빌라라고 불리는 다세대와 연립주택 역시 아파트라 불리는 대중주택에 영향을 미칠 것은 분명해 보인다.

4
고시텔, 원룸텔, 오피스텔

scene # 4

고시원? 여긴 고시 공부 하는 데잖아? 차에서 내린 친구는 어이가 없다는 표정을 지었다. 나 역시 걱정이 들긴 마찬가지였으나, 내심 고시생이라 우기면 되겠지 정도의 얄팍한 계산을 하고 있었다. 그러나 우리가 마치 몰랐던 중요한 한 가지 사실은 — 이미 그 무렵부터 세상의 고시원들이 여인숙의 대용역할을 하기 시작했다는 것이다. 즉 걱정도 팔자였던 것이다. 변화의 이유는 알 수 없다. 아무튼 1991년은 — 일용직 노무자들이나 유흥업소의 종업원들이 갓 고시원을 숙소로 쓰기 시작한 무렵이자, 그런 고시원에서 아직도 고시 공부를 하는 사람이 남아 있던 마지막 시기였다. (중략) 주인이 문을 여는 순간 — 우리는 정말이지 기겁을 했다. 그것은 방이라고 하기보다는, 관이라고 불러야 할 사이즈의 공간이었기 때문이다. 망연자실, 나는 두 발꿈치를 바닥에 내려놓았다. 요약하자면, 도저히 다리를 뻗을 수 없는 공간에 책상과 의자가 놓여 있다. 그곳에서 공부를 한다. 그러다 졸음이 온다. 자야겠다. 그러면 의자를 빼서 책상 위에 올려 놓는다. 앗, 책상 아래에 이토록 드넓은 공간이(방의 면적을 고려할 때 참으로 드넓은 공간이라 말할 수 있다)! 그 속으로 다리를 뻗고 눕는다. 잔다 — 였다.

《카스테라》(2005, 박민규) 가운데 단편 〈갑을고시원 체류기〉 중에서

고시 공부를 위한
고시원?

—

현재 고시원은 청년층의 가장 대표적인 저렴주거다. 기도를 하는 기도원, 단식을 하는 단식원처럼 고시원이란 고시를 준비하는 장소일 텐데, 이제 이곳은 고시보다는 독신자가 혼자 생활하는 장소가 되면서 '고시텔'이라는 신조어로 불리기도 한다. 고시원이 고시텔이 되기까지에는 30~40년에 걸친 사회 변화가 압축되어 있다.

고시원이 처음 탄생한 시기는 1970년대로, 서울대학교가 관악캠퍼스로 이전하면서 신림동 주변에 생기기 시작했다. 처음에는 이름 그대로 외무고시, 행정고시, 사법고시 등 고시를 준비하는 수험생이 이용하는 시설이었다. 당시는 고시원뿐 아니라 독서실도 유행했다. 도서관의 열람실과 달리 사설로 운영되던 독서실은 집중력을 높이기 위해 개인용 책상이 주어졌는데, 독서보다는 시험공부를 하던 곳이었다.

1970년대만 해도 집은 좁고 식구는 많아서 중고생이나 대학생 자녀가 독방을 갖는다는 것은 무리였다. 공부에 집중할 수 있는 공간이 필요했고 그 수요를 담당한 곳이 독서실이었다. 그런데 독서실은 대입을 준비하는 고교생들이 이용했고, 국가고시를 준비하는 대학생은 주로 고시원을 이용했다. 개인 책상이 주어지는 독서실에 비해 캐럴(Carrels, 본래 수도원에 부속된 도서실에서 수도사들이 공부하던 방을 일컫던 말로, 책상 하나가 놓인 조그만 독방을 의미함) 형식의 고시원은 야간에 간단한 침구를 펴고 취침이 가능했기 때문이다. 이러한 고시원은 1980년대가 되면서 대학가 주변으로 점차 확산되기 시작했다. 고시 준

대학가의 고시원.
고시 공부를 한다기보다 학생들의 자취방으로 쓰인다.

비보다는 저렴한 가격에 숙소를 구하기 위함이었다. 당시 대학가의 학생방은 식사가 제공되는 하숙집과 숙소만 제공될 뿐 식사를 자신이 직접 해 먹는 자취방으로 양분되어 있었다. 그런데 저렴한 가격에 식사가 가능한 식당들이 대학가 주변에 생기면서 잠은 고시원에서 자고 식사는 매식으로 해결하는 새로운 생활양식이 나타났다. 아울러 대학가뿐만 아니라 신림동이나 노량진 등 학원이 밀집해 있는 동네 주변에도 고시원이 집중적으로 생겨나 '고시촌'이라 불리면서 특유의 분위기를 형성하기도 했다.

고시원, 고시촌이라는 말 자체가 한국사회의 한 단면이자 과거를 통해 인재를 등용했던 유교국가의 면모를 엿보게 한다. 춘향이를 구하기 위해 암행어사 출두를 외치는 이도령의 손에 당당히 들려 있던 마패에서도 알 수 있듯이, 과거급제는 개천에서 용이 나는 주요한 수단이었다. 근대국가가 되어서도 마찬가지였으니, 명문대 입학과 고시 합격은 입신양명(立身揚名)의 길이었다. 그런 사회에서 대입을 위한 독서실 생활과 고시를 위한 고시원 생활은 득도를 위한 수행처럼 필수적인 과정이었다. 조그만 방에 스스로를 감금하여 화두 하나를 붙잡고 참선하는 면벽수행의 전통처럼, 외부와의 모든 접촉을 차단한 채 오로지 하나의 목표만을 생각하도록 만드는 것이 고시원이다.

방의 크기는 중세 성당의 캐럴을 그대로 모방한 듯 매우 협소하다. 가로 폭은 그가 앉아 있는 책상의 너비가 결정할 것이고, 세로 깊이는 그의 신장이 결정할 것이다. 2×2m의 작은 방에 가장 큰 덩치를 차지하는 것은 책상이고 그 옆에 옷과 침구를 넣는 장이 있다. 낮 동안에는 책상 앞에서 지내다가 밤이 되면 의자를 책상 아래로 밀어 넣고 잠을 잤다. 변소와 세면대는 공동으로 이용했으며 그 옆에 공동 주방과 공동 냉장고가 마련되어 있었다. 또한 같은 고시촌 안에서도 미묘한 차이가 존재했다. 신림동이든 노량진이든 전철역에서 가깝거나 큰 길에 면한 고시원은 시설도 깨끗하고 신축인 경우가 많았다. 사람도 대개 신참이어서 각오도 단단하고 생활도 규칙적이다. 하지만 한 해 두 해 실패를 할수록 각오는 위축되고 생활은 무질서해지면서 점차 뒷골목의 허름한 고시원으로 옮겨가게 된다. 이렇게 삼사 년 혹은 오륙 년이 지나면 지금에 와서 고시를 포기할 수도 없고 새삼 취업을 하여 사회에 나갈 수도 없고 그렇다고 딱히 할 일도 없어 공부를 핑계로 계속 눌러앉게 되는 이른바 '고시 폐인'이 되는 것이다. 그리고 이들이 만들어낸 특유의 폐쇄적인 청년문화가 고시촌의 분위기를 형성한다.

저렴한 값에 백반을 먹을 수 있는 식당, 잔 단위로 소주를 파는 포장마차, 낱개 담배를 파는 구멍가게, 자투리 시간을 때울 수 있는 만화방과 PC방 등이 고시촌의 틈새를 메우고 있는 풍경이다. 그런데 1990년대가 되면서 고시원이 점차 확산되고 아울러 고시원에서 생활하는 사람의 수도 증가하게 된다. 특히 1990년대 말 외환위기로 인한 대량 실직 사태와 청년실업의 증가로 인해 고시원이 저렴주거의 한 대안이 되었다. 생산 활동에 주력해야 하는 청년층이 장기간 실업 상태에 놓이면서 저렴한 주거시설로 찾은 곳이 고시원이었고, 그런 상태로 계속 나이를 먹거나 혹은 실직이나 이혼 등으로 혼자가 된 사람이 우선 찾는 곳이 고시원이기도 했다. 그리하여 2000년대가 되면서 고시원은 고시 준비가 아닌 독신자가 혼자 사는 가장 저렴한 주거시설로 성격이 변화한다. 아울러 그즈음 대학가에서 법관 양성을 목적으로 하는 로스쿨(law school) 제도의 도입에 따라 기존의 고시제도가 축소되기 시작한 것도 한몫했다. 공부보다 거주 목적이 우선하다 보니 개실의 면적도 조금 넓어지고 화장실이 설치되었다. 그러면서 고시원 화재도 빈번하게 발생했다.

고시텔, 리빙텔, 힐링텔
주거기능이 강화되다
—

고시원 화재는 실화와 방화가 많은데, 이 중 실화는 저렴주거에서 가장 흔하게 발생하는 사고다. 별도의 주방이 마련되지 않은 곳에서 버너나 휴대용 가스렌지 같은 간이 취사도구로 밥을 짓다가 불이 나는 경우로, 여관, 자취방 등에서도 이런 사고가 자주 일어난다.

한편 고시원 화재 중에는 의도적 방화가 많은데 특히 자신이 살고 있는 고시원에 불을 지르는 일이 많아 사회에 큰 경종을 울린다. 되도록 방을 많이 넣기 위해 내부의 통로는 미로와 같고, 통로 폭은 두 사람이 간신히 지나갈 정도로 좁다. 각 방을 구획한 합성소재의 칸막이는 불에 아주 잘 탈 뿐 아니라 유독가스를 내뿜기 때문에 화재 시에는 치명적이다. 그리고 뉴스를 통해 전해지는 고시원 화재의 사망자와 부상자 명단을 보며 사람들은 고개를 갸우뚱거린다. 20~30대의 청년들이 주류를 이룰 것이라는 예상과 달리 40~50대의 장년은 물론 10대 청소년 및 어린 자녀와 함께 사는 편부, 편모 가정도 있기 때문이다. 이미 그곳은 본래의 목적을 상실한 채 소외된 주변부 사람들의 대안적 거처가 되기 시작했다.

상처가 오래되어 곪아 터지면 소독을 하고 처치를 하게 되듯 2009년 고시원에 대한 제도적 정비가 가해진다. 근린생활시설로 분류하여 샤워실과 화장실을 개실 내부에 설치할 수 있게 된 것이다. 다만 화재 위험으로 인하여 주방은 설치할 수 없도록 하였지만, 항상 편법은 존재한다. 고시원으로 허가를 받아 준공검사를 마친 후 개실 내부에 간이주방을 설치하는 것이다. 지하셋방과 옥탑방도 모두 그런 식이었다. 법적으로는 불법이었지만 준공검사 후 개조한 편법적 공간이었듯, 고시원 내부에 설치된 간이주방도 마찬가지였다. 개별 화장실과 개별 주방이 붙은 고시원은 이제 더 이상 고시원이 아니었다. 고시텔 혹은 리빙텔이 된 것이다. 때로 샤워텔이나 그린텔이라는 낯선 이름으로 불리기도 했지만 이름 뒤에 한결같이 '텔'을 붙인 이유는 주거기능을 강조하기 위함이었다.

오피스텔의 영향인지 1990년대 들어서면서 'ㅇㅇ텔'이라 이름 붙은 건물들이 생기기 시작했다. 원룸, 고시원, 오피스텔처럼 주로 독신자를 위한

기존의 고시원에 주거기능을
강화한 고시텔, 리빙텔이
등장했다.

숙소 뒤에 붙는 이름이자, 주택이 아닌 준주택(현행법상 고시원, 오피스텔, 노인복지주
택 등이 이에 해당함)에 주로 붙는다. '텔'은 숙박업소인 호텔과 모텔에서 따온 명
칭으로 보이는데, 본디 호텔은 프랑스의 귀족주거인 오텔(Hotel)에서 유래
한다. 지금도 파리 시내를 관광하다 보면 시청도 오텔, 관공서도 오텔이
라는 이름이 붙어 있듯, 본래는 집을 말한다. 본래 농부의 초가집을 코티
지(cattage), 중산층 주택을 메종(maison), 귀족주택을 오텔이라 하였는데, 19세
기가 되어 관광산업이 발달하면서 여행객에게 숙박을 제공하는 집도 오텔
이라 한 것이 현재 숙박업소인 호텔의 시작이다. 또한 20세기 들어 자동차
가 일반화되어 관광여행이 더욱 확산되면서 호텔보다 좀 더 저렴한 가격
에 숙박을 제공하는 장소로 모텔(motel)이 등장했다. 자동차를 의미하는 오
토모바일(automobile), 모터(motor)에서 유래한 mo를 덧붙인 합성어다. 이처럼
숙박업소를 말하는 호텔과 모텔에서 '텔'을 떼어다 붙여 만든 것이 고시텔
이다. 물론 이름은 붙이기 나름이어서, 침실 외에 조그만 거실이 붙은 리빙
텔, 쾌적한 환경을 강조한 그린텔과 힐링텔, 여성들만 생활하는 우먼텔, 면

학 분위기 조성을 위해 학생들만 받는 스터디텔 등도 있다. 그리고 오피스텔과 원룸텔이 있었다.

원룸으로 변하는
하숙집과 다가구주택

—

1990년대 무렵부터 서울의 강남과 강서 지역의 역세권에 1인용의 새로운 방들이 생기기 시작했다. 현관을 열면 곧 바로 작은 주방과 화장실이 있으며, 거실과 침실이 별도의 칸막이 구분 없이 하나의 공간으로 연결된 곳, 말 그대로 원룸이었다.

그런데 이것은 1980년대 만연했던 다가구주택에서 주호의 크기가 점차 작아지면서 생긴 형태라고 볼 수 있다. 법적으로 단독주택이었던 다가구주택은 임대만 가능했는데, 집주인의 입장에서는 주호를 잘게 분할하면 할수록 임대수익이 늘어나기 때문에 기존의 다가구주택들을 점차 원룸으로 분할한 것이다. 이를테면 3층집을 지어서 1층에 2가구, 2층에 2가구를 세를 주고 자신은 3층에 살던 집주인이 그 집을 수리하여 1,2층에 원룸을 여섯 개씩 만들면, 세입자는 12가구로 증가하는 것이다. 주택 임대의 특성상 20평짜리 집의 임대료가 월 50만원이라고 해서 10평짜리 집의 임대료가 25만원으로 정해지는 것은 아니다. 임대료로 30~40만원을 받을 수 있기에 임대주택은 분할하면 할수록 더 이익이다. 그리하여 1990년대 강남과 강서지역을 중심으로 기존 다가구주택들이 원룸으로 변화하기 시작했

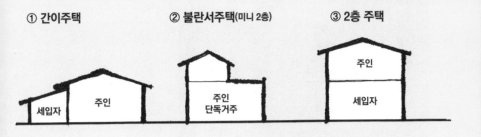

① 간이주택

세입자   주인

② 불란서주택(미니 2층)

주인 단독거주

③ 2층 주택

주인

세입자

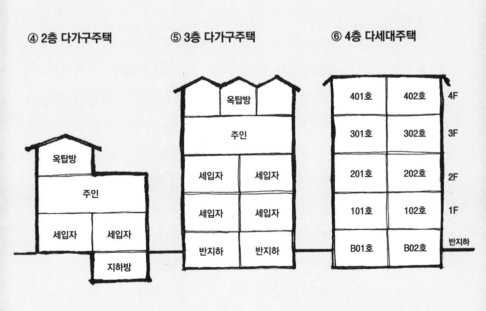

④ 2층 다가구주택

옥탑방

주인

세입자   세입자

지하방

⑤ 3층 다가구주택

옥탑방

주인

세입자   세입자

세입자   세입자

반지하   반지하

⑥ 4층 다세대주택

401호	402호	4F
301호	302호	3F
201호	202호	2F
101호	102호	1F
B01호	B02호	반지하

세입자가 늘어나는 과정. 간이주택에서 방 하나를 세를 주던 것이 2층 주택에서 한 층을 세를 주고, 그 후 옥탑방과 반지하를 들이면서 주택은 점차 고밀화되어 간다. 3층 다가구주택을 거쳐 4층 다세대주택에 이르고 궁극적으로 주택은 5층 아파트로 진화해갈 것이다.

서울의 어느 사립대학교 주변.
본디 단독주택이 있던 자리였지만
어느 사이 학생들을 위한
원룸 건물로 뒤덮였다.

다. 지역적 특성상 독신 직장인이 많았기 때문에 역세권의 노후주택을 헐고 원룸주택으로 신축했다. 여기에 신혼부부의 수요를 흡수하기 위해 원룸 외에 투룸 형태의 주택도 많았다. 1960~70년대의 신혼부부들이 단칸 셋방에서 살림을 시작하던 것을 생각해보면 생활여건이 나아진 것 같지만, 부엌 하나, 방 하나로 이루어진 주택이라는 점과 주택시장의 초입자들에게 우선 고려대상이 되는 저렴주거라는 점에서 단칸 셋방과 원룸(혹은 투룸)은 동일하다.

한편 대학가 주변의 풍경도 변하기 시작했다. 1960~70년대 하숙집이거나 자취방이던 집이 1990년대에 이르러 점차 원룸으로 신축된 것이다. 대학가는 1980년대를 기점으로 문화가 많이 바뀌는데, 이른바 '청생통(청바지, 생맥주, 통기타로 상징되는 1970년대 청년문화)'으로 대변되는 1970년대 대학가 낭만이 있었다면, 1980년대 대학가는 시위와 저항의 문화로 일관되었다. 대동제라 일컬어졌던 5월 축제를 제외하면 이렇다 할 대학문화는 형성되지 않았지만 1990년대 문민정부가 들어서면서 학내시위가 사라지고 대학가의 풍경도 변화한다. 대학생의 수가 증가하면서 청년이 새로운 소비문화의 주축으로 등장했기 때문이다.

기존 하숙집과 자취방 대신 새로운 주거문화가 필요해지면서 등장한 것이 원룸이다. 하나의 룸 안에 간이주방과 개별 욕실이 따로 마련된, 고급스럽게 진화한 자취방의 형태라고 할 수 있다. 당시 대학생에게 있어 원룸은 부모의 그늘에서 벗어나 혼자 독립된 생활을 할 수 있다는 점에서 최고 희망사항이었다. 그리하여 주택가에서도 대학가에서도 기존의 다가구주택은 원룸주택으로 급속히 변화하기 시작하였는데, 이 시기는 1960~70년대 급하게 지어졌던 기존의 저층 단독주택들이 노후화되는 시기와도 일치한다. 이왕에 헐고 신축을 해야 한다면 유행하는 원룸주택을 지어 수익을 올리자는 현실적 계산이 작용했을 것이다. 그즈음 대부분의 불량 노후주택지들은 재개발의 명목으로 아파트가 들어섰고, 그렇지 못한 자투리 필지는 연립주택이나 다세대주택 단지가 되었다. 아파트, 연립, 다세대주택은 대개 3~4인 가족을 염두에 두고 계획된다. 하지만 당시 1~2인 가구가 증가하는 추세에 있었고, 이에 재개발지구로 미처 지정되지 못한 소규모 노후주택지가 그들을 위한 원룸주택으로 변화한 것은 서로의 틈새전략이 맞아 떨어진 필연이었다.

강남과 강서 지역의 독신자 및 신혼부부용 원룸과 투룸, 대학가 주변의 학생용 원룸은 바로 이러한 틈바구니에서 발생했다. 그리고 원룸 역시 모든 저렴주거의 발생 형태와 동일한 수순을 밟는다. 처음에는 저소득층과 주택시장 초입자들의 수요에 따라 자발적으로 등장하고, 그 과정에서 더러 편법적 형태가 발생하기도 한다. 편법과 불법이 이미 대세로 자리 잡게 되면 정부나 지자체에서는 그것을 제도화시켜 양성화하는 단계에 이르고, 그리하여 관계법령의 신설과 개선을 통해 그것은 법적으로 명시된 주거유형으로 자리 잡게 되는 것이다. 도심의 역세권이나 대학가를 중심으로 1990년대부터 등장하기 시작했던 원룸은 2000년대 중반 도시형 생활주택이라는 이름으로 제도화된다.

원룸의 또 다른 이름
도시형 생활주택

—

제도라는 것은 현 사회에서 일어나는 제반 현상들을 법제화하기 위해 만들어지는 것이어서 대개 산발적이고 복잡하다. 현재 도시형 생활주택은 단지형 다세대주택, 원룸형 주택, 기숙사형 주택으로 분류되는데, 단지형 다세대주택, 기숙사형 주택은 거의 유명무실해졌고 대신 원룸형 주택이 90%에 이르고 있다. 대학가나 역세권 주변에 지어지는 원룸은 대개 도시형 생활주택이라고 보면 되는데, 과거에 비해 주거 수준은 많이 향상되었다. $12\sim30\,m^2$(4~10평 정도)의 면적에 세탁기, 냉장고, 가스레인지 등이 갖추어진 간이주방이 있고, 침실에는 옷장과 침대 및 초고속 인터넷 통신망, 방범 안전장치 등이 설치되어 있다. 1990년대의 원룸과 비교해 설비가 고급화되고 빌트인 가구가 늘었다는 것이 특징이다.

현재 노후주택을 헐고 도시형 생활주택을 짓는 경우가 많은데, 이는 현

기존의 주택을 헐고 새로이 들어선 도시형 생활주택.
깨끗하고 세련된 외관을 자랑하지만 내부는 협소한 원룸형 주택이다.

사회상을 민감하게 반영한다. 현 시대는 베이비붐 세대가 은퇴를 시작하는 시기이기도 하다. 이들에게는 새로이 창업을 하기보다는 소유한 주택을 기반으로 원룸형 주택을 지어 고정수익을 기대하는 편이 훨씬 안정적이다. 또한 1~2인 가구가 빠르게 증가하여 전체 가구 수의 절반을 차지하고 있지만 이들을 위한 공공 주택시장은 거의 전무하다. 대중주택인 아파트가 3~4인 가족을 설계기준으로 삼고 있는 현실에서 1~2인 가구를 공략하고 있는 것이 도시형 생활주택이다.

주택시장에는 메이저 그룹에 속하는 중심계층과 마이너 그룹에 속하는 주변계층이 있다. '아들딸 구별 말고 둘만 낳아 잘 기르자'라는 1960년대의 가족계획 표어부터, '둘이 만났으니 둘은 낳자'로 대변되는 2010년대까지 4인 가족은 주택시장의 중심계층이었다. 아파트 설계도 이들을 기준으로

하기 때문에 두 명의 자녀에게 각자 독방을 주기 위해 세 개의 침실이 있는 85㎡의 아파트가 국민주택이 되었다. 하지만 이제 4인 가족은 전체 가구 수의 4분의 1에 불과하고, 1~2인 가구가 절반을 차지한다. 이들은 독신을 비롯하여 노인부부 가정, 한 자녀를 거느린 편부 혹은 편모 가정 등 제도적 지원이 더욱 필요한 계층인데도 주택시장에서 고려대상이 되지 못했다. 대신 이들을 위한 시장은 항상 자발적으로 발생했다. 그리고 그것은 나름의 역사를 가지고 있었다.

1960~70년대 개량한옥에서의 셋방살이가 2~3명의 적은 식구를 위한 셋집이었고, 그것이 1970~80년대 간이주택에서의 셋방살이로 변화되었으며, 1980~90년대 옥탑방과 지하셋방 등으로 이어졌다. 그리고 1990~2000년대의 원룸을 지나 현재 도시형 생활주택으로 바뀌었다. 아울러 생활수준도 조금씩 바뀌었다. 개량한옥의 셋방살이는 화장실은 물론 부엌도 주인집과 함께 쓰는 경우가 많았지만, 간이주택의 셋방살이는 화장실과 부엌이 따로 마련되어 있었다. 옥탑방이나 지하셋방은 여름엔 덥고 겨울엔 추웠지만 그나마 독립적인 생활을 하기에 편리했고, 이제 도시형 생활주택에는 빌트인 가구가 갖추어져 있다. 그러나 아무리 설비가 고급화되고 편안해졌다 할지라도 그것이 주택시장의 초입자를 위한 하위주택이라는 것에는 변함이 없다. 셋방살이이든 도시형 생활주택이든 그것은 개별등기나 매매가 불가능한 임대주택이며, 또한 전세가 아닌 월세 형태라서 목돈을 모으거나 매매로 가기 위한 전이단계로 생각하기도 어렵다. 어느 사회에나 주변계층을 위한 저렴주택은 필요한 법인데, 현재 기존의 월셋방들이 도심형 생활주택으로 변하면서 오히려 저소득층의 주거가 사라지는

경향이 있다. 깨끗이 빌트인 설비를 갖추어놓고 임대료를 높게 받으니, 정작 적은 돈으로는 갈 데가 없는 것이다.

사실 주택시장에 갓 들어온 1~2인 가구라 해도 미세한 격차가 있다. 고시원 혹은 고시텔로 불리는 곳이 가장 저렴한 곳이라면, 원룸이나 도시형 생활주택은 그나마 나은 곳에 속한다. 간혹 원룸은 원룸텔이라고도 불리는데, 리빙텔, 그린텔, 힐링텔처럼 뒤에 '텔'이 붙는 것은 오피스텔의 영향이 클 것이다. 그렇다면 이처럼 수많은 신조어를 탄생시킨 오피스텔은 어떤 주택이었을까?

저렴주거의 특징을 가진 희망주거?
오피스텔

—

마포대교를 앞에 두고 왼편으로 돌자 강을 향해 비스듬히 서 있는 회색의 고층 빌딩이 눈에 들어왔다. 건물 외벽엔 '강변 오피스텔'이란 글자가 큼지막하게 세로로 붙어 있었다. 푸른 제복을 입은 경비가 입구에 앉아 휴대용 텔레비전을 보고 있다가 안으로 들어서는 나를 바라보았다. 몇 호실 누구를 찾아왔냐고 물어올 것 같았으나 그는 무심하게 도로 텔레비전으로 눈을 돌렸다. 아래층엔 식당과 슈퍼마켓과 비디오가게와 세탁소와 문방구와 약국과 카페들이 입주해 있었다. 나는 엘리베이터 버튼을 누르고 약 2분 동안이나 지루하게 서 있었다. 이윽고 17층에서 내려온 엘리베이터가 주차장이 있는 지하 1층으로 내려갔다가 다시 올라왔다. 그러나 안엔 아무도 타고 있지 않았다. 나를 태운 엘리베이터는 한 번도 쉬지 않고 17층 꼭대기까지 수직으로 곧장 뻗어 올라갔다. 그 텅 빈 쇠 상자 안에서 나는 간간이 현기증을 느끼며 비틀거리고 있었다. ㅂ자로 꺾여 있는 복도는 은행금고처럼 조용했다. 어디선가 개 짖는 소리가 희미하게 들려오고 있었다. 오피스텔은 한 층에 약 마흔 개의 방이 들어 있었다. 그렇다면 어림잡아 6백개 정도의 방이 이 건물에 있다는 말이었다. 그야말로 벌통 같은 곳이다. 산 사람을 안치시키는 공중 납골당 같다.

《코카콜라 애인》(1999, 윤대녕) 중에서

1990년대 문학과 대중문화에서 빈번히 등장하는 오피스텔은 1985년 마포구에 세워진 성지빌딩이 그 시초다. 오피스텔이라는 이름에서 드러나듯 사무실의 용도에 주거기능을 일부 부가한 것으로, 집과 사무실이 분리되지 않는 직업을 가진 소호, 혹은 밤낮이 구분되지 않는 업무 패턴을 가진 벤처 사업가 등을 위한 사무실 겸 주택이라는 것이 본래 목적이었다. 오피스텔의 주된 기능은 업무공간이고 여기에 부차적으로 주거공간이 붙었는데, 처음 목적과 다르게 오피스텔은 점차 주거 전용으로 변질되기 시작했다.

그것이 처음 생기던 1980년대에는 본디 목적에 충실하게 업무 위주의 오피스용 오피스텔이 주류를 이루었지만 1990~2000년대에는 주거용 오피스텔이 증가하기 시작했다. 본디 사무실 용도로 계획된 것을 집으로 사용하다 보니 면적은 대형화되고 실 내부도 거실 하나에 방 두 개인 형태가 많아지면서 때로 '아파텔(아파트+오피스텔)'이라 불리기도 했다. 그뿐만 아니라 이 시기 주상복합아파트가 등장하면서 현재 자신이 살고 있는 집이 오피

업무용에 주거기능이 부가되었던 오피스텔은
1990년대 이후 주거용으로 변질되기 시작했다.

스텔인지 아파트인지 혼동이 가는 경우도 생겼다.

주상복합이란 주거시설과 상업시설이 복합되어 있는 건물을 말하는데, 아파트는 주거시설이요 오피스텔은 상업시설(업무시설)에 속한다. 따라서한 건물 안에 주거시설인 아파트도 있고 상업시설인 오피스텔도 있는 경우, 자기가 살고 있는 집이 아파트인지 오피스텔인지 정확히 잘 모르는 경우가 생긴다. 이때 아파트와 오피스텔을 구분하는 지표가 되는 것이 베란다의 유무와 욕실 내 욕조의 설치 여부다. 아파트는 주택으로 분류되어 화재 시 피난을 위한 베란다 설치가 의무사항이고 또한 욕실 내에 욕조가 있지만, 업무시설인 오피스텔은 베란다가 설치되어 있지 않고 욕실 내에 세

면기와 샤워시설만 있을 뿐 욕조는 없다. 두 가지를 제외하면 아파트와 오피스텔은 매우 유사한데, 이는 오피스텔이 아파트의 역할을 하고 있다는 방증이 된다. 이 현상이 한창 두드러지던 때가 1990~2000년대인데, 당시는 오피스텔이 아예 아파텔로 불리면서 2~3인 가족을 위한 주거시설로 계획되기도 했다. 하지만 2000년대 후반이 되면서 오피스텔은 1~2인 가구를 위한 공간이 되면서 면적은 오히려 더 작아지고 때로 다른 목적으로 변질되는 경우도 있었다.

실은 오피스텔이 처음 등장하던 시기부터 불거진 문제인데 오피스텔의 입지가 대개 강남구, 영등포구, 마포구, 종로구처럼 업무시설이 많은 지역이다 보니 주변에 유흥업소도 많아서, 이곳에 종사하는 여성들이 주로 살기도 했다. 이들은 임대료가 다소 비싸도 익명성이 보장되는 오피스텔을 선호했는데, 최근 성매매가 금지되고부터 일부 오피스텔이 성매매 장소로 이용되기까지 한다. 그 때문인지 문학 속에 등장하는 오피스텔은 대개 일탈의 공간으로 우울하게 묘사되곤 하지만, 어쨌든 그것은 소망의 대상이었다. 1970년대 윤수일이 불러 크게 인기를 얻었던 유행가 〈아파트〉는 1990년대 DJ DOC에 의해 〈오피스텔〉로 리메이크되었고, 1990년대를 배경으로 하는 영화 《건축학 개론》의 주인공도 오피스텔에 살고 있다.

어쩌면 오피스텔은 저렴주거이면서 또한 청년층에게는 희망주거이기도 했다. 그러나 다시 생각해보면 어느 시대나 희망주거는 주거 전용의 목적으로 지어지는 단독주택이며, 저렴주거는 본디 집이 아닌 것을 집으로 임시로 전용하여 사용한다는 공통점이 있다. 그래서 비닐하우스에 사는 사람도 있고, 자동차가 훨씬 대중화된 미국에서는 캠핑카에 빈약한 가재도구를 신고 집 삼아 살아가는 사람도 있다. 옥상 물탱크실을 개조하여 만든 것이 옥탑방이고 지하 보일러실을 개조하여 만든 것이 반지하방인데, 이들의 공통점은 본래 주거용이 아닌 곳을 임시 주거로 사용한다는 것이다.

소유란 인간이 가진 기본적인 욕망이며, 소유할 수 있는 재화 중 가장 비싼 것이 주택이다. 그리고 그 재화가 너무 비싸 소유가 불가능할 때 변형된 소유방식이 나타난다. 그 방법 중에 가장 흔한 것이 빌려 쓰는 것으로 전세, 월세 등의 임대가 될 것이며, 그 다음으로 나타나는 행위가 주택이 아닌 것을 주택으로 대체하여 사용하는 전용(轉用)이다. 본래 업무시설이었던 오피스텔을 주거시설로 사용하는 것은 명백한 전용이자 저렴주거의 한 특징인데, 그 전용된 저렴주거가 오히려 희망주거가 되고 있다는 사실이 더욱 아이러니하다.

5
공공임대주택

scene # 5

　강남의 외딴섬, 또는 강남의 음지라 불리는 수서의 임대아파트 단지는 그 큰 규모에도 불구하고 여전히 인근 주민들의 눈엣가시였다. 우리 학교는 그렇다 쳐도 수서갑중학교에 배정되는 일반단지 애들은 꼭 한번씩 난리를 치곤 했는데 기어이 전학을 시키거나 강남교육청을 고소하는 일도 있었다. 집값 떨어진다고 하는 정도는 불평 축에도 못 꼈다. 임대아파트 애들이랑은 놀지 말라며 문둥병자 취급하는 부모들 중에 박사며 교수며 의사가 있었다. 무시를 당할수록 그곳 애들은 똘똘 뭉쳤다. 어차피 집에 있어봤자 좁기만 하고 컴퓨터도 비디오도 오디오도 게임기도 없고 읽을 책은 더욱 없고 정훈이 아버지처럼 알코올 중독이거나 장애인, 노인네들이 집집마다 있어 다들 집 밖으로 뛰쳐나오곤 했다. 돈이 아이들을 움직이는 원동력이었다. 돈 있으면 게임방도 오락실도 갔지만 돈 없으면 모여서 무슨 일인가를 벌였고 그러다 보면 학교는 꼭 가야 할 의미가 없는 곳이었다. 그곳 아이들 중엔 중 3인데도 책을 못 읽고 알파벳도 식별 못하는 애들이 있었다. 초등학교 때 이미 영어를 마스터하고 벌써 고등학교 수학정석을 풀고 있는 잘난 아이들 곁에서 그 아이들은 수업을 못 따라가 멍청히 듣기만 하다가 집에 갔다. 그 아이들은 점점 투명인간이 되어갔다.

《루이뷔똥》(2002, 김윤영) 가운데 단편 〈철가방추적작전〉 중에서

본디 아파트는
사회주택

—

한국의 아파트는 그 높다란 높이에 비례하여 부의 상징이지만, 유럽에서 고층 아파트는 저소득층 집합주거단지이자 사회주택의 전형이다. 아파트가 분양시장 위주로 형성된 우리와 달리 유럽에서는 임대 위주로 형성되어 있고, 그 때문에 단독주택은 중산층 주택지요, 고층 아파트는 사회주택 단지라는 인식이 강하다. 거기에는 뿌리 깊은 역사적 유래가 있다.

현재 우리 사회의 모습은 19세기 프랑스와 영국의 사회상과 제도에 기인하고 있다. 당시 영국은 산업혁명으로 인해 급격한 사회 변동을 겪고 있을 때였고, 그 여파는 도버해협을 건너 프랑스에까지 미쳤다. 1830년대 파리도 일자리를 찾아 농촌에서 밀려든 인구로 인해 심각한 주택난을 겪고 있었고, 개별 숙소를 마련하지 못해 큰 방에서 함께 잠을 자는 공동숙소까지 출현했다. 아직 우리나라는 이런 주거 형태까지는 나타나지 않았지만, 찜질방에서 잠을 자는 형태와 비슷하게 개실이 아닌 큰 방에서 여러 사람과 함께 잠을 자는 것이다. 물론 개실을 얻었다고 해도 10명에 가까운 식구가 한 방에서 지내는 것은 예사였다. 이들은 주로 공장에 근무하는 노동자들이었고, 유해한 작업환경에 열악한 주거환경까지 겹쳐 건강을 해쳤다. 여기에 가장 먼저 관심을 기울인 이들은 정부가 아닌 이상주의에 입각한 사회개혁가들이었다.

생 시몽, 샤를 푸리에, 로버트 오웬 등의 이상주의자들은 공장 노동자들의 열악한 주거환경을 개선하기 위해 공동생산, 공동분배를 기조로 하는

사회주의자 푸리에의 이상적 주거공동체 팔랑스테르.
사회제도와 시설의 일종으로 제안만 되었을 뿐 실제로 지어지지는 못했다.

이상공동체 이론을 주창했고, 그 공동체의 공동주거로 내세운 것이 팔랑스
테르(Phalanstere, 1829)였다. 단순한 집이라기보다 거대한 공동자치체였는데, 공
동생산과 공동분배를 위한 농장과 작업장, 여가와 휴식을 위한 오락시설,
주거시설로 이루어져 있다.

'더 이상 프롤레타리아의 누추한 거처도, 부르주아의 주택도, 투기꾼이
나 귀족의 저택을 짓는 것이 아니다. 바로 사람이 살아갈 궁전(Palais)이다'라
는 언명에 걸맞게 외형은 파리의 베르사유 궁전을 모방하여 구상되었지만,
계획안으로 그칠 뿐 실제로 지어지지는 않았다. 대신 그 이론을 가장 충실
히 답습한 예는 20여 년이 지나 지어진 파밀리스테르(Famillstere, 1856~88)로서,
거주자는 공동 농장이나 작업장에서 함께 일하고 생활하면서 거의 100년
가까이 운영되었다. 또 하나 유명한 것이 뮐루즈의 노동자주거단지(La cite du
Mulhouse, 1853~1897)로, 일련의 공장주들이 각자의 공장 노동자들에게 거주문
제를 해결해주기 위해 건설한 주거단지다.

다시 말해 본디 유럽의 사회주택은 공장 노동자들에게 최소한의 거처

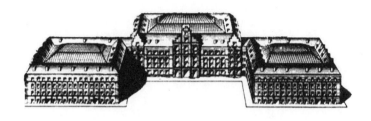

노동자들의 집단주거 파밀리스테르.
이곳의 노동자들은 공동생산, 공동분배를 내세우며 공동생활을 했지만,
지나치게 급진적이었기 때문에 크게 성공하지 못했다.

를 마련해주기 위해 공장주 혹은 박애주의자, 이상주의자가 마련한 사택
내지는 기숙사에 가까웠다. 당연히 이런 주택은 매매나 소유가 아닌 무상
제공 혹은 무상 임대의 형식을 띤다. 그런데 밀루즈 산업회 소속의 공장주
들은 논의 끝에 무상 제공과 임대가 아닌 임대 후 소유화 방식을 택하였다.
이는 저렴한 임대료를 내고 거주할 수도 있지만 일정기간 할부금을 상환
토록 하여 그 집의 소유자가 되도록 하는 제도였다. 13~15년의 장기 분할
상환으로 주택을 소유할 수 있다는 것은 당시로서는 획기적인 시도이자
노동자에게는 내 집 마련의 기회를, 공장주에게는 분할 상환이라는 안정된
수익을 보장했다. 아울러 자가 소유라는 목표가 생긴 노동자 집단은 스스
로를 노동자가 아닌 중산층이라 생각했고, 이는 폭동이나 파업 등을 자제
하는 순치 효과까지 있었다.

물론 영국도 마찬가지였다. 초기에는 주로 공장주나 사회사업가들이
노동자용 주택으로 시작했던 사회주택이 점차 정부나 지자체가 주도하는
저소득층 주택으로 전환되기 시작했다. 더불어 무상 제공 및 실비 임대라

는 방식이 장기 분할 상황에 의한 매매와 소유로 점차 바뀌기 시작했다. 프랑스와 영국 사회주택의 역사를 거칠게 일별해보면 본래는 공장 노동자에게 제공된 기숙사 내지는 사택이었다가, 이후 정부나 지자체가 주관하고 보조하는 저소득층 주택으로 변화하는 것을 알 수 있다. 즉 무상 제공 및 임대라는 방식에서 소유로 전환된 것이다. 공공임대 혹은 분양, 이것이 바로 아파트의 양대 거주 형태.

1980년대까지 우리나라의 아파트정책은 분양으로 일관되어 왔다. 주택공사든 민간기업이든 아파트는 지어서 분양하는 것이 원칙이었다. 무조건 짓기만 하면 아니 지을 것이라는 약속만으로도 사겠다는 사람이 줄을 서서 기다리는 상황이었으니, 공공임대는 생각할 필요조차 없었다. 이처럼 우리나라는 아파트란 곧 분양이라는 개념이 뿌리 박혀 있지만, 유럽에서 아파트는 정부에서 주관하는 임대주택에 가깝다. 본디 노동자에게 제공된 주택에서 기원하여 저소득층을 위해 정부가 주관하는 사회주택이었던 아파트, 우리나라에 처음 등장한 임대용 공용주택도 이러한 과정에서 시작되었다.

일제 시대의
부영장옥

—

일제강점이 시작되던 20세기 초, 경성과 평양을 비롯한 대도시는 심각한 도시화 현상을 겪고 있었지만 당시 일제가 세운 주택정책은 일거리를 찾아 조선에 정착한 일본인에게 주택을 공급하는 것에 치우쳐 있었다. 이에 경성과 평양의 독지가와 유지들이 주택구제회(住宅救濟會)를 설립하여 소규모 주택을 지어 빈민에게 무상임대하는 방식이 등장했다. 1921년 4월 21일자 《동아일보》에는 다음과 같은 기사가 실려 있다.

> 경성의 인구는 해마다 늘어만 간다. 그러함으로 유한한 호수에 인구만 자꾸 늘어가니까 자연 빈한한 사람들은 집 없는 고초, 사글세 집조차 구할 수 없는 고생살이를 하게 되었다. (중략) 이에 고양군 부근 김주용, 고유묵 양씨와 시내에서도 박영효, 이재극, 민영찬, 김종한 등의 수십여 명의 유지의 발기로 금전을 수합하여 경성 시내에다가 대개 방 두 칸, 부엌 한 칸, 마루 한 칸씩의 작은 규모로 집을 많이 지어 놓고 집이 몰리어 갈 바를 모르는 빈민에게 상당한 조건하에 얼마 동안씩 무료로 빌려주어 생활의 안녕을 얻게 해 주고자……
>
> 〈주택난을 구제코자〉, 《동아일보》 1921년 4월 22일 기사 중에서

이와 같이 주택구제회에서 지은 주택은 간편주택 혹은 간이주택이라 불렸는데, 유럽에서 최초의 사회주택이 정부가 아닌 사회개혁가 혹은 박애주의자에 의해 제안된 것과 동일한 현상이라 하겠다. 당시는 토막민(土幕民)이라 하여 집이 아닌 토막에서 사는 사람들로 경성 시내는 골머리를 앓고 있었고, 이런 극빈자들은 잠재적 불안요소였다. 그래서 조선총독부와 경성부는 '행랑식 부영주택'을 건설하기로 한다. 이는 다른 말로 부영장옥(府營長屋)이라 불리기도 했는데, 부영(府營)이란 부(府, 경성부를 말함)에서 지어주는 사회주택을 말하고 장옥(長屋)이란 본디 일본에서 유래하는 집합주택 '나가

부영장옥. 경성부에서 제공한 장옥으로 일제시대에 지어진 공동주택이다.
형태상으로는 일본의 나가야를 많이 닮았다.

일본의 나가야. 좌우로 길게 늘어선 집을
말한다. 도심이 고밀해지면서 집합화가
나타난 현상이라 하겠다.

야(長屋)'이다. 나가야는 부엌 하나에 방이 한두 개 딸린 소규모 집이 좌우로 길게 늘어서 하나의 긴 집을 이룬다는 뜻에서 붙여진 이름으로, 이 나가야를 우리식으로 해석한 것이 '행랑식'이라는 말이다.

부영장옥은 용산 연병정(蓮兵町)에 40호를 비롯하여 남대문 밖 봉래정(蓬萊町)에 28호, 동대문 훈련원 근처에 60호가 세워졌는데, 소수이기는 하나 우리나라에 지어진 최초의 정부 주도 사회주택이라는 의의를 갖는다. 그런데 같은 부영주택이라 해도 차등이 있었다. 일본인에게는 방 네 개가 딸린 13평(42.9㎡)짜리 주택이 제공된 반면 조선인에게는 방 한 칸에 부엌 한 칸이 딸린 2.65평(8.75㎡)짜리 소형 주택이 제공된 것이다.

> 서울서 빈민하면 훈련원, 봉래정 두 곳의 경성부 경영인 장옥(長屋)과 동대문 안
> 못 미쳐 '첫대리인목' 다리에서 훈련원 쪽으로 보이는 언덕 위에 있는 조그만 동
> 네 즉 남정동 빈민굴의 세 곳을 말한다. (중략) 부영장옥의 구조는 1동에 2칸 혹
> 은 4칸으로 나누어 있고, 결코 한 집안 식구가 두 방 혹은 세 방에 나누어 살지
> 는 못하는 법으로 되어 있다. 아버지, 어머니, 자식, 며느리, 딸 할 것 없이 한
> 방에서 기거 침식 하는 것이다. 먹고 사는지 안 먹고 사는지 모를 만큼 비참하
> 다. 인간인지, 아귀인지 모를 만큼 불쌍한 사람들이다.
>
> <경성의 빈민, 빈민의 경성>, 《개벽》 1924년 6월호 중에서

　방 한 칸에 부엌 한 칸이 딸린 방이 죽 늘어선 장옥의 형태, 시부모와
며느리가 함께 살기에는 턱없이 좁고 부족한 집, 대개 어느 시대나 사회주
택의 형태는 비슷했다. 정부에서 빈민에게 주택을 무상 임대한다는 취지였
음에도 불구하고, 바로 그렇기 때문에 그곳이 빈민주거지로 낙인찍히는 역
효과가 있었다. 그리고 이는 시간이 지나도 마찬가지였다.

영구임대주택, 공공임대주택, 국민임대주택
—

사회주택은 영구임대주택이라는 이름으로 1989년 다시 등장한다. 노태우
대통령이 취임하여 주택 200만 호 건설을 목표로 내세우면서 분당과 일산

등 대형 신도시 사업과 저소득계층 및 취약계층을 위한 사회주택 제도를 처음 시행했다. 사실 이것은 1980년대부터 시작된 주택 재개발정책과도 관련이 깊다. 당시는 86아시안게임과 88서울올림픽을 앞둔 때라서 서울은 대대적인 재개발사업에 돌입하게 된다. 어느 나라나 마찬가지이겠지만, 개발도상국에게 있어 올림픽과 같은 대형 국제행사는 자국의 위상을 국제사회에 알린다는 큰 의미를 갖는다. 전쟁이 끝나고 1960~70년대의 압축적 근대화를 이룩한 후 개최하게 된 88올림픽은 국제무대에 처음 나서는 일종의 성인식과도 같았고, 그에 맞추어 1980년대 서울은 대대적인 철거 재개발사업이 벌어진다. 산동네 불량 무허가 주택들이 사라지고 아파트 숲이 자리를 메운 것도 그즈음의 일인데, 그 와중에 발생한 극심한 전세값 파동 및 세입자와 영세민의 이주대책을 해결하기 위해 노태우 정부가 내세운 것이 영구임대주택 25만 호 건설이었다.

주택의 소유권은 국가에 있고 거주자는 임대만 가능한 형태로, 주택의 수명이 다할 때까지 영구히 임대되는 주택이었다. 입주자는 생활보호 대상자, 의료 부조자(정부에서 의료비를 부조해주는 대상자), 보훈 대상자, 저소득 모자가정 등으로 유럽의 사회주택과 매우 유사했다. 그런데 취지는 좋았지만 많은 문제를 야기했다. 영구임대주택에 사는 어린이를 학급의 학생들이 '영구(당시 코미디언 심형래가 연기했던 바보 캐릭터)'라 부르며 놀렸다는 이야기에서 알 수 있듯 사회적 인식이 좋지 않았다. 결국 영구임대주택은 본래 계획과 달리 19만여 호만 지어진 채 1992년 사업이 중단된다. 그리고 대체유형으로 공공임대주택이 건설되었다가 김대중 정부 시절에는 국민임대주택이라고 명칭이 변경되었다. 그래서 현재 사회주택은 영구임대, 공공임대, 국민임대라는 세 부류가 존재하긴 하지만 국가적 지원이 필요한 저소득층을 위한 사회주택이라는 점에서 큰 차이는 없다. 이러한 임대주택들의 문제는 낙인과 사회적 배제였다.

유럽에서 아파트란 저소득층 집단주거라는 인식이 강한데, 그 이유 중 하나가 아파트는 사회주택이자 임대주택이기 때문이다. 임대주택에 거주하는 사람들이 사회적 배려가 필요한 취약계층이다 보니 그곳에 사는 사람은 곧 저소득층이라는 낙인이 찍혀버리고, 이는 지역사회와 학교에서 큰 문제가 되고 있다. 서울의 대표적 부촌이라 알려진 강남구, 그 속에 수서지구 임대아파트 거주민의 삶을 다룬 〈철가방추적작전〉은 그것을 잘 보여준다. 선생님들은 분양아파트에 사는 아이들만을 가르치느라 임대아파트에 사는 아이들은 점점 투명인간이 되어가고, 그래서 그 아이들은 화장실이나 복도, 매점 한구석에 모여 서로 다른 꿈을 꾸며 서로 다른 미래를 키워나가며 결국 사회적으로도 배제되었다.

현재 임대아파트의 건축 형태는 독립형과 인접형, 혼합형 등 세 가지로 나타나고 있다. 독립형은 임대아파트가 별도의 단지로 지어지는 유형이고, 인접형은 한 단지 안에 동만 달리하여 지어지는 유형, 혼합형은 한 단지 한 동 안에 호수만 달리하여 지어지는 유형이다. 예를 들어 인접형이라면 여덟 개의 동이 있는 아파트에서 101동에서 107동까지가 분양아파트, 108동이 임대아파트라는 식이고, 혼합형이라면 101동 안에서 1~2호 라인만 임대아파트, 나머지 3~4호, 5~6호 라인은 분양아파트라는 식이다. 임대주택에 산다는 것이 명확히 드러나는 경우가 독립형과 인접형일 텐데, 선행 연구에 의하면 독립형과 인접형에서 반사회적 행동이 더 빈번하게 발생하는 것으로 나타났다. 낙서나 쓰레기 버리기, 유리창 깨기 등의 문제는 이른바 '깨진 유리창의 법칙(깨진 유리창이나 낙서 등 경미한 무질서를 그대로 방치하면 이후 노상방뇨, 쓰레기 투척 등 경범죄로 이어지고 결국 그 일대가 우범지역으로 변한다는 이론)'의 시초라 하여, 반사회 행동의 근원이자 이를 방치하면 더 큰 범죄가 발생한다는 점에서 심각하다. 유럽 사회에서 이것은 저소득층 집단주거지나 사회주택단지에서 주로 발생하고 있는데, 우리와 전혀 상관없는 이야기라고 할 수만은 없다.

한편 인근 주민과의 심리적, 사회적 갈등은 혼합형에서 심하게 나타난다. 즉 독립형이나 인접형에서는 반사회적 행위가 발생하고, 혼합형에서는 분양아파트 주민과의 미묘한 갈등이 심한데, 이는 결국 사회적 배제라는 점에서 동일하다. 이러한 미묘한 차별은 취학아동을 둔 학부모 관계에서 두드러져서, 임대아파트에 사는 학부모와 분양아파트에 사는 학부모는 서로 간에 어색함과 서먹함을 느낀다. 그리고 차별과 소외는 결속을 낳는다. 임대아파트 주민의 이웃 간 친화도와 결속은 분양아파트보다 훨씬 높으며 이것이 집단행동으로 나타나기도 했다.

인접형 아파트는 단지 내 출입문과 주차장, 놀이터 등 공용시설을 함께 쓰는데, 아파트 부녀회에서 임대아파트 주민은 별도의 출입구에 별도 주차장을 사용하라는 조치가 내려지면 이에 항의하는 단체행동이 곧잘 벌어지는 것도 이 때문이다. 사회적 격리에 따른 연대감 강화는 개별적 집단문화를 발생시키는데, 그것이 특유의 빈곤문화를 형성한다는 점에서 문제가 있다. 현재 우리나라는 빈곤층은 존재해도 특유의 빈곤문화는 아직 발생하지 않은 비교적 건강한 사회라 할 수 있다. 그러나 빈곤의 세대전이에 따라 계층 고착화 문제가 만연한 유럽 사회에서는 빈민촌에서 특유의 빈곤문화가

임대아파트는 사회주택의 대표적 형태로,
건물 수명이 다할 때까지 저렴한 임대료로 거주할 수 있다.

발생한다. 아울러 지나치게 대규모화된 사회주택단지, 지나치게 잘 배려된 사회제도가 빈곤문화를 더욱 유발하기도 한다.

현재 임대주택은 저렴한 임대료로 건물의 수명이 다할 때까지 거주할 수 있다. 그런데 만약 이들이 국가의 보조를 받는 임대주택을 떠나 민간시장으로 뛰어들 경우 커다란 격차가 생긴다. 집을 당장 구매할 수 없기 때문에 월세로 시작할 수밖에 없는데, 민간시장의 월세방 수준이 임대주택보다 훨씬 못한 경우가 많다. 현재 임대주택 거주자의 기준은 대개 소득 수준으로 따지고 있다. 예를 들어 한 달에 80만 원을 벌어 임대주택에 살고 있는 사람이 어느 날 120만 원을 벌게 되어 임대주택 거주자의 자격에 미달되어 떠나야 했을 때, 한 달 40만 원짜리 월세방에 살면서 오히려 생활의 질은 떨어진다. 이럴 바에야 차라리 적게 벌면서 정부의 보조를 받는 게 좋겠다는 현실적인 생각을 하게 되는데, 이러한 생각이 사회 전체에 만연할 때 심각한 문제가 발생한다. 현실을 개선하기보다는 거기에 안주하는 삶을 사는 것이다. 이미 이것은 사회주택의 역사가 오랜 영국에서 1960~70년대에 경험한 일이고, 그리하여 1980년대 영국의 사회주택 정책은 조금 변화의 과정을 거친다.

신보수주의의 대처 정부, 임대에서 매매로 전환

—

정부 보조에 의한 사회주택은 1920년대 영국에서 크게 발달했다. 시기적으로는 1917년 러시아에서 볼셰비키 혁명이 있었고, 1918년 제1차대전의 종전에 따라 귀향군인들이 급증하면서, 영국 사회는 위기의식에 빠졌다. 가난한 노동자와 귀향군인에게 주거를 제공하지 않으면 불만에 가득 찬 이들은 폭동을 일으킬 위험이 있었다. 그래서 '주택정책에 사용되는 자금은 볼셰비즘을 막기 위한 보험료다'라는 인식 아래 국가에서 이들을 위한 주택을 무상으로 공급하는 것이 사회주택의 본디 목적이었고, 1970년대까지 영국의 전체 주택 중에서 3분의 1이 사회주택이었다. 1990년대 우리나라에서 영구임대주택이 차지하는 비율이 1.5%였던 것과 비교하면 놀라운 수치인데, 사회주택의 비중이 높다는 것은 사회 전체의 부담이 크다는 의

미와 연결된다. 당시 북유럽과 서유럽에서는 지나친 복지예산 책정이 과연 바람직한 것인가라는 의문이 제기되던 상황이었다. 이에 1980년대 초 대처 정부의 출범과 함께 영국은 대처리즘(Thatcherism)이라고 하는 신보수주의로 전환되고, 사회주택 정책에도 큰 변화를 겪게 된다. 막대한 정부지원금이 소요되는 무상 제공과 임대 대신 매입을 유도하는 방안이었다.

3년 이상 거주자에게 시장가격의 3분의 2 정도에서 그 주택을 구매할 수 있도록 하되 지자체가 그 담보보증을 해주는 제도로서, 사회주택과 민간시장 주택의 중간단계에 속하는 일명 매개적 주택시장(intermediate housing market)의 영역이다. 사실 사회주택 거주자에게 있어 가장 큰 문제는 사회주택을 벗어나 민간 주택시장으로 나가는 것이 현실적으로 어렵고, 결국 그에 따른 계층 고착화가 일어난다는 점이다. 이에 사회주택의 매입을 유도하면서 정부가 일부 보조를 해주는 중간적 형태가 영국에서 1980년대부터 추진 중이다.

물론 이는 저렴한 가격에 주택을 매입한다는 긍정적 효과도 있지만 역효과도 있다. 매입으로 전환되는 주택은 사회주택 중에서도 그나마 면적이 넓고 양호한 주택에 한정되어 있고, 결과적으로 사회주택의 재고는 부족해지고 협소한 면적에 상황은 더욱 열악해지고 있다. 아울러 종래 사회주택의 거주자는 저소득층이었지만 이들은 차츰 매입으로 전환되었고, 이제 노인, 청소년, 장애자, 소수인종 등 사회취약계층만이 사회주택에 남아 매입으로의 전환이 쉽지 않은 상황이다. 즉 사회주택 거주자 중에서도 그나마 형편이 나은 사람은 그 집을 매입했지만 그렇지 못한 사람들의 상황은 더욱 악화되고 있다.

주택정책이란 정부의 성향에 민감한 영향을 받는데, 특히 영국의 경우가 그러했다. 영국의 의회정치는 19세기에 새로이 등장한 중산계층의 입장을 지지하는 토리당, 전통적으로 귀족계층의 입장을 대표했던 휘그당에 의해 좌우되는데, 진보정당에 해당하는 토리당의 집권 시절에는 사회주택의 확대로, 보수정당격인 휘그당의 집권 시에는 사회주택의 축소 및 전환이라는 경향을 띤다. 신보수주의를 표방한 대처 정부에서 사회주택의 매입을 유도한 것도 결국 그러한 맥락이라 할 수 있는데, 물론 이는 우리나라도 마찬가지였다.

보금자리주택, 행복주택
어떤 바람을 몰고 올까?

—

우리나라는 1987년 대통령 직선제 이후 보수 성향과 진보 성향의 정권이 대략 10년 단위로 번갈아 집권했는데, 정권의 성격에 따라 주택정책에도 일정한 경향이 있었다. 큰 그림을 그려본다면 진보 성향의 정권은 사회주택의 확충을, 보수 성향의 정권은 민간시장을 통한 주택 매입을 유도한다고 볼 수 있다. 1990년대에는 노태우 대통령의 주택 200만 호 건설이라는 슬로건에서도 알 수 있듯, 양적 공급과 주택 가격 안정에 초점을 두었다. 분당과 일산을 비롯한 수도권 다섯 개 신도시가 건설되고, 영구임대주택이라는 이름으로 사회주택이 처음 선보인 것도 이때였다. 그래서 1990년대 말이 되면 수량적으로는 주택 공급률 100%를 달성하게 된다. 이후 김대중, 노무현 정부 10년은 사회주택의 확대 즉 국민임대주택 정책이 주도하게 된다.

그 후 이명박 정부가 출범하면서 주택정책은 또 한 번 변한다. 이 시기 핵심적 주택정책이었던 보금자리주택은 장기 임대 후 시세의 3분의 2 가격으로 분양 전환을 한다는 점에서 대처 정부의 주택정책과 유사한 매개적 주택시장이라 할 수 있다. 즉 공공임대주택 거주자의 평균소득보다는 높지만, 아직 민간 주택시장으로 곧바로 진입하기에는 어려운 거주자를 위한 정책으로 주택 마련의 사다리 역할을 한다는 특징이 있다. 정부의 역할은 촘촘한 사회안전망의 구축이자, 계층 상승을 위한 사다리를 적재적소에 마련해놓는다는 데 있다. 사회주택과 민간시장 주택 간 가격차가 크다면 그 간격을 메우기 위한 정책 역시 필요한 것이다. 이명박 정부가 추진한 보금자리주택은 크게 세 가지로, 공공임대(10년 임대 후 감정가격으로 분양 전환), 분납임대(주택가격을 최초 입주 시 30%, 4년 후 20%, 8년 후 20%, 10년 후 30% 완납), 장기전세(20년 장기전세로 월 임대료는 없음) 등이다. 이때 공공임대와 분납임대는 10년의 장기임대 형식이자 결국 분양으로 전환한다는 점에서 사회주택과 민간주택의 매개적 형태라 할 수 있다. 면적 역시 85㎡ 이하로 지어진 국민주택이었는데, 여기에도 그림자가 있다.

무엇보다 보금자리주택은 심리적인 측면에서 민간수요를 위축시킨다. 현재 보금자리주택 중 절반이 서울 강남과 서초, 내곡동과 세곡동 등 매우 좋은 입지에 자리 잡고 있는데, 이는 동일한 가격대의 주택이 있는 서울 강북과 수도권 지역에 타격을 준다. 쉽게 말해 같은 가격으로 강남의 보금자리주택을 살 수 있는데 굳이 강북이나 수도권으로 이주를 할 이유가 없고, 분당과 일산보다도 더 가까운 입지의 이런 주택들은 1기 신도시의 주택 가격을 급속히 하락시킨다. 아울러 주택 구매자들의 보금자리주택 청약의 대기수요를 유발하여 전세 수요를 증가시키고, 이는 곧 전세가 상승의 주요 인이 된다.

집을 살 바에야 차라리 보금자리주택이 편하고, 그러니 보금자리 주택이 지어질 때까지 당분간 전세로 살자는 심리는 집값 하락과 전세가 상승으로 이어졌다. 여기에 전세가가 너무 치솟다 보니 월세 전환으로도 이어지고 있다. 현재 우리나라의 주택 거주 형태는 자가 소유, 전세, 월세로 구분되는데, 집값 하락, 전세가 상승 및 그에 따른 월세 전환 등으로 주택 시장 전반은 흔들리고 있다. 그리고 2013년 박근혜 정부가 출범하면서 주택 정책은 또 한 번 변화의 조짐을 보인다. 보금자리주택의 사실상 폐지 및 주택시장 활성화 대책을 골자로 하는 행복주택을 표방하고 있는데, 그것이 과연 어떤 바람을 몰고 올지는 좀 더 지켜볼 일이다.

3

침식계수와

슈바베지수

부엌이 생활의 중심

비침식 공간의 증가와 분화

슈바베지수, 필터링 프로세스

저렴주거의 특징

저렴주거의 특징을 어떻게 정의할 수 있을까? 저소득층, 협소한 면적 등이 가장 먼저 떠오르지만, 저소득의 기준은 중산층의 정의만큼이나 모호하고 면적 기준도 시대에 따라 변한다. 일례로 1960년대 마포 아파트의 면적은 14평, 17평이었다. 이 정도라면 요즘의 원룸 주택에 불과하지만 당시로서는 4인 가족이 살기에 넉넉한 중산층 주택이었다. TV, 에어컨, 세탁기, 냉장고 등이 갖추어진 집은 1970년대에는 부자에 속했고 1980년대에는 중산층에 속했지만, 지금은 이것의 유무가 더 이상 주거의 수준을 결정짓지 못한다. 이처럼 소득 수준, 주거 면적, 가구와 설비의 유무 등은 시대에 따라 급격히 변화하는 것이어서 저렴주거의 수준을 가늠하는 잣대가 되기 어렵다. 그러나 시대를 관통하고 사회를 아울러 존재하는 불변의 법칙은 있기 마련이다.

저렴주거의 첫 번째 특징은 주택 내에서 침실과 부엌이 차지하는 비율이 매우 높다는 것이다. 이를 침식계수(寢食係數)라 이름 붙였는데, 신혼의 단칸 셋방, 독신자의 원룸 등은 부엌 하나에 침실 하나로 이루어져 있어 침식계수가 거의 100%에 이른다. 반면 중산층의 주택일수록 또한 상류층의 호화주택일수록 주택 내에서 침실과 부엌이 차지하는 비율이 낮아진다. 호화주택이라고 해서 혹은 대형 아파트라고 해서 침실의 개수가 무한정 늘어나는 것은 아니다. 3~4인 가족에 맞춘 두세 개의 침실에 서재, 취미실, 가족실, 음악실 등 비(非)침실 계열의 방이 증가하는 특징이 있는데, 이는 결국 전체 주택 내에서 침식계수의 비율을 낮추는 역할을 한다.

두 번째 특징은 슈바베지수가 높다는 것이다. 이는 전체 지출 중에서 식비가 차지하는 비율을 말하는 엥겔지수와 유사한 개념으로서, 주택 임대료 혹은 대출금 상환액, 관리비, 전기 광열비 등을 모두 포함한 주거를 위한 비용이다. 저소득층일수록 엥겔지수가 높다는 것은 주지의 사실인데, 저소득층일수록 슈바베지수 역시 높게 나온다. 요즘 화제가 되고 있는 하우스푸어, 전세푸어 등은 슈바베지수가 너무 높아 문제가 되는 경우라 하겠다.

세 번째 특징은 능률과 실용의 추구다. 수납공간은 많아야 하고 주방은 크고 기능적이어야 하며 동선은 짧아야 한다는 등 우리가 지금까지 알고 있는 명제들은 유감스럽게도 저렴주거의 특징들이다. 사실 이는 2차대전의 전범 국가인 독일과 일본이 전시체제하에서 만들어낸 원칙들이다. 그 시기 주택은 높은 수준의 가치를 추구할 수 없었고 다만 실용적이고 능률적인 주택이 우선 필요했으며, 이는 패전 후 복구를 위한 시기에도 마찬가지였다. 그리고 이러한 주택의 가치는 1930~40년대 일본이 한반도를 병참기지화하면서 그대로 조선에 전해졌다. 또한 1950년대 전쟁 후 재건과 복구를 하는 과정에서도, 아울러 1970~80년대 산업화와 근대화를 숨 가쁘게 경험하는 과정에서도 마찬가지였다. 전시체제와 패전 후의 독일과 일본이 정책적으로 추구했던 주택의 가치는 실용과 능률이었고, 그것이 일제의 병참기지화 정책 및 그 후의 조국 근대화와 산업화 정책에 딱 맞아떨어졌다. 주방과 거실, 식당이 한데 붙은 LDK의 도입, 크고 능률적인 주방, 짧은 동선 등은 이런 상황에서 발생한 저렴주거의 특징들이다.

한편 아직 큰 문제가 되고 있는 것은 아니지만 패스트푸드, 패스트패션과 더불어 패스트하우징도 저렴주거의 특징이 될 것이다. 현재 한국에는 패스트푸드만이 문제시되고 있고 저렴한 가격과 빠른 유행 탓에 몇 번 입고 버리는 패스트패션은 크게 문제시되고 있지 않다. 거의 일회용 패션에 가까운 이것은 값싼 재료를 사용하여 만들기 때문에 패스트푸드만큼이나 건강에 해롭고 지구의 환경을 악화시킨다. 패스트하우징도 마찬가지다. 패스트하우징이란 앞에서 살펴본 것처럼 값싼 재료로 짓는 소형주택을 말하는데, 주로 공장에서 조립식으로 지어져 트럭을 통해 배달되는 일회용 주택에 가깝다. 컨테이너박

스주택, 샌드위치패널주택 등 지금까지는 주로 임시주택 용도로만 쓰이고 있는데, 최근 전원주택이나 단독주택의 유행을 타고 소형의 값싼 패스트하우징이 서서히 등장하고 있다. 비관적으로 본다면 10년이나 20년 후에는 이러한 패스트하우징이 대표적인 저렴주거가 될 가능성이 매우 크다.

1
부엌이 생활의 중심

scene # 1

꼭 내장까지 들여다보이는 것 같잖아. 밥물이 끓어 넘친 자국을 처음에는 젖은 행주로, 다음에는 마른 행주로 꼼꼼히 문지르며 나는 새삼 마루와 부엌을 훤히 튼, 소위 입식구조라는 것을 원망하는 시늉으로 등을 보이는 불안을 무마하려 애썼다. 그래도 가스레인지 주변의, 흘리듯 점점이 뿌려진 몇 점의 얼룩은 여전히 희미한 자국으로 남았다. (중략) 모든 것은 어제와 다름없이 잘 되었다. 부엌 선반의 시계는 다섯 시 반을 가리키고 밥은 한참 뜸이 들어가는 중이고 노릇노릇 구워진 생선에서는 비늘 타는 연기가 희미하게 피어올랐다. 서향의 창으로 비껴든 햇살은 젖은 도마의 잘게 파인 홈마다 끼인 찌끼를 뒤져내고 칼빛을 죽이며 개수대의 물에 굴절되어 물속의 뿌연 앙금을 떠올렸다. (중략)

"저녁준비 됐어요."

귀를 후비던 새끼손가락의 손톱을 엄지손가락과 맞부딪쳐 탁탁 털고 난 뒤 의자에서 힘겹게 몸을 일으키는 아버지의 모습은 기척만으로도 알 수 있었다. 화장실에서 쏴아 물 트는 소리, 물이 내려가는 소리를 한 겹 벽 너머로 들으며 나는 말끔히 닦인 식탁을 다시 행주로 문질렀다.

《저녁의 게임》(1979, 오정희) 중에서

엥겔계수에 해당하는
침식계수

—

저소득 가구의 특징 중 하나가 엥겔계수가 높다는 것이다. 식비는 가장 기본적인 지출항목으로, 전체 지출 중에서 식비 지출이 높으면 피복비와 주거비 및 문화생활비의 지출비율이 낮아져 그만큼 생활의 질은 떨어진다. 그런데 이 식비 지출에 해당하는 것을 건축적으로 재해석하면 무엇이 될까. 주택에서 가장 중요한 우선순위를 차지하는 것, 그것이 없으면 주택이 성립되지 않는 가장 중요한 요소, 바로 침실과 부엌이다.

흔히 안부를 물을 때 하는 말이 '밥 먹었냐'이고, 그 뒤에 바로 따라 붙는 말이 '잘 데는 있냐'이다. 지금은 사라졌지만 1970~80년대 동네 어귀의 전봇대에 붙어 있던 '시다 구함(시다는 일본어 시다테(下手)의 줄임말로 숙련공을 돕는 조수를 의미한다)'이라는 구인지 아래 적혀 있던 '월 ○○○원 보장 및 침식 제공'이라는 말 역시 먹을 밥과 잠잘 곳의 중요성을 나타낸 것이라 하겠다. 이러한 침식의 공간인 침실과 부엌은 주택에서 가장 중요하면서도 본질적 공간이며, 당연지사 저렴주거일수록 주택 내에서 침식공간이 차지하는 비율이 높다. 저렴주거의 가장 큰 특징이 면적이 협소하다는 것인데, 침실과 부엌을 우선 할애하고 나면 나머지 공간은 거의 없는 것이 현실이다. 즉 저렴주거일수록 주택은 부엌 하나에 침실 하나라는 간단한 구성을 가지며, 전체 주택 면적 중에서 침실과 부엌의 면적이 차지하는 비율이 100%에 가까워진다. 그리고 이는 모든 시대, 모든 사회에서 공통적으로 나타나는 현상이다.

조선시대 노비들의 주거였던 가랍집, 호지집은 방 하나에 부엌 하나가

가랍집. 방 하나, 부엌 하나로 이루어진 가장 간단한 집이다.

있었다. 특히 우리의 고유한 주거문화인 온돌은 부엌과 침실이 서로 연결되어 있다. 하나의 구들을 놓고 가운데를 칸막이로 막아 한쪽은 부엌, 한쪽은 온돌로 만든 것이 가장 간단한 집인데, 이 경우 전체 주택에서 침실과 부엌이 차지하는 비율은 100%에 이른다.

또한 '내가 너희 어머니와 단칸 셋방에서 이불 한 채에 냄비 두 개 걸어놓고 신혼살림을 시작했다'라고 자수성가한 아버지가 말할 때의 바로 그 방도 침식비율이 100%에 이른다. 이불 한 채가 깔린 방이 안방이요 냄비 두 개가 걸린 곳이 부엌이니, 그 외에 다른 공간은 없었다는 말이 된다. 개량한옥이나 간이주택에서의 단칸 셋방살이가 그러했을 것이고 옥탑방과 지하셋방도 마찬가지였다. 본래 주거공간이 아닌 곳을 방으로 만들면서 그 옆에 간이주방을 신설하였으니, 부엌 하나에 침실 하나로 이루어진 침식비율 100%에 이르는 방이다.

오피스텔과 원룸도 마찬가지다. 요즘 대학생들이 가장 꿈꾸는 공간이자 독립과 자유의 상징이라 알려진 그 공간도 내부 구성은 매우 간단해서 간이 주방과 작은 화장실, 침실로 이루어진 침식계수 100%에 이르는 공간이다. 때로 침실 공간을 조금 넓혀서 복층으로 구성하거나 가운데 미닫이문을 달아 거실과 침실을 분리하기도 하는데, 이때 옹색하나마 침실 이외의 공간이 있다면 침식 계수는 70~80%대로 조금 낮아질 것이다. 학생 때에는 원룸에서 생활하다가 직장을 다니면서 조금 돈을 모아 투룸으로 이사를 한다면, 그래서 하나는 침실로 쓰고 또 하나는 서재나 취미실로 사용한다면 침식 계수는 50~60%대로 내려갈 것이다.

사회주택도 마찬가지다. 1990년대의 영구임대주택을 비롯한 공공임대주택들은 면적이 매우 협소하다. 12평형은 주방 겸 거실 외에 방이 하나 있고, 15~18평의 경우에는 두 개의 방이 나온다. 그런데 이런 주택들은 혼자가 아닌 가족단위로 쓰는 것이기 때문에 한두 개의 방은 모두 침실로 쓰이기에, 침식계수는 80~90%에 육박하는 양상을 보인다.

지금까지는 저소득층 주거의 특징을 주로 면적으로 산정해왔다. 그런데 85 m^2의 국민주택 규모에서도 가족 수에 따라 체감하는 쾌적도는 달라진다. 예를 들어 동일한 85 m^2의 아파트가 있는데, 701호에는 30대 초반의 신혼부부가 살고 있고 702호에는 두 명의 대학생 자녀를 둔 50대 부부가 노부모까지 모시며 살고 있다고 하자. 두 아파트의 가격은 똑같이 3억 원이며 두 집 다 자가 거주라고 할 때, 701호와 702호의 경제적 지위가 서로 비슷하다고 할 수 있을까. 30대의 신혼부부와 50대의 중년부부는 서로 동질감보다는 이질감을 느낄 것인데 그 이유는 무엇인가.

바로 두 집의 침식계수가 다른 데에 있다. 701호의 신혼부부는 세 개의 방 중 하나만을 침실로 쓰고 한 방은 서재로, 또 한 방은 드레스룸으로 사용한다. 반면 여섯 식구가 살고 있는 702호는 안방을 중년부부가 쓰고, 대학생 아들과 딸에게 각자 독방을 하나씩 주고, 노부모의 침실은 따로 마련되지 않아 거실을 침실로 사용하고 있다. 이 경우 안방 하나만을 침실로 쓰는 701호의 침식계수는 30% 정도에 불과하지만, 방 세 개에 거실까지 모두 침실로 사용하는 702호의 침식계수는 90%에 이를 것이다. 드레스룸과 서재가 갖추어진 집에서 두 식구가 사는 것, 거실도 변변치 않은 집에서 여섯 식구가 사는 것, 이러한 정성적인 차이는 침식계수에서 정량적으로 명확히 계량된다.

물론 보다 미세한 구분도 가능하다. 두 명의 자녀를 둔 4인 가족이 85m^2 아파트에 산다고 하더라도 703호는 취학 전의 어린 자녀를 둔 30대 부부이고, 704호는 중고생 자녀를 둔 40대 부부라면 두 집의 개실 사용방식은 조금 다를 것이다. 703호는 안방을 부부침실, 한 방은 어린 자녀의 공동침실, 그리고 한 방을 서재로 사용하는 반면, 704호는 청소년기의 자녀에게 각자 독방을 주어야 하기 때문에 703호의 침식계수는 40~50%, 704호의 침식계수는 60~70%로 달라진다. 이처럼 동일한 4인 가족이라 해도 자녀의 연령과 성별에 따라 침식계수는 민감하게 반응한다.

그리고 이는 비주거 건물에도 응용해볼 수 있다. 이를테면 학교의 경우, 1960~70년대 초등학교의 수준은 열악했다. 한 학급에 학생 수가 100명이 넘는 것은 예사요, 교실이 부족하여 2부제 수업도 하였다. 1학급 1교실도 제대로 충족하지 못하던 시절, 도서실, 미술실, 과학실, 음악실을 비롯한 특별활동 교실은 사치에 가까웠다. 하지만 요즘 학급의 학생수는 20~30명

정도이고 교육 수준이 높아져 일반 교실을 특별활동 교실로 전용하여 사용하고 있다. 전체 학교 면적에서 일반 교실의 면적이 얼마를 차지하는가에 따라 그 비율이 낮을수록 수업 환경은 쾌적하다고 할 수 있을 것이다. 또한 업무공간의 경우에도 기본적인 사무실 외에 회의실, 담화실, 자료실, 휴게실 등 비사무공간이 많을수록 업무 환경은 좋아진다. 기사 식당의 5천 원짜리 백반과 호텔 한식당의 5만 원짜리 한정식은 밥의 양이 아닌 반찬의 개수와 종류에서 차이가 나듯, 공간의 질을 결정하는 것은 필수적인 요소(침실, 교실, 사무실 등)가 아닌 부가적인 가외 공간들이다. 당연지사 가외 공간이 많이 부가될수록 고급 건축이 되며 집도 마찬가지다. 주거를 결정짓는 두 요소인 부엌과 침실의 비율이 높을수록 저렴주거가 되며, 오로지 방과 부엌만으로 이루어진 집이 있을 때 그것은 빈곤주거가 된다. 이 책에서는 극심한 빈곤주거에 대해서는 다루지 않았지만, 대표적인 극심한 빈곤주거로는 쪽방과 벌집방, 일제시대의 토막 등이 있다. 이러한 집들은 문을 열면 방보다 부엌이 먼저 나온다는 공통점이 있다.

부엌은
집 안의 중심
—

방 한 칸과 부엌 한 칸으로 이루어진 간단한 집이지만, 거기에는 항상 원칙이 있다. 출입문을 열면 부엌이 있고 이곳을 지나 방으로 들어가도록 되어 있고 그 반대의 경우는 없다. 즉 문을 열면 먼저 방이 있고 부엌은 방 뒤편

원시주거. 가운데 불을 하나 피우고
식구들이 둘러앉았다. 이때 불을 피운
공간이 부엌이자 거실의 역할을 했다.

으로 연결된 경우는 거의 없다고 봐도 무방하다. 토막을 비롯하여 쪽방도 벌집방도 모두 이러한 구성이며, 오피스텔, 원룸, 임대주택 등도 모두 마찬가지다. 이는 저렴주거의 특징이라기보다 주거건축의 시원적 요소라 할 수 있는데, 이러한 시원적 요소들이 고급주거에서는 잘 드러나지 않다가 면적이 협소해지면서 드러나는 것이라 할 수 있다.

인류가 지었던 최초의 집은 움막 형태다. 나뭇가지로 뼈대를 만들고 그 위를 풀 엮음으로 덮은 것으로, 전 세계 모든 문화권에서 공통적으로 나타나는 형태다. 다만 나무가 자라지 않는 혹독한 환경, 이를테면 툰드라 지대나 건조한 사막에서는 짐승의 뼈로 뼈대를 짜고 짐승가죽으로 덮개를 덮어 집을 지었다. 이때 불은 움막이 아닌 집 앞에서 피웠다. 당시에 불은 항상 피우는 것이 아니라 음식을 조리할 때만 피웠고, 결코 집 안에서 피우지 않았다. 이는 지금도 마찬가지다. 원시주거의 모습은 완전히 사라진 것이 아니라 지금도 잔존해 있다가 간헐적으로 드러나는데, 자연에서 캠핑을 할 때 텐트를 치고 그 앞에 불을 피우지 결코 텐트 안에서 불을 피우는 경우는 없다. 이유는 간단하다. 불을 피우기에는 텐트가 너무 비좁고 답답하며 냄새와 연기가 잘 빠지지 않을뿐더러 불이 나기 쉬워 위험하다. 그렇기 때문에 원시인도 움막 안이 아닌 밖에서 불을 피웠다. 불을 피워 음식을 굽던 장소가 부엌이고 그 뒤편에 있던 움막이 방이라 한다면, 부엌과 방으로 이루어진 간단한 집에서 우선 부엌이 나오고 다음으로 방이 나오는 형식이 얼마나 뿌리 깊은 관습인지 알게 된다. 반대의 경우는 원시시대에도 없었고 현재에도 없다. 오피스텔이나 원룸처럼 최신 설비를 갖춘 고급스러운 집이라 해도 출입문을 열면 먼저 주방이 나오고 뒤편으로 거실 겸 침실이 있다는 구성은 여태 변하지 않고 있다.

이처럼 방과 부엌은 주거의 원형질이라 할 수 있는데, 그중에서도 무엇이 더 주거의 본질에 가까운가라고 한다면 단연 부엌이다. 채집경제에 머무르던 구석기 시대를 거쳐 농업혁명이 일어나는 신석기 시대에 이르면 인류는 정착생활을 시작하면서 보다 내구력 있는 소재로 집을 짓고 또한 집 안에서 불을 피울 수 있게 된다. 한가운데 불을 피우고 그 주변으로 가족들이 둘러 앉아 있는, 지금 우리가 상상하는 그림이 완성되는 시기는 신석기 시대다. 최초의 집은 방과 부엌을 합친 하나의 공간이었고 그 이후로 점차 침실들이 분화되어 나간 것이기 때문에 집의 본질적 요소는 침실이라기보다 부엌이다. 그리고 저렴주거일수록 주거의 원형적 형태인 부엌이 매우 발달되어 있고 이곳이 집 안의 중심이 된다.

유럽의 농가주택은 부엌이 가장 중심적인 공간이다. 집 안에 커다란 페치카가 있어서 음식을 조리하고 그 옆에 테이블을 놓아서 식사공간 겸 작업공간, 생활공간으로 사용하였다. 우리나라도 함경도 지방의 농가주택은

함경도의 주택은 정주간이 매우 발달되어 있다.
시골 농촌의 경우 주택은 정주간과 방 하나로 이루어져 있기도 했다.

부엌을 정주간이라 하는데, 부엌과 안방이 분리되지 않는 곳이자 집 안의 가장 중심적인 공간이다. 농가주택뿐 아니라 현대사회의 도시주택도 마찬가지다. 저렴주거의 특징은 문을 열자마자 바로 부엌이 있으며 또한 그곳이 생활의 중심공간이 된다는 것이다.

1980~90년대의 소형 다가구주택 혹은 다세대주택을 보면 2LDK의 평면이면서 주방의 위상이 매우 큰 것이 특징이다. 주방은 거실과 명확히 분리되지 않은 채 LDK라는 이름으로 생활의 중심공간이 되고 있다. 그리고 이는 소형 아파트와 중대형 아파트의 평면을 비교해보면 쉽게 알 수 있다. 20평형대의 소형 아파트는 2×2 구성을 하고 있다. 현관을 열면 LDK가 바로 나오는데, 그중에서도 주방이 먼저 나오고 다음으로 거실이 연결된다. 그러나 국민주택인 33평 아파트에서 현관을 열면 우선 거실이 나오고 주

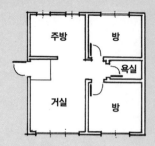

2×2

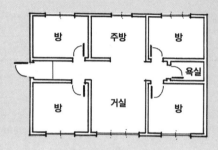

2×3

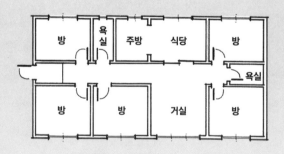

2×4

2×2, 2×3, 2×4 아파트. 소형 아파트에서 중대형 아파트로 갈수록 주방의 위상은
점차 작아지며 또한 전체 주택에서 주방이 차지하는 비율도 낮아진다.

방은 거실에서 한 걸음 꺾어진 곳에 위치한다. 그리고 중형인 40평형대 아파트는 2×3의 구성을 취하게 된다. 현관을 열면 미약하나마 복도가 있어 좌우로 침실이 있고 거기서 몇 걸음 걸어야 거실이 나오며 주방은 거실의 반대편에 놓인다. 아울러 50평 이상의 대형 아파트들은 2×4 구성을 취한다. 전반적인 형태는 중형 아파트와 비슷하지만 주방 앞에 식당공간이 부가되면서 거실과 주방은 바로 연결되지 않고, 전반적으로 주방의 위상은 많이 떨어진다. 20평형, 33평형, 40평형, 50평형을 비교해보면 소형 평형일수록 주방이 현관에서 가까우면서 생활의 중심공간이 되지만, 대형으로 갈수록 주방은 구석진 자리에 위치하면서 생활의 중심에서 밀려나는 경향이 있다. 즉 주방의 위상이 커지면서 생활의 중심이 되는 것은 저렴주거의 전형적 특징이다.

또한 주방에서 식사 준비만이 아닌 여러 가지 행위가 일어난다. 주방 앞에 놓인 식탁에서 식사뿐 아니라 가족단란행위 내지는 가계부 작성이나 인터넷 검색 등 온갖 행위가 이루어지는데, 주방이 또 하나의 생활공간이 되는 것은 저렴주거의 큰 특징이다. 과거에 부엌은 밥을 짓는 공간이면서 또한 여성들의 생활공간이었다. 하층민 여성은 부엌에서 식사를 했으며 흙바닥에 부지깽이로 한글을 깨치는 모습도 가끔 연출되는데, 주방에 마련된 식탁에서 인터넷 검색을 하는 것이나 부엌 바닥에 부지깽이로 글을 쓰는 것이나 매한가지다. 손에 들린 도구만 달라졌을 뿐, 주방이 또 하나의 생활공간이 된다는 점에서 동일하다. 특히 별도의 식사공간이 없어 부엌에서 밥을 먹는 것은 저렴주거의 가장 큰 특징 중 하나인데, 이는 현대주택에서도 여전히 진행 중이다.

화려한 주방에
식당은 없다

—

저렴주거의 또 하나의 특징은 별도로 마련된 식당 없이 주방에서 식사를 한다는 것인데, 우리나라에서는 중산층 주거에서도 이 특징이 나타난다. 유럽의 중산층 주택에서 가장 중요한 공간은 식당이고, 그다음이 응접실 혹은 객실에 해당하는 살롱이었다. 그러다가 19세기 말부터 서서히 거실이 등장하여 주택의 중심 공간으로 자리 잡으면서 식당은 두 번째로 중요한 공간이 되었다.

어느 사회나 손님을 초대하면 우선 식사대접을 하면서 이야기를 나누는 것이 일반적이기 때문에 손님을 초대해 식사를 대접하는 식당이 가장 중요한 공간이고, 더 여유가 있는 집이라면 대화를 위한 별도의 방으로 응접실과 객실이 발달했다. 그런데 20세기에 들어서 주택이 가족만을 위한 공간으로 변화하면서 가족단란행위를 위한 거실이 기존의 객실을 대체하면서 가장 중요한 공간이 되고 식당은 두 번째로 중요한 공간으로 밀려나게 된다. 이때 별도의 거실이나 식당이 없는 집에서는 부엌을 식당과 거실로 이용했다. 부엌 한쪽에 커다란 식탁을 놓고 식사를 했고, 식사 뒤에는 생활공간으로 사실상의 응접실 겸 거실로 사용했다. 한편 컨트리하우스, 타운하우스 등 중상류층 주택에서 주인들은 별도의 식당에서 식사를 하고 하인들은 주방에 딸린 식탁에서 식사를 하곤 했다.

19세기 영국 사회의 모습을 그린 《제인 에어》의 경우, 친척집에 얹혀살던 제인이 기숙학교로 떠나던 날 새벽 유모와 보모가 그녀를 부엌에서 밥을 먹이고 배웅하지만, 그녀가 졸업을 하고 부유한 집의 가정교사가 되어 그 집을 다시 찾았을 때는 식당에서 식사를 대접한다. 그때 유모와 보모는 식당에서 제인과 함께 식사를 하는 것이 아니라 손님인 제인의 시중을 드는데, 유모와 보모는 그 집에 고용된 고용인이기 때문이다.

익명의 후원가로부터《위대한 유산》을 상속받게 되는 피프의 경우도 마찬가지다. 대장장이인 매형과 누나의 집에는 별도의 식당이 없이 부엌에서 밥을 먹었지만, 런던에 나와 신사수업을 받으면서 가장 먼저 배우는 것이 식당에서의 식사예절이다. 여기서 말하는 식당은 상업적 레스토랑이 아닌 주택 내에 마련된 식사실이지만, 한국에서는 정서상 식당이라 하면 곧 상업적 식당을 떠올릴 만큼 주택 내 식당은 생소한 공간이다. 농가나 대장장이 주택에서 식당이 없어 부엌에서 밥을 먹고 중산층 주택에서도 식당은 주인만이 이용할 뿐 하녀와 군식구들은 부엌에서 밥을 먹는 풍습은 19세기 영국이 아닌 21세기 한국에서도 진행 중이다.

유감스럽게도 한국의 아파트는 소형 평수는 물론 중대형 아파트에서도 별도의 식당이 마련되어 있지 않고, 다만 주방과 거실을 연결하는 공간에 식탁이 놓여 있다. 아무리 화려해도 그곳은 부엌일 뿐이며, 별도의 식당 없이 부엌에서 밥을 먹는 것이 한국식 아파트의 큰 특징이다. 대신 간헐적으로 식당의 역할을 하는 곳은 거실이다. 현재 우리는 가족끼리의 일상적인 식사는 식탁에서 하지만, 친척모임이나 제사, 손님 초대 등이 있을 때에는 거실에 교자상을 차린다. 일상적인 식사(supper)는 주방 한쪽에 놓인 식탁에서 하지만 특별한 날의 만찬(dinner)은 거실을 식당(dining room)으로 임시 전용하는 것이다.

손님이 왔을 때 어째서 부엌에 놓인 식탁에 음식을 차리지 않느냐는 물음에 주부는 간단히 대답할 것이다. '거기는 자리도 좁고 부엌이 가까워서 불편하니까.' 평소엔 거리낌 없이 밥을 먹었지만 기실 그곳은 부엌이라는 것을 선험적으로 인지하고 있기 때문이다. 부엌은 비대하면서 정작 식당은 없는 것이 저렴주거의 특징인데, 그것이 한국 주택에서 두드러지게 나타나는 현상이다.

그 이유는 주거문화를 아파트가 선도했기 때문이다. 본디 노동자용 집단주거에서 출발한 아파트는 저렴주거와 노동자주거의 특성을 많이 갖고 있고, 주방의 위상이 높은 것도 그 특성 중 하나다. 산업혁명이 일어나면서 노동자 가정에 불어 닥친 가장 큰 딜레마는 여성의 이중 노동 문제였다. 그 전까지 대개 남성은 주거 외부에서 임금노동에 종사하고 여성은 주거 내부에서 가사노동에 종사하면서 큰 불편 없이 살아왔다.

그런데 산업혁명이 일어나 인력과 축력 대신 기계동력이 사용되면서 강인한 체력이 요구되는 남성 노동자 대신 여성 노동자를 선호하게 된다. 여성은 임금이 낮았고 해고 시 저항력이 훨씬 미약했기 때문에 싼 값에 쉽게 고용하고 또한 쉽게 해고할 수 있다는 이점이 있었다. 그리하여 여성 공장노동자 일명 여공(女工)이 등장하게 되는데, 이렇게 되자 노동자 계층의 여성은 집 안에서는 전통적인 가사노동을 해야 하고 집 밖에서는 새로운 임금노동에 종사하는 이중 노동의 과제에 시달리게 된다. 이를 해결하기 위한 방안으로 구소련과 중공을 위시한 사회주의국가에서는 여성의 가사노동을 사회적이고 공적인 임금노동으로 전환하는 방법을 취했다. 구소련과 중공의 노동자용 집단주거, 일명 돔 코뮤나(dome communal)에는 주거 내부

현재 아파트에서 도입하고 있는 아일랜드 주방은 주부의 동선을 절약한다는 장점이 있지만,
그 이면에는 주부의 동선을 절약해야 했던 노동자주거의 모습이 숨어 있다.

에 주방을 설치하지 않고, 대신 커다란 공동주방을 설치하여 공동취사, 공
동식사의 원칙을 세웠다. 하지만 미국, 유럽을 위시한 자본주의 사회에서
는 조금 다른 방향을 제시했으니, 여성이 주거 외부에서 함께 임금노동을
했듯 남성도 주거 내부에서 함께 가사노동을 하도록 유도하는 이른바 가
사분담이었다. 그리고 이를 위한 물리적 장치로서 주방을 접근이 쉬운 위
치에 배치하여 남성도 주방 일을 돕기 쉽도록 만든 것이 현재의 개방형 주
방 혹은 아일랜드 주방이다.

아일랜드 주방은 영국 아일랜드 지방 농가주택의 부엌을 말하는데, 아
일랜드가 과거 소외되고 낙후된 농촌이었다는 것은 주지의 사실이다. 주방

이 개방적이고 거실과 한데 붙어 있는 것이 저렴주거의 특징이라는 것이 또 한 번 증명되는 셈이고, 실제 산업혁명 당시 일자리를 찾아 신흥 공업도시로 몰려들었던 이들이 대부분 아일랜드의 빈농들이었다는 것을 생각하면 노동자 주택에서 아일랜드 주방이 선호된 것은 필연이라 할 것이다. 아일랜드 빈농의 집이나 공업도시의 노동자 주택에서는 별도의 식당 대신 주방에 마련된 커다란 식탁만 있으면 충분했으며 그곳은 거실의 역할도 겸했다.

별도의 식당 없이 식사공간이 곧 생활공간이 되는 곳, 식사를 하던 식탁이 책상이나 작업테이블로도 사용되는 곳, 이것이 바로 노동자주거의 전형적 특징을 간직한 LDK 주택이다. 본디 노동자 집단주거의 특징을 이루던 LDK 중심의 평면은 아파트에 그대로 적용되고, 또한 해방 후 한국에 아파트가 수입되면서 급속도로 퍼지게 되었다.

노동자의 집단주택이던 아파트가 한국에서는 중산층의 주거로 인식되면서 노동자주거의 특징인 거대한 LDK가 생활의 편리와 서구적 합리화라는 명분으로 선망의 대상이 된 것이다. 그래서 한국의 아파트에는 중대형이라 해도 주방만 있을 뿐 식당은 없다. 평소에는 주방과 거실을 연결하는 통로에 식탁을 놓고 밥을 먹다가 손님이 오면 거실에 교자상을 펼치는 현상이 여전히 나타나고 있다. 한편 우리의 아파트 문화는 유럽의 영향도 받았지만 일본의 영향도 많이 받았다.

LDK의 탄생지는
일본

—

거실과 식당, 주방이 통합된 LDK(Living Dining Kitchen)는 1940년대 일본에
서 탄생한 용어다. 당시 일본은 1923년 관동대지진과 1940년대 전시체
제 전환으로 모든 물자가 부족한 상황이었다. 1868년 메이지 유신 이후
1920~30년대까지 빠른 근대화와 식민지 수탈로 인한 풍요로운 문화적 풍
토 아래서 탄생한 것이 문화주택이라면, 1940년대 전시체제의 궁핍 아래
탄생한 것이 LDK 주택이다.

　당시 유럽사회는 1차 세계대전이 끝나고 폐허가 된 상황에서 빠른 시
간에 지을 수 있는 저렴주택이 필요해지면서 국제주의 양식이 유행하던
때였다. 국제주의 양식이란 모든 인간은 인종이나 민족에 관계없이 생활에
있어 요구조건이 동일하다는 전제 아래, 민족성이나 풍토성을 되도록 배제
하고 전체적으로 통일된 외관, 과학적이고 합리적인 설계를 기본으로 하는
건축 사조다. 이에 일본인 건축가 니시야마 우조(西山 夘三)가 당시의 상황과
사조를 해석하여 만든 것이 LDK 주택이다. 주택을 크게 공적인 영역(public
space, 거실 및 식당)과 사적인 영역(private space, 개인 침실)으로 양분하여, 침실은 침실
끼리 몰아서 배치하고 공적 영역에 해당하는 거실, 식당, 주방을 한데 몰아
배치하면서 생겨난 것이다. 그리고 1945년 일본의 패전 후 빠르게 주택을
건설해나가는 과정에서 이러한 주택이 전파되기 시작했고, 1944년 조선주
택영단(일제시대 대한주택공사에 해당하는 기관)에서 설계한 문화주택에 LDK가 처음
으로 도입되면서 우리나라도 영향을 받게 된다. 반(半)한국 반(半)일본 형식

거실과 주방, 식당이 통합된 LDK는 일본에서 탄생한 용어로
한국의 주거에도 지대한 영향을 미쳤다.

을 표방한 이 주택은 마당의 생략, 화장실과 욕실의 주택 내 설치 등 이후
한국식 아파트의 전형이 될 만한 형태를 이미 가지고 있었고, 또한 LDK라
는 혁신적인 방법을 처음 선보였다. 그전까지 거실과 부엌이 한데 연결되
어 있고, 더구나 식사까지 그곳에서 한다는 것은 한국은 물론 일본에서도
생각하기 어려운 일이었다. 1940년대 특유의 모더니즘과 전시 상황 아래
서만 가능한 일이었다.

그리고 1945년 2차 대전이 끝나면서 유럽사회는 많은 것이 변하게 되
었는데 가전제품의 등장도 그중 하나였다. 2차 대전 당시 군수물품을 생
산하던 방위산업체들이 전쟁이 끝나고 새로운 시장을 찾기 위해 군수품을

가전제품으로 대체하여 생산하기 시작한 것이다. 전기 토스터, 전기 포트, 전자레인지 등 현재 주방에 자리 잡고 있는 가전제품들은 대개 2차 대전 중에 발명되어 가정용으로 전환된 것이다.

또한 이 시기 가정주의 페미니즘(domestic feminism)의 영향으로 여성이 제가 치산(齊家治産)의 관리자로 부각되면서 주방이 더욱 화려하고 비대해진 측면도 있다. 주부가 가정의 주인이 되면서 주방이 소비의 정점을 찍는 장소로 부상한 것이다. 이러한 일본과 유럽의 사조는 전쟁 후 한국에도 그대로 상륙했다. 1960~70년대 전쟁의 상처를 딛고 근대화를 향해 빠르게 나아가던 시기, 전쟁 직후의 유럽과 일본은 가장 좋은 역할모델이었다. 그리하여 유럽과 일본의 합작품인 LDK는 아파트의 전형으로 자리 잡게 되고, 모방소비의 원칙에 따라 다가구, 다세대, 연립주택들이 아파트를 모방하면서 LDK를 도입하기 시작했다. 당연지사 주택이 협소할수록 LDK는 유용해서 원룸이면 LDK 하나로 모든 것이 해결되고 여기에 침실 하나를 더 추가하면 투룸이 된다.

주거건축에는 오랜 시간이 지나도 변하지 않는 원형적 요소들이 있다. 움막 앞에 불을 피웠던 최초의 집, 일제시대 빈민들이 살던 토막과 요즘의 비닐하우스와 쪽방, 부엌 하나에 방 하나가 딸린 조선시대 노비의 가랍집과 호지집, 이불 한 채에 냄비 두 개가 걸려 있던 아버지 세대의 단칸 신혼방과 아들 세대의 원룸까지, 저렴주거의 특징은 동일하다. 바로 부엌과 방이라는 두 가지 요소로 이루어져 있다는 것이자, 침식계수가 거의 100%에 육박한다는 점이다.

2
비침식 공간의
증가와 분화

scene # 2

페테르부르크에서 그는 마음에 쏙 드는 집을 찾아냈다. 그 집은 그들 부부가 꿈에 그리던 바로 그런 집이었다. 널찍하고 고상하게 꾸며진 고풍스러운 응접실과 거실, 편리하고 당당한 서재, 아내와 딸의 거실, 아들의 공부방―이 모든 것들이 마치 그들을 위해 일부러 지은 집 같았다. 이반 일리치는 직접 집안 정리를 감독하고, 벽지를 고르고, 모자라는 가구(그는 고가구가 더 없이 훌륭하다고 생각했기 때문에 되도록이면 고가구를 골랐다)를 사들이고, 커튼을 달거나 융단을 까는 일 따위도 직접 감독했다. (중략) 잠자리에 누우면 그는 응접실이 어떻게 보일 것인가를 머릿속에 그려보았다. 아직 완성도 되지 않은 객실을 바라보아도, 벽난로, 칸막이, 장식선반, 여기저기 놓여 있는 작은 의자들, 벽에 진열된 접시와 식기류, 청동 장식품 등이 제자리에 놓여 있는 완성된 모습을 그려볼 수 있었다. (중략)

사실 말해서 그 집의 실내장식은 그다지 부자가 아니면서도 부자처럼 보이고 싶어 하는 사람들의 집에서 흔히 볼 수 있는 그런 것이었다. 이런 사람들은 재산이 많지 않으니까 독특한 멋은 부릴 수 없고, 따라서 자기와 비슷한 사람들을 흉내 내는 데에만 성공할 뿐이다. 그들의 집에는 어김없이 다마스크 천으로 만든 시트와 식탁보, 흑단 목재, 화분, 깔개, 둔탁한 빛을 내는 청동제품 따위가 갖추어져 있다. 이런 것들은 어떤 계층의 사람들이 같은 계층의 사람들과 비슷해지기 위해 반드시 갖추어놓는 것들이다.

《이반 일리치의 죽음》(1884, 톨스토이) 중에서

부엌 중심에서
객실 중심으로

—

개체발생은 계통발생을 반복한다는 명제가 생물학에서 통용되듯 비슷한 논리가 건축에도 적용된다. 인류가 움막이 아닌 보다 내구력 있는 집을 지은 것은 정착생활을 하는 신석기 시대인데, 1만 년에 걸친 주거문화의 발달 과정은 집이 하나의 부엌에서 출발해 여타의 공간이 차차로 분화해나가는 과정이자 계통발생의 과정이라 할 수 있다.

마찬가지로 주택시장에 처음 들어선 초입자들이 부엌과 침실 하나로 이루어진 원룸에서 시작해 투룸으로 마침내 세 개의 침실과 거실이 딸린 3LDK로 집을 넓혀가는 과정은 개체발생의 과정이자 계통발생을 반복한다고 볼 수 있다. 그뿐만 아니라 심한 심리적 충격을 받으면 퇴행현상이 일어나듯 전쟁이나 재앙 등의 극심한 상황에서는 원시주거의 형태가 나오기도 한다.

1923년 일본에 관동대지진이 일어나 수많은 난민이 발생하였을 때 사람들은 손쉽게 구할 수 있는 재료로 집을 짓기 시작했다. 목재로 뼈대를 세우고 그 위에 판자, 이불, 거적 등으로 지붕을 덮은 집이었는데 구석기 시대의 원시주거와 유사했다. 우리나라도 마찬가지였다. 일제가 한반도를 병참기지화하던 1930~40년대 극심한 가난 속에서 토막민(土幕民)이 탄생했다. 근현대사에서 최초의 도시 빈민으로 기록되는 그들의 토막은 나무로 뼈대를 세우고 거적으로 지붕을 덮은 집이자, 부엌 하나에 방 하나로 이루어진 구조였다. 여기에 거적 대신 비닐을 덮은 것이 현재의 주거용 비닐하우스다.

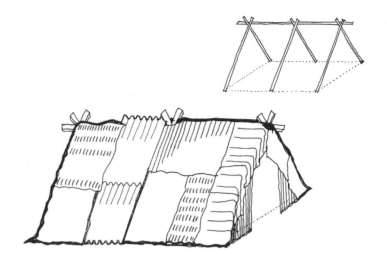

관동대지진 당시 임시주거.
갑자기 집을 잃은 사람들은 구할 수 있는 재료로 집을 지었다.
원시주거와 매우 흡사한 구성이다.

원시주거는 원시시대에 사라져버린 것이 아니라 지금도 전쟁, 재앙, 극빈 등
의 상황이 되면 언제든 나타난다는 점에서 원형주거라고도 할 수 있다.

부엌과 침실이 분리되지 않은 원형주거에서 생기는 첫 번째 변화는 면
적이 넓어지면서 부엌과 침실이 분리되는 것이다. 부엌의 어원을 '불 + 윽'
으로 보고 있듯이, 부엌이란 불이 있어 음식을 조리하는 공간이자 실내
를 난방하는 설비공간이다. 거주의 쾌적성을 위해서는 거주실과 설비공간
을 분리시키는 것이 좋기 때문에 가장 먼저 부엌과 침실이 분리되었고 부
엌+방이라는 가장 간단하고 저렴한 주거 형태가 완성되었다. 여기에 면적
이 더 커지면 별도의 침실이 부가되어 성별이나 세대별로 침실을 구분하

여 사용하게 된다. 그다음으로 비침식 공간, 즉 식사와 잠을 제외한 생활공간으로서의 거실이 생긴다.

주방이나 화장실 등 주택 내의 설비공간을 제외한 모든 공간은 침실과 비침실로 양분되는데, 이것이 영어에서는 룸(room)과 홀(hall), 우리나라에서는 방과 마루다. 이러한 기능적 분리는, 방은 온돌에 장판지를 깔고 벽은 창호지를 대며 천장에 반자(지붕 밑이나 위층 바닥 밑을 편평하게 하여 치장한 각 방의 윗면)를 하는 것으로, 마루는 난방을 하지 않는 목재의 마루바닥에 천장도 반자를 하지 않아 구조체가 그대로 드러나는 것으로 형태상 구분되었다. 그리하여 마루 하나에 방 두 개로 이루어진 초가삼간이 생긴다. 흔히 말하는 초가삼간이 정확히 무엇이냐 하는 것은 연구자에 따라 조금 견해가 엇갈린다.

부엌+방+방으로 구성된 세칸집이라 보는 견해도 있고, 본래 설비공간인 부엌은 칸 개념에서 제외하였으므로 방+마루+방에 부엌이 부가된 집이라 보는 견해도 있다. 사실 세 칸 집은 한국뿐 아니라 일명이암(一明二暗)이라 하여 중국에서도 일반적이다. 가운데 마루를 명(明, 양의 공간이자 공동공간), 양 옆의 침실을 암(暗, 음의 공간이자 개인공간)으로 본 것이다. 초가삼간이든 일명이암이든 집은 부엌, 방(개인공간), 마루(공동공간)로 구분되기 시작했고, 지금도 소형 아파트나 투룸은 이러한 구성을 취하고 있다. 그리고 여기서 더 집이 커지면 식당이나 서재, 취미실 등과 같이 비침실 공간이 분화하여 발달하게 된다. 비침실 공간으로 무엇을 두는가는 개인의 취향과 당시의 사회상에 따라 민감하게 변한다. 사실 그것은 자신의 신분과 계층을 증명하는 표상이기 때문에 기실 개인의 취향보다 사회적 관습에 따르는 것이 일반적이고 때로 기형적으로 발현되기도 했다.

17세기,
방들의 명칭이 나타나다

—

중세시대까지 방들은 기능별 구분이 거의 없었고, 이는 유럽과 아시아 모두 마찬가지였다. 요즘은 서재, 드레스룸, 침실 등 방의 명칭을 기능에 따라 부르지만, 중세에는 아내의 방, 남편의 방처럼 사용자별로 구분했다. 그나마 남편과 아내의 방이 따로 있었다는 것은 부유한 귀족의 경우였고, 농민이나 장인들의 처지는 훨씬 열악했다. 1층은 공방과 상점을 겸하는 일터이고 2층에 한두 개의 침실이 있어서 가족들은 모두 한 방에서 생활했다. 현재 침실은 혼자 쓰거나 부부나 형제, 자매 등 친밀한 사이에만 함께 사용하지만 중세시대 침실은 여럿이 같이 쓰는 방이었다. 대개 성별 구분만이 되어 있었고, 하녀와 하인은 자신의 주인 곁에서 함께 잠을 잤다.

1층은 공방, 2층은 집, 이처럼 일터와 집이 혼재되어 있었던 중세의 집은 르네상스 시대에 들어오면서 분리가 시작된다. 그 변화는 부유한 상인과 귀족계층에서 먼저 시작되었는데, 직주(職住) 기능이 혼재된 집에서 직(職) 부분이 사라지고 그 자리에 공적공간이 새롭게 자리 잡게 된다. 그전까지 방들은 대개 침실의 용도로 사용되었는데, 르네상스 시대에 들어 식당, 객실, 서재, 대기실, 전실 등 새로운 실들이 생기기 시작했다. 새롭고 낯선 방들은 침실이 아니었다. 손님을 맞아 접대하는 방이자 실제 사용 목적보다는 보여주기 위한 과시용 방이기도 했다. 그 후 18세기를 거치면서 프랑스에서는 루이 14세의 절대왕정, 영국에서는 빅토리아 여왕의 치세 아래 귀족의 생활은 더욱 화려해지고 각 실들도 더욱 세분화된다.

프랑스 귀족문화를 대표하는 살롱도 그 무렵에 탄생했다. 사실 살롱은 중세의 궁정문화가 쇠퇴하던 근세시대에 기존의 궁정문화를 귀족주택에 이식한 형태라 할 수 있다. 본디 프랑스 주택에는 홀(hall)에 해당하는 살(salle)과 방(room)에 해당하는 샹브르(chambre)만 있었는데, 샹브르도 아니고 살도 아닌 방, 출입문은 달려 있지만 거의 홀에 가까운 방으로서 살롱(salon)이 탄생했다. 살롱의 본래 뜻은 '작은 살'인데, 흔히 객실이라 번역한다. 그뿐만 아니라 이 시기 전실(前室, antichambre, 중요한 방 앞에 붙는 별실), 카비네(cabinet, 옷이나 귀중품을 넣어두는 작은 방), 의상실(garde-robe), 규방(boudoir, 여성의 침실 앞에 마련된 별실) 등 실로 많은 방이 등장하기 시작한다. 물론 영국도 마찬가지였다.

본디 영국은 주택 내에서도 기능별로, 성별로 또한 주종으로 명확히 나뉘는 특징이 있는데, 이러한 성향이 가장 극명하게 드러난 때가 18~19세기의 빅토리아 시대다. 중산층용 타운하우스에서 1층은 홀, 식당, 서재, 응접실 등 남자의 공적인 영역이 자리 잡고, 2층은 여성용 응접실(drawing room), 여성용 서재(writing room), 규방(boudoir) 등 안주인의 공적인 영역들이 자리 잡고 있었음을 상술한 바 있다. 경우에 따라서는 여성용 응접실이 두 개 혹은 세 개가 되는 집도 있었다. 남성의 응접실로 팔러(parlor)가 하나 있었던 것에 비해 드로잉룸이 두세 개씩 있었던 것은 여성의 지위가 높았다기보다 사회적 진출에 제약이 있었던 사회상 때문이었다.

프랑스가 살롱문화라면 영국은 클럽문화가 주를 이루었는데, 살롱이 주택 내에 마련되면서 여성이 주도하는 문화라면 클럽은 주택 외부에 있었고 남성들만 회원제로 이용하였다. 당시 남성들은 그가 어떤 클럽에 속해 있는가에 따라 정체성이 결정되었기 때문에 보통 서너 개의 클럽에 가

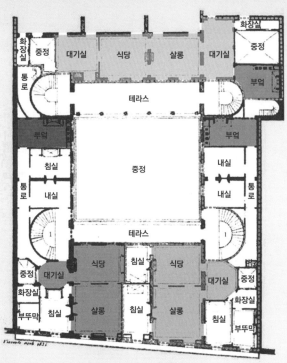

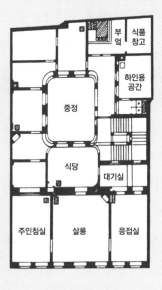

아파트멍의 살롱. 중산계층의 주택에서 주방과 침실이 차지하는 비율은 매우 낮다.
대신 넓은 식당과 살롱이 특징이다.

입하여 낮 동안에는 그곳에서 시간을 보냈다. 하지만 여성에게는 클럽을 비롯한 외부활동이 허용되지 않았기 때문에 온종일 집안에서 시간을 보냈다. 유일한 사교 활동은 친지의 방문에 한정되어 있었고, 그 장소로서 드로잉룸이 발달한 것이다. 즉 주택 내에 여성의 공간이 많다는 것은 사회적 제약으로 인해 집 안에서 주로 시간을 보내야 했던 당시의 시대상을 반영한다.

이후 19세기가 되어 신사계층이 등장하면서 주택은 과시적인 목적보다는 실용성을 추구하게 된다. 과도하게 세분되었던 공적 영역이 식당, 서재, 팔러, 한 개의 드로잉룸 정도로 축소되었고, 경우에 따라서는 팔러와 드로잉룸이 응접실로 통합되기도 했다. 그러면서 식당, 서재, 응접실은 신사계층의 집에서 반드시 갖추어야 하는 방이자, 노동자계층과 중산계층을 구분하는 지표로 작용하기 시작했다.

19세기가 되면 소작농은 사라지고 공장에서 일하는 노동자계층이 새로이 등장한다. 농촌을 떠나 갓 도시로 올라온 이들은 지하셋방을 전전하다가 정부가 주도한 대규모 주택사업에 따라 지어진 로우하우스(row house)에 살게 된다. 1층에는 거실 겸 식당과 주방이 있고 2층에 두 개의 침실이 있는 소규모 집으로, 연립주택과도 같이 좌우로 길게 줄을 지어 지어졌다 하여 로우하우스라 불린 것이다. 주방 하나와 거실 하나, 침실 두 개인 로우하우스에서 침실이 아닌 방은 식당을 겸하는 거실 하나뿐이었다. 하지만 노동자 내부에서도 미세한 계층 분화가 시작되면서 로우하우스도 계층별 구분이 생겨났다. 침실이 세 개 딸린 3층집에 1층에 거실 외에 식당과 응접실이 부가되기 시작했다. 거실, 식당, 응접실, 이 세 가지를 갖추었다면 노

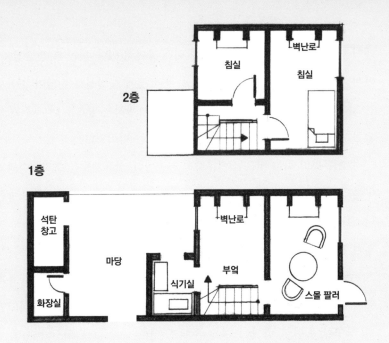

2층

1층

석탄
창고

마당

화장실

침실

벽난로

침실

벽난로

식기실

부엌

스몰 팔러

노동자 주택의 응접실. 1층에 스몰 팔러가 마련되어 있다. 드로잉룸이 여성 응접실이라면 팔러는 남성용 응접실인데, 19세기가 되면 노동자 주택에도 스몰 팔러를 두는 집이 생긴다.

동자 주택이라 칭하기가 어려웠기 때문에, 경우에 따라서는 타운하우스라고도 불렀다.

우리나라도 빌라냐 아파트냐에 따라서 가격 차이가 있는 것처럼, 19세기 영국에서 로우하우스냐 타운하우스냐는 민감한 사안이었다. 이때 노동자의 로우하우스와 중산층의 타운하우스를 구분해주는 지표 중 하나가 응접실이었다. 그래서 한때 노동자 주택에 응접실 열풍이 불기도 했다. 거실 외에 별도의 응접실을 옹색하게 마련한 것인데, 때로 그 방이 너무 좁아서

테이블 하나에 의자 두 개만 두면 발 디딜 틈이 없었다. 퇴근 후 선술집(pub)에서 시간을 보내는 것이 일상인 노동자의 집에 응접실로 손님이 찾아오는 일은 거의 없었다. 주로 감자와 밀가루를 보관하는 방으로 더 자주 사용되었지만, 작고 옹색할망정 반드시 있어야 하는 방이었다.

주거문화라 하는 것은 소비문화의 일종이다. 상류계층은 하위계층과의 구분을 위한 차별소비를 하며, 중산계층은 상류사회의 소비패턴을 모방한다. 그리고 하위계층은 중산계층의 소비문화를 모방하는데 이 과정에서 변형이 일어나 기형적 소비 형태를 보인다.

주택 내에서 침실과 부엌을 제외한 별도의 공간들이 많을수록 상류계층의 소비문화가 되므로, 귀족의 주택에서 각 실들은 극도로 세분화되었다. 당구실, 흡연실, 다실(tea room, 차 마시는 방, 흡연실이 남성들이 모이는 장소였다면 다실은 여성들이 모이는 방이었다), 신문실(newspaper room, 신문 잉크가 옷에 묻는 것을 방지하기 위해 주인에게 신문을 갖다 주기 전 미리 신문에 흰 종이를 대고 다리미로 다리던 방) 등이 그 예였고, 이에 중산계층에서는 응접실, 식당, 서재 등을 마련하였다. 그리고 노동자계층이 이를 모방하여 로우하우스에 응접실을 마련하였는데, 그곳은 손님 대신 감자와 밀가루 자루가 자리를 차지하고 앉은 이상한 방이었다.

산업혁명 당시 영국 노동자 주택의 발전 과정을 보면 단칸 지하셋방에서 두 개의 침실이 있는 로우하우스로, 그리고 세 개의 침실과 거실, 식당, 응접실이 있는 타운하우스로 변화하고 있는데, 단기간에 걸친 작은 변화이기는 하나 이 역시 개체발생은 계통발생을 반복한다는 명제를 또 한 번 보여준다.

분화와 부가,
주택의 발달 과정

—

주택의 발달 과정에는 분화와 부가라는 두 가지 방법이 있다. 하나의 공간으로 되어 있었던 움집이 방과 부엌으로, 이후 여러 개의 침실과 비침실의 공적공간으로 세분되는 것이 분화의 과정이다. 꼭 공간만이 분화되는 것이 아니라 기능의 분리도 분화의 과정이다. 움집 가운데 피웠던 불은 본래 난방, 조리, 조명의 세 가지 역할을 동시에 담당했지만, 조명을 위한 등불이 생기고, 난방용 불과 조리용 불로 나뉘는 등 기능이 세분되었는데, 이러한 기능 분리도 분화의 일종이다.

한편 부가란 본래는 주거 외부에 있었던 시설이 주거 내부에 유입되면서 유기적으로 통합되는 현상으로, 대표적인 예가 화장실이다. 본래 변소는 집 밖에 있었고 멀면 멀수록 좋다고도 하였지만, 20세기 수세식 화장실이 보편화되면서 집 안에 들어오게 되었다. 또한 우리 건축에서 가장 독특한 요소로 꼽히는 마루와 온돌도 서로 다른 두 개의 건물이 통합된 예이다.

마루는 무더운 여름을 나기 쉽도록 가야와 신라를 비롯한 남방 지방에서 발달했고, 온돌은 추운 겨울에 견디기 위해 부여와 고구려 등 북방 지방에서 발달한 주거유형이다. 이것이 삼국시대를 거치면서 온돌은 남하하고 마루는 북향하여 대략 고려시대가 되어 온돌과 마루가 결합했다. 서로 다른 지역에서 발달한 상이한 주거유형이 유기적으로 결합한, 부가의 대표적 형태라 하겠다.

한국전쟁 후 지금까지 60여 년의 세월 동안 우리의 주택이 변화 발전

한국 건축의 독특한 요소인 마루와 온돌 역시
상이한 주거유형이 결합한 부가의 대표적 형태다.

해온 과정을 살펴보면 이 역시 부가와 분화의 과정을 반복하고 있음을 알
수 있다. 모든 것이 부족하던 1950년대 단칸 셋방에서 힘든 살림살이를 시
작하던 때, 변소는 마당 구석에 마련되어 있었고 부엌은 주인집과 함께 사
용하였다. 1960년대 간이주택에서 셋집용 집을 지을 때 부엌은 따로 마련
하고 변소도 따로 설치함으로써 주거 외부에 있던 부엌과 변소가 집 안에
부가되었다고 볼 수 있다. 이후 1970년대의 2층 불란서주택을 보면 셋집
용 1층이라 해도 마루와 두 개의 침실이 있는 경우가 많다. 즉 1실 1주방
형태에서 침실이 두 개로 증가하고 마루라는 공적공간이 처음 등장하는
것이다.

1980~90년대의 다가구 혹은 다세대주택은 규모가 더욱 커져서 세 개
의 침실을 갖게 되고, 이즈음 중산층 아파트에서는 침실 외에 가장의 방인

서재와 아내의 방인 드레스룸과 파우더룸이 부가되기도 한다. 그 외에도 2000년대가 되면 대형 아파트에서 자녀방에도 화장실과 드레스룸을 부가하는 경우도 있다. 1970년대는 양옥집이라도 변소는 집 밖에 별도의 장소에 두는 것이 보통이었는데, 1980년대 아파트가 보급되면서 집 안에 화장실을 두고, 1990년대부터는 부부침실에 별도의 화장실을 부가하여 1가구 2화장실 형태가 되었다. 현재는 대형 아파트에서 자녀방에도 화장실을 두어 1가구 3화장실 형태도 증가하고 있다. 물론 이 외에 공적인 영역도 증가와 분화를 거듭했다.

1960~70년대까지 안방은 부부침실 겸 거실이어서 가족단란행위는 물론 손님이 오면 안방에 교자상을 차렸다. 이런 상황에서 거실은 따로 필요치 않았다. 하지만 1980년대부터 입식생활의 확산에 따라 안방에 침대가 놓이면서 안방은 부부의 내밀한 침실로 변화하게 된다. 무엇보다 침대가 놓이면 공간이 협소하여 교자상을 펴고 손님을 맞이하는 것이 어렵게 되고, 대신 거실이 그 역할을 하게 되었다. 부부침실의 사적 성격이 강화되면서 공적 행위를 전담할 별도의 공간이 필요하게 된 셈이다.

거실은 점차 주택 내에서 가장 중요한 공간이 되었다. 아파트의 경우 현관을 열면 가장 먼저 거실이 보인다. 그렇기 때문에 그곳은 대형 TV와 안락의자를 비롯하여 각종 오디오 기기와 기념품들이 들어찬 장식장 등으로 화려하게 치장된다. 그리고 1990년대 후반부터 대형 아파트에서는 거실 외에 별도의 가족실이 등장하고 있는데, 이는 거실이 두 개의 공간으로 분화되는 경향이라 볼 수 있다. 과거 거실은 손님 접대와 가족단란이라는 두 행위를 동시에 담당했는데 최근 가족실이 등장함으로써 기존 거실은 손님 접대를 위한 공간으로, 신설된 가족실은 가족단란행위를 위한 공간으로 기능 분리를 하게 된다. 공적 영역이라도 가장 공적인 거실, 보다 사적인 가족실로 양분된 것이라 할 수 있다.

해방 후부터 지금까지 60여 년에 걸친 주거문화의 변천을 일별해보면 일정한 경향을 발견할 수 있다. 우선 1단계는 사적공간 확보 단계다. 과거 대식구가 함께 살 때에는 성별이나 세대별로 방을 함께 사용했으므로 개인은 독방을 갖기가 어려웠다. 하지만 점차 핵가족화되면서 '4인 가족의 3LDK 거주'라는 공식이 성립하자 자녀들도 독방을 갖기 시작했다. 사적공간 확보 단계라 할 수 있다. 2단계는 공적공간 확보 단계다. 과거 안방이 거실의 역할을 하면서 독립된 거실은 그다지 필요치 않았다. 하지만 안방이 부부침실로 성격이 변하면서 별도의 거실이 필요하게 되었고 또한 식사공간도 필요하게 되었다. 거실과 식사공간의 등장, 바로 공적공간 확보 단계다. 그 후 일어나는 3단계는 사적공간 강화 단계다. 대표적 사적공간인 부부침실에 별도의 화장실과 드레스룸, 파우더룸이 부가되고 아울러 자녀방에도 전용 화장실이 설치되는 과정이 이에 해당한다. 끝으로 4단계 변화는 공적공간 강화 단계로, 기존의 거실 외에 가족실, 공동서재를 비롯한 또 하나의 공적공간이 등장하는 것이라 할 수 있다.

요약해보면 4단계의 과정은 1부엌 1침실의 작은 집이 다수의 침실과 비침실로 확장된 결과라 하겠다. 그런데 방마다 화장실이 부가되고 거실이 두 개로 분리되어도 절대 주방이 두 개 생기는 일은 없다. 아무리 집이 넓어도 주방은 하나인데, 이는 결국 저렴주거일수록 침식계수가 높고 부유한 집일수록 계수가 낮아진다는 사실을 재확인해준다.

고급 아파트의
단지 내 시설

—

사적공간과 공적공간은 음양의 관계처럼 상대적인 개념이다. 동양에서는 마당을 양, 집 안을 음이라 했고, 또한 집 안에서도 마루를 음, 방을 양이라 했다. 스케일을 더 확장하면 마당과 집을 포함한 집안 전체가 음이요, 대문 밖의 세상이 양이 되기도 한다. 이때 양을 공적인 공간, 음을 사적인 공간으로 대체한다면, 의식주에 꼭 필요한 음의 공간이 많을수록 저렴주거, 마루, 마당을 비롯한 양의 공간이 많을수록 고급스런 주택이 될 것이다.

마찬가지로 아파트라는 공동주택에서도 주호 내의 공간보다는 단지 내 공동시설에 더 많은 시설 투자를 할수록 고급 아파트가 된다. 과거의 아파트들은 이렇다 할 공동시설 없이 그저 주호에 충실했고, 내부 공간도 거실 하나에 주방 하나, 방 두 개면 충분했다. 1960~70년대까지만 해도 아파트는 10~20평형대의 소형이 많았고 대단지도 아니었다. 하지만 1980년대부터 서서히 아파트가 대형화, 고급화, 대단지화되면서 단지 내 공동시설이 등장했다. 어린이 놀이터, 테니스장, 화단 조성과 벤치 및 단지 내 상가가 설치되면서 주호 외부의 공적공간이 강화된 것이다.

그리고 1997년 주택 보급율 100%와 외환위기를 겪으면서 아파트 분양에 침체기가 오자 아파트는 변신을 했다. 이른바 브랜드 아파트가 생긴 것이다. 그 전까지 아파트 명칭은 상계동 주공아파트, 압구정동 현대아파트와 같이 동네 이름과 건설회사가 합성된 이름이 대부분이었다. 하지만 2000년대 초반부터 래미안, 아이파크, 푸르지오, 롯데캐슬 등과 같은 브랜

현재 아파트 광고는 건물 내부보다
건물 외부의 공동시설을 알리는 데 치중한다.

드 이름이 붙으면서, 기존의 신문지상을 통한 분양광고 대신 TV를 통한 이
미지 광고를 시작했다. 당시 많이 강조했던 것은 주호 내의 모습보다 외부
모습이었다. 조경시설, 청소년 독서실, 골프 퍼팅장 등 단지 내 공동시설이
얼마나 잘 갖추어져 있는가를 중점적으로 보여주었다. 사적공간보다는 공
적공간에 치중하는 중산계층의 전형적인 소비문화를 보여준 것인데, 이런
현상에 대해 서민들은 아파트에서 중요한 것은 외부 공간이 아닌 개별 주
호의 면적이니 쓸데없는 외부 공간에 치중하지 말고 차라리 분양가를 낮
추어달라는 의견을 내기도 했다. 실용적인 사적공간을 더 중요시하는 서민
들의 소비문화를 보여준 것이라 하겠다.

주택 내에서 부엌과 침실의 비율이 높은 것은 저렴주거의 한 특성이며 또한 스케일을 좀 더 확장시켜 보면 외부 공간보다는 내부 공간에 치중한다. 그리고 이에 반대되는 개념들이 바로 중산층 주거의 전형적인 특징들이다. 부엌과 개인 침실 외에 거실, 서재, 가족실을 비롯한 여타 공간이 많은 것, 내부 주호도 중요하지만 외부 시설에도 치중하는 것 등이 될 것이다. 또한 여기서 부엌과 침실 외에 각종 실의 증가와 분화 과정이 결국 주택의 발달 과정이었음을 다시 한 번 확인한다.

전시 상황이 만들어낸 특징, 능률과 실용의 추구

—

한국의 아파트 문화는 일본과 독일의 영향도 많이 받았다. 하지만 주로 프랑스와 영국이 끼친 영향에 대해서만 연구가 이루어졌을 뿐 독일과 일본이 끼친 영향에 대해서는 연구가 미미한 실정이다. 20세기 초반 유럽에서는 독일이, 동아시아에서는 일본이 세계대전과 식민지배의 주체였기 때문에 반감이 크고, 그 주거문화를 연구한다는 것 자체가 금기시되었기 때문이다.

하지만 독일과 일본은 현대 주거건축에 큰 영향을 끼쳤다. 1930~40년대 전쟁을 준비하면서 독일과 일본의 군수산업은 크게 발달했고 민간생활 부문도 변화가 생긴다. 남자들은 대개 군대에 징집되느라 군수공장에서는 여성인력이 필요해졌고, 이는 결국 하녀의 인건비 상승을 초래하여 주부가 직접 집안일을 해야 하는 경우가 많아졌다. 대표적 가사공간이던 주방이 주부 혼자서도 가사를 수행할 수 있도록 능률적이고 실용적으로 꾸며지면서 동선의 개념이 새로이 등장했다.

현재 우리는 주택 내에서 동선이 짧아야 한다는 것을 당연한 명제로 받아들이고 있지만, 20세기 이전까지 동선의 개념은 없었고, 또한 동선이 짧다고 무조건 좋은 것도 아니다. 일례로 하나의 원룸에 침대, 책상, 테이블을 갖다 놓고 주방과 화장실도 바로 옆에 두면 동선은 당연히 짧아지지만, 오히려 주거 만족도와 쾌적성은 떨어진다. 가장 동선이 짧은 곳이라면 교도소의 독방이 될 것인데, 작은 방 안에 화장실까지 갖추어져 있어 식사는 물론 모든 생활을 그곳에서 할 수 있다. 하지만 가장 짧은 동선을 가진 그 방을 아무도 쾌적하다고 말하지 않는다. 오히려 19세기 영국의 타운하우스와 조선의 사대부가는 여성의 공간, 남성의 공간으로 나누어져 동선이 매우 길었다. 집 안에서 동선이 짧아야 한다는 명제는 하녀가 없어 주부가 집안일을 해야 했던 1930~40년대 독일의 전시 상황 아래서 생겨난 새로운 풍조에 불과하다.

그리고 이를 같은 시기 비슷한 상황 아래 있던 일본이 가장 먼저 받아들였다. 주방과 거실을 한데 엮고 그 중간에 식사공간을 두는 이른바 LDK는 이러한 상황에서 탄생했다. 본디 독일에서 발생했던 짧은 동선, 능률과 실용의 추구, 집약적인 공간 배치, 가사공간의 현대화, 주방과 욕실의 위생 공간화 등을 특징으로 하는 주거건축 경향을 일본이 모방했고, 또한 일제가 우리나라를 병참기지화하면서 조선에도 그대로 전파되었다. 아울러 해방 후 전쟁이 있었고 전후의 빠른 복구작업을 위해 이러한 경향은 상당히 오랫동안 지속되었다.

현재 우리나라의 아파트 모델하우스나 인테리어 업체에서 광고하는 내부 모습은 이러한 것들에 많이 영향을 받았다. 그리하여 집안일을 쉽게 할 수 있도록 동선이 짧고 위생적인 주방, 본래 군수제품이던 것을 전쟁 후 가정용으로 전환하여 만든 이른바 가전제품이 완비된 주방이 좋은 주방이라는 인식이 널리 퍼지게 되었다. 또한 집약적인 공간 배치가 명제가 됨으로써 데드 스페이스 없애기, 수납공간 늘이기에 따른 붙박이장 설치, 베란다 확장 등이 인테리어 잡지의 단골소재가 되고 있다. 아울러 전용률이 높은 아파트가 좋은 아파트라는 인식까지 깔려 있는데, 이 모두는 독일과 일본의 전시 상황이 만들어낸 특징들이다. 그 상황에서 주택은 결코 고급스런 가치를 지향할 수 없다.

정리하자면 독일과 일본은 주거문화에서 능률, 실용, 위생, 절약을 우선 가치로 추구했으며, 우리나라 역시 1960~70년대 숨 가쁜 근대화를 거치면서 동일한 가치를 추구하고 그에 걸맞은 저렴주거를 지어 공급했다. 그리고 더욱 불행하게도 그러한 저렴주거의 특성을 고스란히 간직한 아파트가 중산층이 추구하는 희망주택이 되면서 저렴주거의 특성들이 더욱 빠르게 확산되었다. 2차 대전의 패전국이었던 독일과 일본, 그들이 추구했던 주거문화는 간접적으로 우리 사회에 아직도 영향을 끼치고 있다.

3
슈바베지수,
필터링 프로세스

scene # 3

2009년 초 결혼한 임상윤 씨(가명, 35세) 부부는 집이 있고 두 사람의 월 소득을 합치면 400만 원이 조금 넘는다. 하지만 늘 쪼들린다. 한 푼이라도 아껴보려고 즐겨 마시던 원두커피를 끊고, 좋아하는 술은 한 달에 한 번 날을 잡아서 마신다. 월급통장에 돈이 들어오기 무섭게 모기지론 상환금으로 월 160만 원씩 빠져나가기 때문이다. 경기 고양시 행신동에 장만한 85.95㎡(26평) 아파트를 구입하기 위해 받은 대출금이 1억 2천만 원, 원래 갖고 있던 전세방 보증금과 직장생활을 하며 모든 돈을 합쳐서 2억 6천만 원이 들었다. (중략)

부부가 무리해서 집을 산 것은 셋집살이를 벗어나고 싶어서다. 대학교 1학년 때부터 12년 동안 이삿짐을 싸는 데 질린 데다가 전셋값 오를 때마다 속을 끓이느니 차라리 싼 이자로 대출을 받아 내 집 한 칸을 장만해보고 싶었다. 어렵사리 '내 집 장만'의 꿈을 이루고 나니 또 다른 현실이 그들을 기다리고 있었다. 대출금 상환이다. 집값은 1년 사이에 오히려 2천만 원이나 떨어졌다. 집값 최정점에 물건을 사는 '상투 잡은 꼴'이 된 것 같아 내심 불안하다. 비정규직인 아내는 재계약이 불투명한 상황이다. 혼자 벌어서는 영락없는 마이너스 인생인데 어떻게 해야 할까. 남들이 속도 모르고 '아이 언제 갖느냐, 아기는 자기 밥숟가락을 갖고 태어나니까 쑥 하니 낳으라'며 참견해올 때면 임씨는 말 없는 웃음으로 응대할 뿐이다.

《어디 사세요? – 부동산에 저당 잡힌 우리 시대 집 이야기》(2010, 경향신문 특별취재팀) 중에서

저소득층일수록 높은
슈바베지수

—

저소득층일수록 엥겔지수가 높다는 것이 경제학의 일반적인 이론인데, 전체 지출 중 식비 대신 주거비 비율을 따지는 것이 슈바베지수다. 주거비를 산정하는 기준은 월 임대료를 포함하여 주택상환대출금, 주택 유지 수선에 드는 비용, 주거 관련 서비스 비용, 연료비 등 주택과 직간접적으로 관련된 소비항목들의 총액이고, 이것이 전체 생계비에서 차지하는 비율을 백분위로 계산한 수치가 슈바베지수다. 즉 월 임대료뿐 아니라 전세대출금이나 주택대출금 상환비용은 물론 아파트 관리비, 난방비, 전기세 등을 모두 포함한 개념이다. 보통 사회계층을 구분함에 있어 주택의 자가 소유 여부를 기준으로 삼기도 하지만 우리나라에는 전세라는 독특한 임대제도가 있고, 또한 주택을 구입했다 하더라도 과도한 대출금으로 어려움을 겪는 경우가 많다. 그런데 슈바베지수를 적용하면 자가 소유, 전세, 월세 등의 구분 없이 저소득층일수록 슈바베지수가 높게 나온다.

슈바베지수가 높다는 것은 주거비용이 가계에 부담이 된다는 의미인데, 문제는 최근 집값은 하락하고 있지만 슈바베지수는 꾸준히 상승하고 있다는 점이다. 연구에 따르면 전체 가계의 평균 슈바베지수가 가장 낮았을 때가 2007년의 9.71%였다. 그때는 주택 가격에 버블이 심할 때였는데도 오히려 슈바베지수는 낮았고, 이후 버블이 꺼지면서 슈바베지수는 상승세를 보여 2011년에는 10.15%에 이르렀다.

따라서 이는 실물경제의 체감온도를 잘 반영하는 지수라 하겠는데, 주택 가격이 하락하는 상황에서 슈바베지수가 상승하는 이유는 실질소득이 정체되면서 가계의 구매력이 감소했기 때문이다. 살림살이가 팍팍해지면 문화, 레저, 외식 등의 소비를 우선 줄이지만, 월 임대료나 주택대출금, 아파트 관리비와 난방비 등은 매달 일정 금액이 고정적으로 지출되기 때문에 상대적 비율이 증가하는 것이다. 특히 2010년 이후 주택시장이 불안해지면서 자가 구입 보류에 따른 전세 비용 상승 및 반전세로의 전환 등이 슈바베지수를 높이는 하나의 요인이 되고 있다. 한편 주택을 구입했다고 슈바베지수가 내려가는 것도 아니다. 과도한 대출금으로 인해 이자비용과 대출금 상환에 큰 어려움을 겪는 하우스푸어는 높은 슈바베지수로 고통 받는 대표적인 예가 될 것이다.

유럽의 경우는 일찍이 슈바베지수의 변화 추이에 대한 연구가 축적되어 있으나 아직 우리나라는 이렇다 할 연구 성과가 없는 상황이다. 하지만 지난 20~30년 동안의 대략적인 추이는 생각해볼 수 있다. 1970~80년대 한국은 경제 발전이 진행되면서 소득이 증대되고 산업화와 도시화가 진행되던 시기였다. 이런 시기는 물가 상승의 폭이 크고 주택 가격 역시 상승률이 높아서, 주택을 구매하고 나면 얼마 뒤 가격이 크게 올라 손쉬운 재테크 수단이 될 수 있었다. 고도성장의 요람 안에서 부동산 불패신화가 탄생하던 1970~80년대의 모습이다.

하지만 경제 발전이 진행되어 저성장 시대에 이르면 주택 소유는 대부분 이루어졌기 때문에 주택 외에 기타 상품의 소비가 진행된다. 자동차, 골프장 회원권, 콘도 이용권 등을 비롯하여 주말주택이나 성인 자녀를 위한 도심지 원룸 등 제2주택의 수요가 증가하기도 하고, 주택 내에서도 고급

전자제품, 인테리어 시설 같은 보완재의 소비가 증가하는 추세를 보인다. 소비문화가 가장 왕성하여 과소비 논란까지 불러일으켰던 1990~2000년대의 모습일 것이다. 그리고 그 이후가 되면 주택 소비의 주요 변인은 소득보다는 인구학적 요인에 의해 결정되는 것이 일반적인 모습이다.

쉽게 말해 과거에는 주택을 구매함에 있어 경제력에 따라 좌우되었지만, 주택 보급률 100%를 달성하고 나면 그다음부터는 무조건 크고 비싼 집보다는 가족 수나 직장과의 거리 등에 따라 적절한 집을 선호하게 된다. 현재 한국이 이 시기에 와 있을 것이다. 독신 및 2인 가구를 아울러 말하는 '1.5인 가족'이 전체 가구 수의 절반을 넘어섰고, 자녀 수의 감소, 노인 가구의 증가 등은 자가 소유를 통한 주거 안정보다 직장과의 접근성, 사회서비스의 접근성 등의 이유로 임대주택에 대한 수요가 증가할 가능성을 보여준다.

이미 유럽과 일본의 경우 독신과 고령인구의 증가에 따라 도심지 주택과 임대주택 시장이 활성화되기 시작한 것이 이러한 사실을 뒷받침하고 있다. 이는 자가 소유보다 임대주택으로 전환되는 현상이며, 결과적으로 슈바베지수를 낮추는 역할을 한다. 그리고 이를 위해 국가에서는 여러 형태의 사회주택을 제공하고 있는데, 이러한 소비형태가 저소득층의 대표적 특징이기도 하다. 즉 높은 슈바베지수를 감당하기 어려워 자가 소유라는 개인소비보다는 사회주택이라는 집합소비에 의존하는 경향이다.

빈자의 집합소비,
부자의 개인소비

—

사회학적 관점에서 소비는 크게 집합소비와 개인소비로 나뉘는데, 일반적으로 고소득층은 개인소비를, 저소득층은 집합소비를 하는 경향이 있다. 쉬운 예로 고소득층이 자가용 같은 개인 교통수단을, 저소득층이 버스나 지하철 같은 대중 교통수단을 이용하는 것이나, 부자들이 마당이 갖추어진 널찍한 단독주택에 살고 빈자들이 공동주택에 사는 것이라 할 수 있다. 그리고 이는 재화의 구매뿐 아니라 서비스의 구매에서도 차이가 난다. 이를테면 1970~80년대 초등학교는 사립과 공립이 시설 면에서 큰 차이가 있었다. 공립학교의 학생 수는 한 학급에 100명이 넘어서 2부제 수업을 하는 상황이었다. 교실도 모자라는 마당에 특별활동교실은 거의 전무했다. 그러나 사립학교는 한 학급에 60명을 넘지 않았고, 정규 수업 외에 여러 가지 특별활동을 하는 등 교육 서비스는 다양한 편이었지만 수업료가 비쌌다. 누구에게나 평등해야 할 의무교육조차 사립학교라는 개인소비와 공립학교라는 집합소비로 서비스의 질은 양분되어 있었고, 지금도 특수 중학교, 특목 고등학교가 본래 취지와는 달리 점차 중산층 자녀를 위한 사립학교로 변질되고 있다. 재판 과정에 있어서도 개인 변호사(개인소비)와 국선 변호사(집합소비) 제도가 있는데, 가장 엄정해야 할 사법 절차에서도 소비의 양극화가 일어나는 것이다.

생명과 연관된 의료 서비스, 생계가 달린 연금 서비스도 마찬가지다. 현재 의료와 연금은 전 국민을 대상으로 국가에서 서비스를 지원하고 있지만, 민간의 보험회사에서 판매하는 건강보험(암 보험, 치과 보험 등)과 연금보험도 공존한다. 국가에서 제공하는 집합적인 공공서비스로는 무언가 미흡한 점이 있어서 개별로 유료 서비스를 이용하는 것인데, 저소득층에서는 개인 보험을 들기가 부담스럽기 때문에 국가에서 제공하는 공공서비스에 의존할 수밖에 없다. 결국 이는 시장에서 개인적으로 서비스를 구매할 수 있는 사람과 오로지 공공복지에만 의존해야 하는 사람들로 계층이 양분되고, 이러한 균열이 새로운 사회계급으로 등장할 수 있다.

1990년대부터 등장한 임대주택은 대표적인 집합소비인데, 당시 임대주택은 전체 주택 재고에서 1.5% 정도를 차지했기 때문에 그 거주자가 새로운 사회계층이 될 가능성은 희박했다. 하지만 보금자리주택(이명박 정부), 행복주택(박근혜 정부) 등 지속적으로 추구하고 있는 주거 서비스, 극빈자라기보다는 서민을 위한 집합소비 서비스는 새로운 사회계급을 양산할 소지가 있다. 5년마다 돌아오는 대통령 선거에서 중요한 이슈 중 하나가 주택정책이고, 특히 최근에는 대통령마다 새로운 주거 서비스 정책을 내놓고 있는데, 국가에서 제공하는 집합소비는 아무래도 서비스의 질이 떨어지는 것이 사실이다.

유럽에서 주거 서비스의 제공 방식은 19세기 이전까지는 오로지 시장 양식에 의존하다가 20세기 복지국가의 개념이 대두함에 따라 사회화된 양식으로 전환되었다. 대표적인 예가 스웨덴 등을 위시한 북유럽 국가, 구소련과 중공을 비롯한 사회주의 국가인데, 이런 나라에서 주택은 소유와 매매가 불가능하고 다만 무상임대만 가능할 뿐이다. 그러나 사회주의가 사실상 붕괴하고 서유럽 국가들조차 과도한 복지예산에 부담을 느끼고 있는 상황에서 주거 서비스는 개인화된 소비양식으로 재구조화되고 있으며, 이 과정에서 양극화가 발생한다. 저소득층의 높은 슈바베지수를 낮추기 위한 방법으로 사회주택의 활성화가 거론되고 있지만, 그 사회주택이 정말로 활성화되었을 때 서비스의 질은 떨어지며 새로운 사회문제가 일어날 수도 있다.

막혀버린
필터링 프로세스

—

주거 서비스라는 측면에서 보아 정부에서 주도하는 사회주택 혹은 임대주택이 집합소비라면, 민간회사가 분양하는 아파트는 개인소비가 될 것이다. 본디 유럽에서는 공동주거=집합소비, 단독주택=개인소비라는 등식이 성립해왔지만, 한국은 특이하게도 개인소비의 형태로 공동주거인 아파트가 채택되어 크게 성공한 나라다. 다시 말해 저소득층을 위한 공동주거였던 아파트가 중산층용 희망주택이 된 거의 유일한 나라가 한국인데, 그렇게 된 이유는 주택 공급에 있어 필터링 프로세스(filtering process)가 사회적으로 암묵되었기 때문이다.

필터링 프로세스, 곧 주택 여과정책은 중산층을 위한 양질의 주택을 지속적으로 공급하면 처음에는 기존의 중산층이 이후 더 나은 집으로 이주하고, 그 집은 그 아래 계층이 이사를 들어오고, 아래 계층이 살던 집은 더 아래 계층이 이사를 들어오는 과정을 반복함으로써 저소득층의 주거문제를 해결할 수 있다는 이론이다. 이를테면 민간 건설사에서 중대형 아파트 위주로 분양을 하면 본래 33평에 살던 사람이 44평으로 이사를 가고, 24평에 살던 사람이 그 33평으로 이사를 들어오고, 또한 전세를 살던 사람이 24평을 구매함으로써 전반적으로 주거 수준이 향상된다는 시나리오다. 그리고 이것은 경제학에서 말하는 적하정책(Trickle-down theory)의 연장선으로도 생각해볼 수 있다. 정부가 투자를 증대하여 대기업과 부유층의 부를 먼저 늘려주면 중소기업과 소비자에게 그 혜택이 돌아가 경제가 발전하고 결과적으로 국민의 경제 수준이 향상된다는 이론이다. 위에서 뿌린 물이 아래로 차츰 내려와 바닥까지 적신다는 뜻으로 적하(滴下)정책이라 한다. 그리고 이것이 패션을 비롯한 문화 일반으로 전파되면서 유행은 먼저 상류층에서 시작되고, 그것이 중산층으로 전파되었다가, 나중에 노동자계층으로까지 확산된다는 이른바 하향침투이론으로 변형되기도 했다. 어쨌거나 논리는 동일한데, 그렇다면 이 필터링 프로세스가 주거 공급에서도 그대로 적용되고 있는가? 일견 그러하다.

지금도 인구에 널리 회자되고 있는 중산층 아파트의 대명사였던 마포아파트(1962년)의 크기는 14~17평 내외로 지금의 시각으로 보면 소형 아파트다. 그러다가 1970년대 여의도 시범단지 아파트와 반포 아파트단지가 들어서면서 20~42평까지 대형평수를 처음 선보였을 때 호화 아파트라고 여론의 호된 질타를 받아야 했다. 하지만 1980~90년대 아파트는 더욱 대형화되어 분당, 일산의 신도시에는 50~60평형대도 등장하였고, 2000년대에는 100평 안팎의 초고층 주상복합아파트도 등장했다. 그러면서 20평 이하의 소형 아파트는 점차 자취를 감추고, 대신 24평형이 가장 보편적인 소

1980년대 이후 아파트는 더욱 대형화되어 20평 이하 소형 아파트는 자취를 감추었다.

형 아파트가 되었다. 1960년대 마포 아파트와 동일한 14평 아파트는 이제 개인용 원룸이 되었고, 4인 가족이 살기에 넉넉했던 24평 아파트는 요즘 신혼집으로 이용되는 것을 볼 때, 필터링 프로세스는 일견 성공한 듯 보인다. 그러나 이론적으로는 상류층을 위한 고급 주택을 지속적으로 공급하면 궁극적으로 서민층의 주거문제까지 해결되어야 하지만, 아래까지 적셔야 할 물줄기는 어느 수준에서 막혀버리고 마는 것이 현실이다.

쉬운 예로 불량 주거지를 재개발하여 아파트단지로 신축할 경우, 실제 그곳에 원 거주민이 재정착하는 비율은 평균 30% 정도다. 70%에 해당하는 나머지 사람들이 새 아파트에 입주하지 못하는 이유는 분담금 부담이 과중하기 때문인데, 재정착에 성공하는 30%의 사람은 그 동네에서 상위 30%에 해당하는 이들일 것이다. 재정착하지 못한 나머지 사람들은 이주보상금을 받고 인근으로 이사를 하는데, 이미 집값이 올라버렸기 때문에 기존에 살던 집보다 더 못한 집으로 이사를 가는 것이 보통이다. 더 변두리로 가거나 자가에서 전세로 전환되는 경우도 있다.

물이 흐르듯 바닥까지 흘러야 할 여과정책이 어느 곳에서 막힌 것이다. 그나마 하위계층을 위해 정부가 지원하는 방안은 아파트단지 인근에 임대주택을 건설하는 것인데, 면적이 매우 협소해 주거의 질이 떨어질 뿐 아니라 인근 아파트 주민과의 갈등이 심하다. 한편으로 임대아파트 주민들은 그곳을 쉽게 벗어나지 못하는 경향이 있다. 현재 국가나 지자체에서 지원하는 사회주택의 임대료는 매우 저렴한 반면, 민간시장에서의 임대료는 비싸다. 이러한 가격 격차는 결국 배타적 격리를 낳는다는 점에서 지나치게 잘 갖추어진 사회주택은 양날의 칼이라 할 수 있다.

노동자용 집단주거로 출발한 아파트는 아직도 유럽에서 저렴주거라는 인식이 강하다. 할리우드 영화를 보아도 중산층은 교외의 타운하우스에 살고, 저소득층은 아파트에 사는 장면을 자주 보여준다. 대개 그들은 살인이든 마약이든 무언가 혐의를 받고 있는 유색인종이고, 낡고 허름한 아파트의 벽면은 외설적이고 폭력적인 낙서로 어우러져 독특한 경관을 형성한다. 그러나 한국에서 아파트는 중산층의 전형적인 주거다. 한국의 아파트가 순일성을 유지할 수 있었던 데는 정부에서 주도적으로 추진한 필터링 프로세스가 중대한 역할을 했다. 처음부터 중산층을 위한 주거지였고, 재건축을 추진하는 과정에서 저소득 가정이 재정착하는 비율이 낮았던 것이 결국 중산층을 위한 주거지라는 순일성을 강화시켜 준 것이다. 아울러 최저소득층을 위한 사회주택이 그 거주자로 하여금 민간시장으로의 이전 및 그에 따른 주거 상향의 기회를 배제한 측면이 있다.

4

우리는 어디에서

살게 될까?

계층별 주거지 격리: segregation

도심 회귀 현상: gentrification

저렴주거지의 변천 과정

사람이 무인도나 깊은 산속에 혼자 살지 않고 무리를 이루어 살아가듯, 주택도 결코 외따로 있기보다는 마을을 이루어 살아간다. 개인을 평가할 때 그의 개성보다는 그가 속한 무리와 집단으로 정체성을 가늠하는 경우가 많듯, 주거 역시 주택 자체보다는 거주지에서 그 계층이 드러나는 경우가 있다. 따라서 이 장에서는 저렴주택이 군집으로 몰려 있는 주거지에 대해 이야기하려 한다. 아이가 자라 청년이 되고 곧 장년과 노년이 되듯, 주거지도 오랜 시간에 걸쳐 천천히 변화한다. 외국에서는 30~40년에 걸쳐 서서히 변화하였지만, 한국은 해방 후부터 지금까지 압축적인 근대화를 경험하면서 거의 10년 단위로 빠르게 그 모습이 변화하였다. 그리고 거기에는 일정한 패턴이 있었다.

　우선 중산층 단독주거지이던 곳이 인구의 고밀에 따라 저소득층의 집합 주거지로 개조되는 단계를 거친다. 개량한옥이 밀집해 있던 동네에 셋방살이가 증가한다든지, 불란서주택에서 지하와 2층에 세를 주는 일이 마을 단위로 일어나는 현상들이다. 이는 편법과 불법의 경계에 있는 일이지만 이미 거스를 수 없는 대세가 되어버리면, 결국 정부는 이를 양성화하는 단계에 이른다. 그리하여 동네 전체가 저소득층의 집단주거지로 바뀌게 된다. 불란서주택이 밀집해 있던 곳에 지하방과 옥탑방의 증축이 많아지더니 결국 그 집을 헐고 다세대나 다가구주택을 신축하는 경우라 하겠다.

혹은 더욱 고밀이 발생하는 주거지가 상업지역으로 변하여 빌딩이나 상가주택으로 변하기도 한다. 이러한 현상이 지구 단위로 일어나면 결국 그 지역은 중심상업지구로 변화하고 이에 도심 공동화 현상도 발생하게 된다. 그리고 다음으로는 도심 회귀 현상이 일어날 가능성도 있다. 현재 서울은 도심 공동화 현상까지 발생해 있고 그다음 단계인 도심 회귀 현상은 아직 발생하지 않았는데, 최근 이에 대한 미약한 움직임이 감지되고 있다.

일례로 서울 사대문안은 조선시대에는 부촌의 대명사였지만 해방 후 점차 업무지구로 성격이 변화하면서 도심 공동화 현상이 발생하고 있다. 그런데 주거지로는 적합하지 않은 도심 한복판에 아직도 살고 있는 사람들이 있다. 이러한 동네는 인근에서 상업이나 서비스업에 종사하는 이들에게 저렴한 주거지를 제공한다는 순기능이 있었다. 그런데 최근 오래된 동네가 회춘이라도 하는 듯이 새 옷을 갈아입고 있다. 오래된 한옥을 매입하여 수리를 한 다음 상점이나 공방 혹은 신한옥으로 개조를 하여 사용하는 경우, 일견 그 현상이 긍정적으로 보인다. 그러나 지가 상승에 따라 저소득층의 저렴주거지가 소멸된다는 역기능도 있다.

이러한 과정들을 분석해보면 앞으로 우리가 어떤 곳에서 살게 될지 유추해볼 수 있을 것이다.

1
계층별 주거지 격리:
segregation

scene # 1

런던 거리 어디서나 비참하게 가난한 사람들이 눈에 띄었으며 5분만 걸으면 슬럼가에 갈 수 있었다. 하지만 내가 탄 마차가 통과하고 있던 곳은 끝없는 슬럼이었다. 거리는 키가 작고, 남루하고 맥주에 푹 찌든 사람들, 처음 보는 인종들로 넘쳐났다. 마차는 수 킬로미터의 벽돌담을 지나 더러운 길을 착실히 달렸고, 사거리 너머와 골목길 안쪽으로 기다란 벽돌담과 비참한 가난의 풍경이 획획 지나갔다. 여기저기 남녀를 불문하고 술 취한 사람들이 휘청거리고 있었고 대기는 서로 싸우고 옥신각신하는 역겨운 소리로 가득했다. 시장에서는 늙은 남자와 여자들이 썩은 감자, 콩, 채소, 진창에 던져진 쓰레기를 뒤지고 있었고, 어린아이들이 썩어빠진 과일 주변에 파리처럼 우글거리며 질척한 그 부패물에 팔을 어깨까지 쑥 넣어 먹을 것을 조금씩 꺼내고 있었다. 썩어가는 것이었지만 아이들은 그 자리에서 그것들을 먹어 치웠다.

거기까지 오는 동안 마차라고는 한 대도 보지 못했다. 그러니 내가 탄 마차가 더 나은 세상에서 온 환영처럼 보였을 테고 아이들이 줄곧 마차를 따라오는 것은 당연했다. 단단한 벽돌담, 좁은 인도, 시끄러운 거리가 끝없이 이어져 있었다. 내 평생 처음으로 군중이 두려웠다. 바다를 대할 때 느끼는 공포와 같았다. 거리마다 넘쳐나는 비참한 사람들은 악취를 풍기는 거대한 바다의 수없이 많은 파도처럼 내 앞에서 철썩거리며 나를 집어삼키겠다고 위협했다.

《밑바닥 사람들》(1902, 잭 런던) 중에서

식민지의
주거 분리 정책

—

인간사회는 항상 불평등한 계급사회였고, 그 계급은 다각도로 극명하게 드러났다. 그것은 대개 소비행태를 통해 외연으로 드러났는데, 가장 가시적인 예가 전근대의 복식문화일 것이다. 당시 의복은 자신이 속한 사회계급뿐 아니라 그 계급 내에서의 미세한 지위까지 모두 표상했다. 현대사회에서 복장을 통한 계층의 구분은 거의 사라졌지만, 아직도 끈질기게 남아 있는 것이 주거를 통한 계층의 현시이다. 어느 곳에 사느냐가 그의 지위를 말해주는 현상, 이것은 신분과 계급이 사라진 현대사회에서 나타난 새로운 현상이다. 미국 드라마나 할리우드 영화를 보면 계층별 주거 분리가 매우 명확함을 알 수 있다. 본디 국지적 지명이었던 비벌리힐스와 할렘가는 이제 부촌과 빈촌의 대표명사가 되었는데, 이러한 계층 분리는 현대사회의 한 특성이자 영미 문화권에서 두드러지는 현상이다.

신분제가 뚜렷했던 전근대사회에서는 계층별 주거 분리가 그다지 명확하지 않았다. 하층민은 소작농이나 하인의 신분으로 주인집 근처에서 함께 생활했고, 다만 일부 특수 직업에 종사하는 이들이 별도의 정해진 장소에 거주했다. 대개 그들은 사회적으로 천대받는 직업이거나(조선시대의 백정, 광대, 재인, 승려 등) 위험한 직종(중세 유럽에서 제분소는 화재의 위험 때문에 성 밖에 있었다)에 종사한다는 이유로 마을로부터 떨어진 곳에 따로 모여 살도록 정해져 있었다. 즉 특수직역 종사자였기 때문이지, 사회계층에 따른 주거지 격리가 아니었다. 쉽게 말해 특정 목적에 의해 떨어져 살았지, 가난하다는 이유로 떨어져 살

왔던 것이 아니라는 의미다.

신분제 사회에서는 계층별 주거 혼합이 아무런 문제가 되지 않았다. 그가 어디에 살건 귀족은 귀족이고 농민은 농민이기 때문에, 귀족은 농민 가운데 살면서 그들의 존대를 받고 농민은 귀족 근처에 살며 그 은전을 기대하는 것이 피차 편했다. 전근대사회와 같이 비유동적이고 폐쇄적인 사회에서 사람들은 자신의 위치를 깨닫고 순응했기 때문에 물리적 접근이 결코 지위에 위협이 되지 않았다.

하지만 신분제가 사라지고 경제적 지위가 새로운 계층으로 등장하기 시작하면서 계층별 주거 분리는 첨예한 문제가 된다. 처음에는 그 시작이 미약했다. 도시화가 시작되던 19세기 파리의 아파르트멍에서 2층이 가장 좋은 층이고 3층, 4층으로 올라갈수록 임대료가 저렴해지며, 맨 위의 다락방은 천장도 낮고 임대료도 가장 낮다. 같은 건물이라 하더라도 층별로 주거 수준과 임대료의 차이가 나는 것은 19세기 파리의 모습을 묘사한 각종 소설에서 소상히 드러나는바, 이는 결국 한 건물 안에 중산층과 하층민이 함께 어울려 살았다는 사실을 보여준다. 2층이 가장 좋은 층이고 상층으로 올라갈수록 주거의 질이 떨어지는 현상, 즉 동일 건물 내에서 수직적으로 계층분화가 진행되는 현상을 '주거의 수직 계층화'라고 하는데, 이와 반대로 수평적인 계층 분리 즉 '주거의 수평 계층화'가 시작되는 것은 19세기 영국의 식민지에서였다.

당시 영국은 프랑스와 더불어 가장 많은 식민지를 가진 나라 중 하나였는데, 주둔지에 관청과 사택을 짓는 데 있어 위생과 안전이라는 원칙이 적용되었다. 인도와 아프리카 등지는 영국의 날씨와는 딴판으로 매우 무덥고 습한데, 이러한 열기와 습기가 각종 풍토병을 일으킨다고 생각했다. 되도록 맑고 깨끗한 공기를 쐬기 위해 산 정상에 백인 거주지를 지었고, 여기에 도로, 전기, 상하수도 시설이 우선 제공되었다. 이는 지금도 홍콩이나 베트남의 하노이 등에서 산지에 백인 거주지가 형성되어 있는 것으로 흔적을 남겼는데, 인종적 편견과 문화적 우월감을 나타내기에 충분했다. 계층별 주거 분리의 시작이었다.

이러한 주거 분리는 프랑스령보다 영국령에서 한층 심했다. 게르만 문화권에 속하는 영국은 주택 내에서도 주종, 남녀, 어른과 어린이의 동선이 명확히 나뉜다고 상술한 바 있다. 사실 주택이 이렇게 나뉜 것은 계층 분리라기보다 기능 분리이고, 식민지에서 원주민 거주지와 백인 거주지가 나뉜 것도 본래는 기능 분리에 의거한 것이었지만 점차 계층 분리의 기제가 되었다. 주거 분리가 가장 명확한 곳은 영국령인 인도와 아프리카였다.

흑백 간의 인종차별에 따른 격리로 가장 악명 높았던 남아프리카공화국의 요하네스버그도 이러한 배경에서 탄생한 도시다. 또한 나이로비, 루사카, 소웨토 등도 유명한데, 특히 소웨토(Soweto, south western township)는 요하네스버그의 남서부에 위치한 도시로, 요하네스버그가 백인의 도시라면 소웨토는 흑인의 도시다. 즉 비벌리힐스와 할렘가처럼 백인 마을과 흑인 마을이 아닌, 아예 백인의 도시, 흑인의 도시로 나뉜 것이다. 아프리카 지역은 인구밀도가 낮고 평지가 많아서 보다 넓은 스케일의 주거 분리가 가능했지만, 인구가 조밀했던 아시아 지역에서는 산지와 평지로 구분된 셈이다.

특히 인도의 인종 격리 정책은 더욱 절대적이었다. 본디 인도는 뿌리 깊은 카스트 제도에 의해 신분에 따라, 또한 동일한 신분 내에서도 직업에 따라 세분된 차등이 있었고, 이는 모두 명확한 주거지 분리로 현시되어 있었다. 여기에 영국인이 주둔하면서 기존의 계층 분리는 더욱 강화되었다. 소급해보면 카스트 제도 역시 인도 땅에 아리아인이 침입하여 기존의 인도 원주민을 지배하기 위해 고안한 제도인데, 오랜 시간이 지나 다시 영국이 식민 지배를 하면서 주거지 분리를 또 한 번 경험하게 된다. 그렇게 해서 탄생한 도시가 델리다. 식민통치 기간 중 영국에 의해 계획된 이곳은 정교한 신분제도를 건축적으로 재해석하여 지상 위에 구현한 정치적 계획도시였다.

이처럼 19세기 아프리카와 아시아의 식민지역에 건설된 도시들은 철저한 주거 분리, 기능 분리를 원칙으로 하고 있다. 그것들은 본디 위생과 통제의 목적으로 시작되었지만 결과적으로 문화적 우월감과 인종적 편견까지 조장했다. 그리고 이는 20세기 신대륙에서 조금 다른 양상으로 재현되었다.

초콜릿 도심,
바닐라 교외
—

19세기 식민도시에서 발생한 주거지 격리가 인종과 위생이라는 이유로 발생했다면, 20세기 미국 도시에서 발생한 주거지 격리는 경제적인 이유로 발생했다. 대표적인 것이 조닝(zoning) 개념으로, 1900년대 미국에서 발달했다. 도시 전체를 용도에 따라 지역과 지구로 명확히 구분하는 것은 1880년대 프랑크푸르트를 비롯한 독일의 도시에서 먼저 시작되었는데, 이를 제도적으로 발전시킨 것이 20세기 미국이다. 당시 미국의 도시들은 아시아인이나 유대인들이 몰려들어 가게를 여는 통에 기존의 백인 상권들이 큰 위협을 받고 있었다. 특히 아시아인들이 세탁소, 식료품점 같은 영세업종에 종사하면서 중심부에 위치한 보석상, 의상실 등 고급 상점가의 가치를 떨어뜨리는 역할을 했다. 그래서 기존의 고급 상권을 보호하고 부동산 가치의 하락을 막기 위해 도입한 것이 중심상업지역 개념이다.

20세기 초 뉴욕 5번가에 위치한 의류 상인들은 '5번가 상인조합(Fifth Avenue Association)'을 결성하여 소규모 공장을 비롯한 기타 영세상점들이 들어오지 못하도록 압력을 넣었다. 각 지역, 지구별로 적합한 업종을 선정하고 어느 지역에는 특정 시설이 들어오지 못하도록 하며, 아울러 지역에 따라 건축물의 높이를 결정하는 고도제한 등의 제도를 도입하였는데, 이는 현 도시계획에 기초가 되는 지역, 지구제의 시초이다. 조닝은 특정 지역에 속성을 부여함으로써 그 지역의 자산가치를 보존하는 것이 목적이었고, 이는 결국 20세기에 새로이 등장한 또 하나의 주거 격리이자 제도적으로 훨씬 강력하게 명시된 분리정책이었다.

현대사회의 또 하나의 주거 분리는 도심(urban)과 교외(sub-urban)다. 산업화 이전에는 도심에 사는 것이 부유한 것이고 시골에 사는 것이 빈곤한 것이었다. 그런데 산업혁명이 발생하여 도심에 공장이 들어서고 주거환경이 악화되자 기존 중산층은 보다 쾌적한 교외로 주거지를 옮기게 되면서, 도심이 아닌 교외 즉 urban이 아닌 sub-urban이 탄생하였다. 사실 도심의 집 외에 시골 별장을 두는 것은 고대와 중세부터 부유층에서 꾸준히 유행하는 일이었다. 로마 인근의 오스티아와 폼페이가 유명하고, 중세 이탈리아 거상들의 시골별장인 빌라도 있었다. 또한 18세기 영국의 젠트리들은 주중에는 도심의 타운하우스에서 주말에는 컨트리하우스에서 거주하였는데, 19세기가 되면 아예 교외의 주택으로 거처를 옮기게 된다. 산업혁명으로 인해 도시에 공장이 들어서면서 주거의 질이 떨어졌고, 또한 도시는 일자리를 찾아 시골에서 상경한 노동자들로 과밀하고 혼잡해졌다. 아울러 이즈음 등장하기 시작한 승합마차, 철도, 자동차도 중산층의 교외 거주를 한몫 거들었다. 승합마차란 교외와 도심을 노선대로 운행하는 마차로서 요즘의 시내버스와 비슷한데, 개인마차를 미처 소유할 수 없는 중간계층이 이용하기에 적당했다.

그리하여 19세기 영국의 대도시들은 공장과 공장 노동자들의 값싼 주택이 밀집한 도심과, 마차나 전차, 자동차로 출퇴근하는 중산층의 안락한 주택들이 밀집한 교외로 양분되기 시작했다. 당시 승합마차나 전차의 교통비는 요즘의 대중교통보다 훨씬 비싼 편이었는데, 이렇게 비싼 교통비는 교외의 안락함을 증가시켜 주는 역할을 했다. 교외와 도심의 집값을 단순 비교하면 교외가 저렴했지만, 교통비가 비쌌기 때문에 도보 외에 다른 교통수단이 없는 노동자는 비싼 임대료를 지불하며 도심에 살고, 자동차를 소유하거나 전차 교통비를 감당할 수 있는 중산층은 쾌적한 교외의 단독 주택에 살기 시작한 것이다. 비싼 교통비가 노동자계층의 교외 거주를 막았고 이는 결국 교외 주거지의 중산층 순일화에 일조했다. 빈자가 시내에 살고 부자가 교외에 사는 것, 이것은 그전까지는 존재하지 않았던 새로운 형태의 계층별 주거 분리였다. 그리고 이는 미국으로 건너가 보다 더 큰 스

미국의 교외주택지.
미국의 전형적인 중산층 주택으로 교외에 마련된 타운하우스다.

케일로 진행되었다.

20세기 중반 특히 풍요의 시대라 불리던 1950년대는 미국 역사상 교외가 가장 성장한 시기였다. 2차 대전이 끝나고 베이비붐이 생기면서 주택 수요가 늘었고, 이에 정부는 모기지론 등을 도입해 주택 공급에 힘썼다. 그즈음 포드사가 자동차를 대량생산하기 시작했고, 때맞추어 도심과 교외를 연결하는 자동차도로가 생기면서 교외에 대단위로 타운하우스가 지어지기 시작했다. 지금 할리우드 영화에서 흔히 볼 수 있는 정연하게 계획된 교외의 중산층 타운하우스의 전형이 바로 이때 형성된 것이다.

한편 도심은 교외에 타운하우스를 마련할 수 없는 노동자계층의 작은 아파트들로 채워지기 시작했고, 그리하여 '초콜릿 도심 바닐라 교외'라는 신조어까지 등장했다. 초콜릿은 유색인종 특히 흑인을 말하고 바닐라는 백

인을 지칭하는 것으로, 부유한 백인이 교외에 살고 소외된 흑인이 도심에
거주하는 현상을 비유한 말이다.

우리도 조선시대에 사대문안이라는 말이 있었듯 항상 도심은 정치와
경제의 중심이자 부유층의 거주지였다. 하지만 이것이 최초로 역전된 것이
19세기 말에서 20세기 초반의 일이다. 그리고 20세기 중반에 들어서면서
계층별 주거 분리는 보다 다차원적으로 변하고 있다.

도시의 여러 모습
동심원, 부채꼴, 모자이크 모델

도시에 계층별로 또한 특정 집단별로 무리 지어 사는 모습은 대개 세 가지
형태로 나눌 수 있다. 첫 번째는 동심원 모델로 업무시설과 생산시설이 몰
려 있는 CBD(central business district, 중심업무지구)가 도심 한가운데 있고, 그다음 동
심원에 전이지대(zone of transition)이라 하여 경공업과 상업지구가 있는데, 여기
에 소외된 가정들이 몰려 살고 있어서 미국에서는 흔히 흑인구역(black band)
라고도 불린다. 그다음 동심원에는 노동자계급의 주거지가 있고, 그 외곽
으로 중산층이 거주하는 교외지역이 있다. 즉 한가운데에 중심업무시설이
밀집해 있고, 두 번째 동심원에 빈곤층이 있으며, 외곽으로 갈수록 중산층
이 거주한다는 것이 동심원 모델이다. 대표적인 예가 앞에서 언급한 '초콜
릿 도심 바닐라 교외'라 하겠다.

두 번째로 부채꼴(선형) 모델이 있다. 도시는 활쏘기의 과녁판과 같이 동

심원으로 이루어져 있다기보다는 피자파이를 잘라내는 것처럼 부채꼴로 이루어져 있다는 이론이다. 정 가운데 중심업무지구를 중심으로 도시는 대략 6등분 혹은 8등분으로 나뉘는데, 이때 각 등분들이 서로 문화적 혹은 경제적 동질성이 강하다는 이론이다. 서울을 예로 들어 생각해보면 종로구와 중구, 용산구를 이른바 CBD로 보았을 때 대략 5등분으로 나눌 수가 있다. 동대문구, 성동구, 성북구, 중랑구, 노원구 등으로 구성된 동북지역, 서대문구, 마포구, 은평구 등으로 구성된 서북지역, 영등포구, 금천구, 구로구, 강서구 등의 서남지역, 그리고 서초구, 송파구, 강남구, 강동구 등으로 구성된 동남지역 등이다. 서울을 이렇게 4등분으로 크게 나누고 보니 오히려 기하학적인 동심원 구조보다는 부채꼴형의 각 섹터들이 훨씬 더 경제적 혹은 문화적 동질성이 크다는 것을 한눈에 알 수 있다. 그리고 이러한 동질성은 개인이 생애 주기에 따라 이사를 다니는 과정에서도 그대로 적용된다.

개인은 20대 초반 혹은 중후반을 기점으로 독립을 하면서 주택시장에 처음 나오게 되는데, 이때 주거지를 결정하게 되는 가장 큰 요소는 학교나 직장이다. 그래서 그 근처에 첫 주거지를 정하게 되는데 대개 그 위치가 도심이나 지역의 부도심인 경우가 많다. 그러다가 결혼을 하면서 보다 더 넓은 집을 찾아 조금 외곽으로 빠지게 되는데, 이 경우 같은 섹터 안에서 외곽으로 후퇴하는 현상을 보인다. 그 후 자녀가 태어나 더 넓은 집이 필요하게 되면 같은 섹터 안의 교외에 집을 얻고, 더 시간이 지나 은퇴를 할 경우 같은 섹터 안에서 더욱 후퇴하는 경향이 있다.

예를 들어 서울 신촌 지역에서 대학생활을 시작한 A군의 경우, 학교 근처인 신촌의 원룸에서 대학 시절을 보냈고 졸업 후 취직을 한 뒤에는 마포구의 오피스텔로 집을 옮겼다. 그 후 결혼을 하면서 은평구나 서대문구의 아파트에서 신접살림을 차렸으며, 이후 자녀가 자람에 따라 더 넓은 집이 필요해져 일산 쪽으로 집을 옮겼다. 그리고 은퇴 후에는 파주의 타운하우스에서 산다고 할 때, 그는 생애주기에 따라 몇 번의 이사를 다녔지만 여전히 서북지역의 한 섹터에서 머물렀다는 공통점이 있다. 즉 시내 쪽으로 혹은 교외 쪽으로 전진과 후퇴만 있었을 뿐 다른 섹터로 넘어간 적은 없는데, 그가 서북지역에 머물게 된 첫 계기는 대학생활을 신촌 쪽에서 했기 때문이다.

혹은 이런 경우도 있다. 성북구에 있는 대학에 다니면서 그곳에서 대학 시절을 보냈던 B군은 취직을 한 이후에도 여전히 성북구에 살다가 결혼을 하면서 강남에 새 집을 마련했다. 맞벌이를 하는 아내의 직장이 근처에 있었기 때문이다. 처음에는 서초구의 작은 투룸에서 신접살림을 시작했고, 아이가 자라서 취학연령이 되었을 때는 근처의 작은 아파트로 옮겼다. 그후 자녀를 대학에 보내고 난 뒤 강동구의 중형 아파트로 이사를 했다가 은퇴 후에는 경기도 광주의 전원주택에 자리를 잡았다. 이 경우도 생애주기에 따라 이사를 다녔지만 같은 섹터 안에서 이동을 했고, 은퇴 후 전원주택지로 자리를 잡은 곳 역시 같은 섹터임을 알 수 있다. 생애 주기에 따른 이사 과정을 추적해보면 놀랍게도 70~80%의 사람들이 같은 섹터 안에서 움직이는 것을 볼 수 있다. 그들이 다른 섹터로 이사를 가는 경우는 대학 입학이나 직장, 결혼과 같이 중대한 사유가 있을 때뿐이다. 따라서 동일한 섹터 내부의 사람들끼리 문화적 동질성을 갖는다는 이 이론은 매우 큰 설득

력을 가진다.

셋째로 모자이크(다핵) 모델이 있다. 도시의 특정 지역이 특정 종교, 특정 문화, 특정 인종의 마을로 특화되는 현상이다. 이를테면 미국 도시처럼 차이나타운, 리틀 도쿄, 무슬림 거주지, 게토, 할렘가 등으로 단순한 경제적 불평등을 넘어 인종적 혹은 문화적으로 특화된 지역이 여러 곳에 생겨나 도시가 모자이크처럼 되는 현상을 말한다. 이러한 인종적 격리는 계층적 격리보다 훨씬 더 가시적이며 또한 고착적이다. 예를 들어 부모는 시장에서 장사를 하기 때문에 시장 근처의 동네에서 산다 하더라도 자식은 전문직 종사자가 되어 중산층 거주지에 살 수가 있다. 이는 20세기 한국과 같이 인종적 순혈성과 계층별 상향 이동이 비교적 용이했던 사회에서 흔히 볼 수 있는 일이었다. 그런데 점차 다문화사회로 변화하여 특정 문화집단 혹은 인종집단이 몰려 살게 되면서 특정 문화에 대한 혐오감 및 인종적 편견이 생기게 된다. 인종적 격리는 주류사회 편입이라는 상층 이동이 훨씬 어려울 뿐 아니라 설사 상향이동을 했다 하더라도 거주지는 여전히 그곳을 벗어나지 못하는 경우가 많다.

아직 우리나라에서는 이런 현상이 나타나고 있지 않지만 이주 노동자의 증가로 서서히 그 맹아가 보이고 있다. 현재 공장이 밀집한 특정 지역 혹은 특정 문화권의 사람들이 모여 사는 지역에 가면 오히려 한국인이 이방인이 된 듯한 느낌을 받는다. 불과 20~30년 전만 해도 그곳은 서울의 여느 곳이나 다를 바 없는 곳이었지만, 특정 문화권의 외국인이 몰려 살기 시작하면서 특화지역이 된 것이다. 문제는 근린이 특화되기 시작하면 기존의 한국인은 그곳을 떠나면서 부동산 가치가 하락하는데, 이것이 특정 외국인

1. 동심원 모델
시내가 가장 지가가 높고 주변으로 갈수록 집값이 낮아진다

A: 중심 업무 지역
B: 소규모 경공업 지역
C: 저소득층 주거지
D: 중산층 주거지

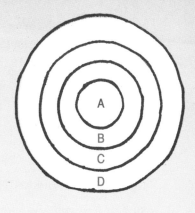

2. 부채꼴(선형) 모델
도시는 부채꼴 모양의 몇 개의 구역으로 이루어져 있다

A: 중심 업무 지역
F, I: 정치 상업 중심지(종로, 강남, 여의도, 양재동 등)
G, E: 전통적 주거 지역(성북구, 노원구, 강북구, 서대무구 등)
J: 신흥 주거 지역(강남구, 서초구, 송파구 등)
H: 경공업 지역(구로구 등)

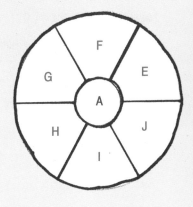

3. 모자이크(다핵) 모델
동심원 모델과 부채꼴 모델이 복합적으로 작용된 모델

A: 중심 업무 지역
L: 신흥 부촌 지역
M: 아파트 밀집 지역
K: 외국인 노동자 밀집 지역
N: 북촌, 서촌 지역

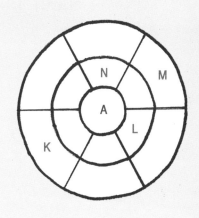

도시 구조의 이론

의 흡인효과를 더욱 유발한다는 데 있다.

쉬운 예로 서울시 낙원구 행복동(《난쟁이가 쏘아 올린 작은 공》에 나오는 가상의 동네)은 집값이 저렴한 편이어서 서민들이 많이 살았다. 그런데 거기에 공장이 몇 군데 있어서 어느 틈엔가 공장에서 일하는 외국인 노동자들이 많아지자 원래 살던 한국인들은 점점 그 동네를 떠나기 시작하고 집값은 자꾸 하락했다. 그러자 그 동네는 외국인 노동자 혹은 가장 소외된 사람들이 들어오면서 점차 동네의 이미지가 나빠지게 되었다. 이른바 섬처럼 고립된 특화지역이 된 것이다. 이처럼 서울이면서 서울이 아닌 이방 지역이 되는 현상이 서울 곳곳에 퍼질 때 다핵 구조 즉 모자이크 도시가 되는 것이다.

동심원 구조, 부채꼴 구조, 다핵 구조와 같이 도심에서 주거지가 구분되는 현상은 이렇듯 크게 세 가지가 있다. 지금까지 서울은 부채꼴 형태의 구조를 하고 있지만 곧 다핵구조로 변화해나갈 가능성이 크다. 또한 현재까지 계층의 문제는 주로 경제적 불균등에만 초점이 맞추어져 있었지만 최근 인종과 문화라는 또 다른 갈등 요소가 생기고 있다. 이러한 인종적, 문화적 차이는 경제력의 차이에 의한 갈등을 훨씬 뛰어넘는다는 데 문제가 있다.

2

도심 회귀 현상:
gentrification

scene # 2

예전에는 이변이 없는 한 한 동네, 한 집에서 오래 살았다. 그러다 보니 유치원부터 국민학교(초등학교) 및 중고등학교까지 만났던 친구들의 배경이 대개 비슷했다. 형제가 여럿인 경우에는 형제들 모두가 동창인 경우도 있어서 담임선생님이 가정 방문을 할 때, 같은 집을 방문하는 예가 빈번했다. 가장 오래된 교동이나 재동, 수송, 덕수 아니면 장충국민학교(초등학교) 등을 나왔거나 또는 1960년대 중반 신설된 사립학교 등을 나온 친구들의 문화는 거의 같다. 그때는 명문 공립중학교에 들어가기 위해 지금의 광화문 일대 한옥 문간방으로 위장전입을 해서 덕수국민학교(초등학교)에 다니기도 했다. (중략)

아직도 내게 서울이란 지리적으로는 사대문안, 역사 도심이다. 지금은 천호동도 서울이고, 양천구도 서울이지만 전에는 동대문이나 서대문 밖은 서울이라고 부르지 않았다. 게다가 잠실은 물론이고, 종로구인 '자문 밖(자하문 바깥: 부암동, 세검정 등)'조차도 외계로 간주했다. 1950년대에는 능금을 먹으러 자문 밖으로 다녔나 보다. 하루는 아버지께서 나를 자문 밖으로 데려가신 적이 있는데, 그때 내가 차멀미를 심하게 하는 바람에 옷을 버려 아예 새 것으로 사 입혀서 집으로 데려 오셨던 기억이 난다. 그땐 자문 밖이 왜 그리 멀었던지? 그리고 1970년대 초까지만 해도 한남동에서 나룻배를 타고 한강을 건너면 다 밭이었는데, 그곳을 잠실이라고 부르기보다는 시굴(시골)이라고 불렀다. 그리고 지금의 봉은사는 강남의 가장 번화한 곳에 자리하고 있지만, 어린 시절에는 절에 가시는 어머니를 따라 여름이면 나룻배를 타고, 겨울이면 얼음 위를 살금살금 걸어서 다녔던 기억이 난다.

《서울 사람들》(2008, 장태동) 가운데 조인숙 씨의 회상 부분 중에서

불 꺼진 유령도시
도심 공동화 현상

—

도시가 비대해질수록 도심은 중심업무지구가 되면서 주거시설이 사라지는 것은 필연적인 현상이다. 일례로 서울의 사대문안은 조선시대부터 중심지역이자 또한 주거지역이어서, 문안 사람이냐 문밖 사람이냐가 계층별 지표로 작용했다. 그러다가 일제강점기 시절 증가하는 서울의 인구를 수용하기 위해 동대문 밖과 서대문 밖에 새로운 주거지역을 신설하였는데, 그곳이 지금 동대문구 신설동 일대와 서대문구 신촌 일대다. 신설동, 신촌이라는 이름에서 드러나듯 그곳은 1930년대 전차 부설과 함께 새로이 조성된 신시가지였다.

한편 종로구와 중구는 1940~50년대까지도 서울의 대표적인 주거지역이었지만, 1960~70년대 고도성장과 함께 중심업무지역이 되면서 주거지로서의 성격이 쇠퇴하게 된다. 그러면서 주간에는 유동인구가 많고 활성화되어 있지만 야간이 되어 업무지역의 사람들이 모두 빠져나가고 나면 도심에는 인구가 없어 불 꺼진 유령도시가 되는 도심 공동화 현상도 발생했다. 그런데 가장 문제가 되는 것은 중심업무지구에 여전히 주거지를 정해놓고 살아가는 사람들이다. 높은 빌딩의 그림자에 가려져 잘 보이지는 않지만 분명히 존재하는 이들이고 그렇기 때문에 더욱 소외된 이들이다. 마을이나 도시의 모습은 정체되어 있는 것이 아니라 조금씩 변화하고, 특히 서울과 같이 압축된 근대화를 겪는 도시에서 그 변화의 속도는 매우 빠르다. 비록 외세에 의한 수동적 근대화였지만 서울이 인구의 집중과 함께 근

가회동 한옥.
조선시대 사대부가가 있던 동네였는데, 필지가 잘게 분할되어 중산층 주택단지가 되었다.

대 도시로서 성장해나가던 1900년대 초기부터 지금까지 거의 100년에 걸친 변화의 모습을 보면 일정한 패턴이 발견된다.

우선 첫 번째 변화는 본래 중산층 단독주거지였던 곳이 하층민 집단주거지로 변화하는 현상이다. 대표적인 곳이 서울 북촌의 가회동 일대다. 본디 이곳은 조선시대 대표적인 부촌으로, 경복궁으로 출퇴근을 하는 고위관료들이 주로 살았다. 하지만 구한말 외세의 침략과 함께 기득권층이 몰락하면서 이 일대 대형 주택의 필지가 소규모로 분할되어 중산층 한옥으로 신축된 것이 지금의 가회동 한옥이다. 본래는 큰 필지이던 상류층 주택이 작은 필지의 도심 중산층 주택으로 바뀐 것이다. 이렇듯 상류층 주거지가 중산층 주거지로 변화하는 것은 도심의 인구 밀집과 함께 가장 먼저 일어나는 현상으로, 다른 문화권에서도 반복해서 나타난다.

본디 프랑스의 귀족주거였던 오텔이 19세기 도심 중산층을 위한 아파르트멍으로 변화되는 현상, 고대 로마제국에서 부유층의 단독주택이던 도무스가 인구 팽창에 의해 인술라로 변화되는 현상 등이 대표적인 예라 하겠다.

두 번째 변화는 하층민 주거지의 양성화 단계로, 본디 대형 주택이 자생적으로 잘게 분할되어 서민용 소형 주택이 되는 과정이 반복적으로 일어나면서 그 과정이 양성화되어 하나의 주거 유형을 탄생시키는 과정이라 할 수 있다. 도무스가 인술라로 변화하는 과정이 그러했고, 산업혁명 시대 영국의 산업도시에서 노동자를 위한 로우하우스가 생기는 과정도 그러했다. 처음에는 중산층 주택을 작게 분할하거나 부분 임대하는 형식에서 시작하였는데, 열악한 환경이 심각한 문제를 야기하자 네로 황제가 제도를 정비하고 법제화시킨 것이 로마 시대의 인술라이고, 똑같은 일이 영국에서 재현된 것이 산업혁명기의 로우하우스들이다.

우리나라도 마찬가지였다. 1990년대 도심의 골목길에 들어서기 시작했던 다세대, 다가구주택들은 본디 중산층 주거이던 불란서주택을 분할하여 임대하기 시작한 것이 시초이고, 옥탑방, 지하셋방이 발생하는 등 문제가 많았다. 이에 3층 혹은 4층 이하, 반지하 허용이라는 제도에 따라 나타난 유형이 바로 빌라라 통칭되는 다세대, 다가구주택들이다. 이때 중요한 것은 처음에는 음성적으로 행해졌던 일이 법적으로 제도화되면서 그것이 명확한 하나의 주거 유형으로 굳어지고, 이후 기존의 주택이 처음부터 그 유형으로 신축되는 양상을 보인다는 점이다.

1970년대의 불란서주택을 개조하여 2층에 세를 주고 지하와 옥탑방을

단층이던 주택이 2층이 되어
세를 받는 등 주택은 점차 고밀화된다.

들이던 형태가 1980년에 주로 이루어졌다면, 1990년대에는 그 주택을 헐고 아예 다가구주택 혹은 원룸주택으로 새로 신축을 하는 형태다. 이때 기존의 주인은 신축된 원룸주택에 함께 살기도 하지만 좀 더 나은 주거지를 찾아 다른 곳으로 이주를 하는 경우도 있다. 이를테면 서울 강북에 있던 개량한 옥을 헐어 원룸주택을 지으면서 주인은 강남으로 이사를 하는 경우라 할 것 이다. 본디 중산층 거주지였던 곳이 분할되어 원룸, 다가구 등의 밀집구역이 되면서 주거의 질이 떨어졌기 때문이다. 그리고 이때 자본의 이탈, 즉 중산 층 주거지역이던 곳이 초입자 주거지역으로 변화하는 현상이 발생한다.

1층은 상점이 있고 2~3층에 가정집이 있는 상가주택.

세 번째 변화는 일부 주거지가 상업지역으로 대체되는 현상이다. 인구 집중에 따라 고밀화가 진행되고 지가가 상승하면서 주택 임대보다 더 수익성이 높은 상가 임대로 전환되는 현상인데, 이는 모든 주거지역에서 발생한다기보다 일부 상업지역에서 발생하는 현상이다. 예를 들어 대학이 밀집해 있는 신촌이나 대학로 일대의 경우, 본래는 주거지역이었다가 유동인구가 많아지면서 단독주택이 있던 자리에 원룸 건물이 들어서는 것을 볼수 있다. 주택이던 곳이 상가로 바뀌거나 원룸 건물을 신축하면서 1층에 상가를 두는 형태이다.

지금도 서울의 이면도로 곳곳에서 가장 흔히 만나게 되는 상가주택 즉 1층에 슈퍼, 2층과 3층에 다가구주택, 그리고 4층에 주인집이 있는 근린생활주택이 바로 이것이다. 그리고 이는 시간의 충적 속에서도 발견된다. 고

2~3층의 다가구주택이 늘어선 고밀한 도시 주거.

대 로마의 인술라는 1층에 상가가 있고 2층 이상부터 주택이 있었으며, 지금도 파리 시내를 이끼처럼 덮고 있는 아파르트멍도 1층에 카페와 빵집이 있는 대표적인 상가주택이다. 그리고 이후에 인구가 더욱 집중되면 상가주택을 헐고 빌딩을 올리는 경우가 생긴다. 주거시설이 업무시설로 변화되는 현상이고, 이러한 일이 지역 단위로 일어나는 것이 바로 도심 공동화 현상이자 네 번째 변화라 할 수 있다.

현재 서울 도심은 이러한 변화과정을 거쳐 도심 공동화 단계에 와 있다. 중구와 종로구를 비롯한 도심은 주거지로서의 성격을 상실한 지 오래인데, 다만 경제적인 이유로 그곳을 떠날 수 없는 사람들이 소수 살고 있다. 엄밀히 말해 도심 공동화 현상은 도심이 텅텅 비는 현상이라기보다, 주거지로서의 성격을 상실하면서 자본이 이탈해버린 상태라 할 수 있다. 과거에는 전형적인 중산층 주거지였던 곳이 업무지구로 변하였는데, 그곳에 상업 종사자, 서비스 종사자 등과 같이 도시의 하층민이 거주하면서 주거지역으로서의 거주환경이 더욱 열악해지는 현상이다.

한편 여기서 다섯 번째 단계라 할 수 있는 도심 재활성화가 일어나기도 한다. 이미 주거지로서의 성격을 상실하고 퇴락해버린 도심이 새로운 주거지로 재조명받는 현상을 말하는 것으로 젠트리피케이션(gentrification)이라고도 하는데, 주로 영미 문화권에서 널리 발생했던 현상이다. 그리고 현재 서울에서도 조금씩 나타나고 있다.

도심 재활성화 혹은
젠트리피케이션

—

젠트리피케이션은 1950년대 영국의 루스 글래스(Ruth Glass)가 고안해낸 개념으로, 오래되고 낙후된 도심의 주택가이던 곳에 중산층이 하나둘 이주해 들어와 그 집을 수리하여 사용하기 시작하면서 점차 그 지역의 지가가 상승하는 현상을 말한다. 본래는 도심 한가운데 섬처럼 위치한 빈촌이 차츰 고급 주거지로 변하는 현상이라 할 수 있다. 이를테면 런던 어느 곳에 빅토리아 시대에 건축되어 100년이 흐른 낙후된 타운하우스 밀집촌이 있어 주로 도심 노동자들의 셋집으로 쓰였는데, 1950년대에 즈음하여 이곳의 저렴한 주택을 매입한 다음 깨끗이 수리를 하여 사는 사람들이 하나둘 생기기 시작했다. 그러면서 동네가 점차 과거의 빈촌이라는 이미지를 벗고 중산층 주거지로 탈바꿈하기 시작하는 현상이 바로 젠트리피케이션(gentrification)이다. 현재 이 젠트리피케이션을 우리말로 명확히 번역하기가 어려워 도심 회춘, 도심 회귀 등으로 혼재하여 사용되고 있는데, 이 책에서는 도심 재활성화라 명하기로 한다.

그 어원을 따지자면 젠트리란 18세기에 등장한 신흥계층으로, 본디 기사와 성직자 아래에 위치하는 평민계층이었다. 중세시대에는 지배계층인 귀족과 피지배계층인 소작농 사이에 기사와 성직자 그룹이 중간계층으로 존재하였는데, 중세 말기부터 기사 계급의 영향력이 소멸하기 시작한다. 쇠락해가는 기사의 모습을 그린 작품이 세르반테스의 《돈 키호테》(1615년)라 할 수 있는데, 이 시기 서서히 성장하여 하나의 계층을 이룬 젠트리 곧 신사계층은 19세기가 되면 기사와 거의 대등한 위치를 누리게 된다. 이러한 모습은 《80일간의 세계일주》(1873년)에서 선명히 드러난다. 작품의 무대가 되는 혁신 클럽에 드나드는 신사들은 주인공을 비롯하여 은행가, 양조업자 등 부유한 상인들이었고, 미스터(Mr.)라는 호칭으로 불리면서 서(Sir.)라는 호칭이 붙는 기사와 서로 대등하게 교류한다. 따라서 젠트리의 동사형인 젠트리파이(gentrify)는 '젠트리가 되다' 곧 '중산계층이 된다'라는 뜻이고, 젠트리피케이션은 중산계층화되는 것 즉 저소득층 주거지역이던 곳이 중산층의 주거지역으로 바뀌는 현상으로 해석하는 것이 가장 정확할 것이다.

영국은 계층별 주거 분리의 경향이 뚜렷한 문화권이었다. 하지만 젠트리라는 신흥계층이 등장하면서 계층 이동이 가능해지자, 그에 대한 반작용으로 동일 계층끼리 한곳에 모여 사는 계층 분리가 더욱 첨예해지기 시작했다. 산업혁명 이후 도심은 공장 밀집지역이자 노동자 주거지라는 인식이 강한 곳이 영국인데, 노동자들의 셋집으로 이용되던 도심 한가운데 100년도 더 된 빅토리아 주택을 중산층이 매입하여 살기 시작한 것은 조금 생소한 일이었다. 더구나 그 현상이 동네 전반으로 확산되면서 마침내 그 동네는 기존의 빈촌 이미지를 벗고 새로운 중산층 동네로 이름이 알려지기 시작한 것이다. 이전까지는 없었던 새로운 현상이었다.

지금까지 영미 문화권에서 이 반대의 현상은 자주 있었다. 이를테면 어느 동네가 전형적인 백인 중산층 동네로 알려져 있는데, 그 동네에 어렵게 계층 이동에 성공한 유색인종이 전입해 들어오는 경우가 생긴다. 처음 한두 가구가 그렇다면 큰 문제가 되지 않지만, 유색인종들이 점점 많아져 전체 가구 수의 8~10%를 점유하게 되면 기존의 백인 중산층들은 그 동네를 떠나는 경향이 있다. 즉 본래 백인 중산층 마을이던 곳이 일부 유색인종에 의해 점유되다가 마침내 그곳이 유색인종의 서민동네로 하향 조정되는 경우는 더러 있는 일이었다. 하지만 빈촌이었다가 서서히 중산층 거주지로 변화하는 젠트리피케이션은 정반대의 현상이자 매우 드문 일이다. 그리고 이러한 영국식 젠트리피케이션은 미국으로 건너가 조금 다른 양상으로 발전했다.

미국식
젠트리피케이션

—

미국은 영국보다 30년 정도 뒤늦게 이 현상이 일어났다. 뉴욕 맨해튼 인근의 브루클린이나 브롱크스 지역은 노동집약적인 소규모 공장들이 들어서 있던 곳이었다. 과거 서울의 청계천과 영등포 근처에 공장이 많았던 것처럼 예전의 공장들은 강변에 위치하는 경우가 많았다. 그런데 1980년대 공장들이 외곽으로 이전하면서 이곳에 청년 예술가들이 하나둘 모이기 시작했다. 임대료가 저렴하고 무엇보다 공장으로 사용되던 건물이었기 때문에 천장이 높고 튼튼하여 주거 겸용의 아틀리에로 사용하기에 적당했다. 특히 휴스턴강의 주변지역인 South of Houston, North of Houston 지역은 이들 예술가의 아틀리에와 공방이 밀집해 있어 Soho, Noho라고도 불렸다. 흔히 Soho, Noho를 small office home office, no office home office의 약칭 즉 별도의 사무실을 갖지 않고 집에서 재택근무를 하는 업종을 지칭하는 것으로 알고 있지만, 본래는 South of Houston, North of Houston 지역의 예술가 공방에서 유래한 명칭이고, small office home office 등은 그 후 철자에 맞추어 만들어낸 말이다.

이렇듯 본래는 공장이 밀집해 있던 낙후된 지역이 예술가 창작촌으로 전환되면서 아틀리에, 화랑을 비롯한 고급 공방이 들어선 거리로 특화되고, 마침내 낙후된 이미지를 벗고 그 지역이 일대의 명소가 되었다. 그러자 뉴욕의 여피(Yuppies, Young Urban Professionals)들이 하나둘 이 지역으로 이사를 들어와 기존의 스튜디오 건물을 매입하여 주택으로 사용하기 시작했다. 이들은

본래 철공소가 밀집한 공장지대였던 문래동 예술단지는
최근 금속공예 예술가들이 입주하면서 새롭게 재단장하고 있다.

주로 독신이나 맞벌이, 무자녀의 특징을 가지는 중산계층이었는데, 소규모 공장으로 쓰이던 건물이나 노후주택을 매입하여 리모델링 뒤에 주택으로 사용했다. 그리고 이러한 예는 서울에서도 찾아볼 수 있다.

서울시 영등포구 일대의 문래동 예술단지, 금천 예술단지 등은 본래 철 공소와 인쇄공장이 밀집해 있던 지역이었지만 공장들이 하나둘 이전을 하고 대신 금속공예 관련 예술인들이 이곳을 공방으로 사용하면서 예술단지가 된 예라 하겠다. 이는 긍정적이고 바람직한 현상으로 보이기도 하지만 그림자는 있다. 공장 지역이든 노후주택 지역이든 중산층이 이주하여 고급화되면 기존에 그곳에 살던 사람들은 지가 상승에 따른 임대료 압력을 견디지 못해 또 다른 곳으로 떠나야 한다는 문제가 생긴다. 흔히 말하는 저렴 주거지인 노후하고 낙후된 마을도 기실 서민층에게 저렴주거를 공급한다는 순기능이 있다. 그런데 이러한 마을이 젠트리피케이션에 의해 중산층 주거지로 변화하면 결국 저렴주거지가 사라지는 것이다. 마치 불량 주거지를 없애기 위한 방안으로 전면 철거 및 아파트 건축을 실시하지만, 막상 그 아파트에 입주하는 원 거주민은 20~30%에 지나지 않고 나머지 사람들은 몇 푼 안 되는 이주비를 받고 인근의 더욱 저렴한 주거지로 이동하게 되는 현실과 비슷하다고 할 수 있다. 젠트리피케이션은 우리나라에서는 생소한 개념이지만 서서히 발생의 조짐을 보인다.

서울 도심의
젠트리피케이션

—

100년 전에 건축된 낡은 주택을 매입하여 수리하여 재사용하는 모습은 서울에서도 그리 낯선 것이 아니다. 가회동 일대는 1930~40년대에 조성된 중산층 주거지이자 ㅁ자 한옥으로 알려진 도시형 개량한옥이 밀집해 있는 동네였는데, 한옥보존지구로 지정되면서 개발이 늦어져 1990년대까지 낡고 노후화된 집들이 몰려 있었다. 그런데 최근 이곳이 북촌 꾸미기 운동과 맞물려 새로운 주거지로 각광을 받기 시작했다. 낡고 오래된 집을 매입하여 이른바 '신한옥'으로 수리를 하여 사용하는 사람들이 생긴 것이다.

주택으로 사용하는 경우뿐 아니라 관공서, 약국, 치과, 사무실로 사용하는 예가 증가하고 있으며, 과거에는 잘 볼 수 없었던 2층 한옥까지 등장하고 있다. 또한 북촌뿐 아니라 서촌도 변화하고 있다. 인왕산 아래 효자동, 옥인동 일대를 경복궁 서쪽에 있다 하여 서촌이라 하는데, 조선시대 하급 관리와 내시, 궁녀들이 주로 살던 마을이었다. 북촌이 고위관료의 주거지였다면 서촌은 하위관료의 마을이었고, 해방 후에는 인근에 청와대가 있어 개발이나 재건축이 어려워 서울 도심에서 소외받는 지역이기도 했다. 그래서 지금도 도심형 한옥이 밀집해 있는데 최근 이러한 소형 한옥들이 공방, 카페 등으로 변신을 하고 있고, 매입 후 수리하여 주택으로 사용하는 경향이 증가하고 있다. 이러한 예는 1950년대 런던에서 발생했던 젠트리피케이션 현상과 매우 유사하다고 하겠다.

한편 서울에서는 시내 한복판에 고층 아파트가 들어서는 독특한 한국

북촌이나 서촌 등 전통한옥이 밀집한 동네에 최근 새로운 신한옥이 등장하고 있다.

식 젠트리피케이션도 일어나고 있다. 예를 들어 종로구 내수동 경희궁이 있던 터에 아파트를 지어 이름조차 'K궁의 아침'이라 불리는 아파트는 불량 노후 주택들이 밀집해 있던 곳을 전면 철거하고 아파트와 오피스텔을 신축했다는 점에서 재건축 형식과 결부된 한국식 젠트리피케이션이라 할 수 있다.

해방 후부터 서울은 꾸준히 확장 정책을 펼쳐왔다. 일제강점기로 거슬러 올라가면 사대문 밖에 신촌과 신설동을 신설한 것이 그러하였고, 1970년대는 강남으로, 1980년대는 성남, 하남, 부천 등과 같은 위성도시로, 1990년대에는 분당과 일산 등의 신도시로의 확장이 그러했다. 그런데 시내 한복판에 고층 아파트를 짓는 시도는 'K궁의 아침'이 처음이었을 것이고 뒤따라 인근에 많은 주상복합아파트들이 들어섰다. 2010년대 이후에는 '뉴타운'이라 하여 서울 외곽이 아닌 도심에 고층 아파트를 짓는 현상이 두드러지고 있다. 청계천 인근의 왕십리를 비롯한 강북의 뉴타운사업은 한국식으로 재정착된 젠트리피케이션이라 할 수 있다.

요약하면 현재 서울에서 일어나고 있는 젠트리피케이션은 크게 세 가지로 설명할 수 있다. 첫째 북촌과 서촌 등지에서 일어나는 현상으로, 개인이 소규모로 개별적으로 진행한다는 점에서 런던에서 발생한 젠트리피케이션 현상과 가장 유사하다. 둘째는 문래 예술지구, 금천 예술지구 혹은 인천의 개항장 일대와 같이 본래 공장이 밀집해 있던 곳이 예술인 지구로 변화하는 현상으로, 뉴욕에서 발생했던 SOHO NOHO 현상과 유사하다. 세 번째는 도심에 초고층 주상복합 빌딩을 짓거나 뉴타운 사업을 하는 등 도심 내 필지의 전면철거 재개발 형식으로 일어나는 젠트리피케이션이라 할 수 있다. 그리고 최근 '마을 만들기' 운동과 유사하게 도심에 있는 기존의 노후한 마을을 새로이 정비하는 일도 활발히 진행되고 있다.

도시의 성장은 주로 외곽으로의 팽창이었다. 그런데 젠트리피케이션은 그 반대의 방향으로 움직이는 응축의 과정이라 할 수 있다. 이미 업무지구로 알려진 도심이나 공장지대처럼 주거지로는 적합하지 않은 곳이 새로운 주거지로 주목받는 이 현상을 어떻게 설명해야 하는가, 과연 도심의 무엇이 흡인요소가 되고 있을까.

젠트리피케이션의
발생 이유

—

주택문제는 인구학적 이유와 긴밀히 맞물려 있어서, 젠트리피케이션 역시 인구 변화 및 사회 변동과 연관시켜 생각해보아야 한다. 일반적으로 전쟁이 끝나면 곧 베이비붐이 생기는데 그들이 25~30세가 되어 독립을 할 때가 되면 주택 수요가 급증하고, 이 시기 교외에 대규모 주택단지가 조성된다. 그 후 25~30년이 더 지나 베이비부머의 자녀들인 에코 베이비부머가 독립을 하면서 주택이 필요해지는 시기에 이르면 또 다른 교외에 주거단지를 조성하는 것이 아닌, 도심에 주거단지를 구하는 도심 회귀 현상이 발생한다. 이미 교외 확산으로 인해 더 이상의 교외 주택지를 찾기가 어렵거니와 도심 공동화 현상에 따라 도심의 집값이 오히려 저렴하기 때문이다. 그리고 이를 한국에 비추어 보아도 그대로 적용된다.

1955~63년 사이에 출생한 한국의 베이비부머들이 결혼을 하면서 주택 수요가 급증했던 때는 1980~90년대인데, 바로 이때 주택 200만 호 건설계획 추진과 함께 분당과 일산을 비롯한 1기 신도시들이 탄생했다. 한편 에코 베이비부머세대인 1979~92년생의 결혼 시기가 또 다가오고 있는데, 아니나 다를까 2000년대 초반부터 청계천 정비와 맞물려 왕십리 재개발, 'K궁의 아침' 등 대형 아파트가 서울 도심에 들어서고 있으며, 또한 북촌과 서촌도 새롭게 주목받고 있다.

산에 올라 소리를 치면 곧 되돌아오는 메아리는 처음의 목소리보다 작은 것이 보통이다. 마찬가지로 베이비부머가 일으키는 파급력에 비교해 에코 베이비부머의 파급력은 미약하지만, 분명 도심 회귀 현상은 일어나고 있다.

둘째로는 노동시장에서 여성인력이 증가하고 있는 이유도 도심 회귀에 한몫을 한다. 과거와 비교해 기혼여성의 취업률은 매우 증가했는데, 남성 노동과 비교해 여성 노동은 지역밀착형이라는 특이한 양상을 보인다. 쉽게 말해 남성은 고소득의 안정적인 일자리가 보장되면 원거리 통근도 크게 문제가 되지 않지만, 여성은 조금 급료를 덜 받더라도 근거리 통근을 선호하는 경향이 강하다. 이는 고소득의 전문직 여성이나 저소득의 비정규직 여성 모두에게서 동일하게 나타나는 특징이다. 이를테면 특별한 기술이 없는 일반 여성이 가장 쉽게 구할 수 있는 일자리가 식당 보조원, 마트 계산원, 가사 도우미, 상점 아르바이트 등인데 이는 대표적인 지역밀착형 일자리다. 마트 계산원이나 편의점 아르바이트를 할 때 집에서 가장 가까운 곳에서 일자리를 구하지, 그 누구도 두 시간 거리에 있는 상점으로 아르바이트를 하러 가지 않을 것이다.

한편 고소득 전문직 여성의 경우에는 주거지를 정하는 데 경제력은 큰 문제가 되지 않는다. 따라서 통근비용을 아끼고 시간을 절약할 수 있는 직장 주변에 주거지를 정하는 경향이 강하기 때문에, 강남이나 용산 등 주변 환경이 우수한 주거지를 선호한다. 쉽게 말해 저소득 여성은 집 근처에서 비정규직 일자리를 구하고 전문직 여성은 직장 근처에 집을 구하기 때문에, 여성의 취업률이 높을수록 도심이 주거지로서의 인기가 높아진다. 특히 맞벌이 여성의 경우 도심에 집을 구하면 통근비용과 시간을 절약할 수 있다는 것 외에 육아 도우미, 가사 도우미 등 각종 사회서비스를 쉽게 이용할 수 있다는 장점이 있다.

세 번째로는 1~2인 가구의 증가도 한몫을 한다. 현재 이들이 전체 가구에서 차지하는 비율이 절반에 이르고 있는데, 대개 독신이거나 노인 부부, 무자녀 부부 혹은 편부모에 1인 자녀, 조손 가족 등 핵가족보다 더 작아진 초핵가족이라 할 수 있다. 영국과 미국 대도시에서 도심 회귀를 주도했던 이들도 초핵가족들이었다. 부부와 학령기의 자녀로 구성된 전통적인 4인 가족은 주거환경이 우수한 신도시나 전원도시에 집을 구하는 경향이 강하지만, 여러 이유로 파편화되고 주변화된 가족은 익명성 보장, 직장과의 거리 근접, 사회서비스 이용 등의 이유로 도심을 선호하는 경향이 강하다.

이상이 도심 회귀를 유발하는 인구학적인 이유였고, 그 외에도 교외의 가장 큰 매력이던 저렴한 집값이 비싸지고, 또한 수도권 비대화에 따라 통근비용이 증가하는 것 등도 이유가 된다. 일산이나 분당이나 집값이 그다지 싸지도 않을뿐더러, 만약의 경우 아내의 직장이 분당이고 남편의 직장이 일산에 있다면 결국 집은 그 중간지점인 종로나 중구, 동대문구, 용산구 등에 구하는 수밖에 도리가 없다. 아울러 최근에는 건축기술이 발달하여 낡은 구옥을 매입하여 수리를 하는 것도 그다지 어렵지 않게 되었고 식상한 아파트 문화에 지쳐 단독주택의 수요가 증가하고 있는데, 도심의 오래된 한옥은 그 모든 것을 쉽게 만족시켜 줄 수 있기 때문이다.

1980~90년대 베이비부머의 주택 수요에 맞추어 대단위로 건설했던 신도시에 비하면 에코 베이비부머의 주택 수요 및 인구 변동에 따른 도심 회귀 현상은 그다지 큰 스케일로 진행되는 것은 아니다. 그러나 미미하기는 하나 진행되고 있는 상황이고, 가장 큰 문제는 이러한 도심 회귀 현상이 저

렴주거지역을 몰아낸다는 것이다. 영국과 미국 대도시에서 도심 회귀 현상이 일어났을 때 가장 큰 타격을 받은 이들은 본래 그곳에 살던 사람들이었다. 이들은 주로 일용직이나 불안정한 고용 상태에 놓여 있었기 때문에, 시내 어디라도 쉽게 이동할 수 있고 또한 각종 정보를 쉽게 얻을 수 있는 도심지에 사는 것이 편리했다. 그런데 중산층과 여피, 예술인들이 몰려들어오면서 거리의 성격이 변하자 임대료가 상승하고, 높아진 임대료를 감당할 수 없는 원 거주민들은 그 마을을 떠나는 경우가 생겼다. 마치 노후 주거단지를 개량하기 위해 전면 철거 후 아파트를 재건축하였지만 원 거주민의 아파트 입주률은 30% 남짓에 불과하고 나머지는 더 저렴한 주거지를 찾아 이사를 나가는 경우와 비슷했다.

다시 말해 저렴주거지가 개발에 의해, 혹은 개인의 자발적 참여에 의해 변동되어 중산층 주거지가 되면, 본래 그곳에 살던 사람들은 또 다시 주렴주거지를 찾아 이동한다는 법칙은 여전히 현재 진행 중이다.

희망주택과 저렴주택,
우리 시대의 자화상

내가 초등학교를 다니던 1970년대에는 '불란서주택'이라 불리던 2층 양옥집
이 인기가 많아서, 거기 사는 아이들은 부잣집 아이로 불렸다. 중고등학교를
다니던 1980년대에는 아파트가 한창 유행이어서 어느 동네 몇 평에 사느냐가
아이들 사이에서도 이야깃거리가 되곤 했다. 대개 강남의 30~40평 아파트에
산다면 부잣집 아이로 통했다. 대학을 다니던 1990년대에는 전원주택 열풍이
불어서 서울 근교 한적한 시골 동네에 사는 것이, 그래서 여름엔 방울토마토
를 따고 겨울엔 벽난로를 때면서 일주일에 한 번 정도는 손수 차를 몰고 압구
정동으로 놀러가는 것이 부자인 줄 알았다.

그 후 대학원 건축학과에 입학해 공부를 하면서 가회동 한옥에 대해 배웠
다. 멋지게 잘 지어진 중산층 개량한옥이었다. 하지만 논문 준비를 위해 실제
그곳에 답사를 갔더니 개량한옥은 방방이 셋방을 들이고 있었다. 외환위기가
있던 1998년 즈음에 회사에 입사해서 초고층 주상복합아파트 설계에 투입된
적이 있다. 120평짜리 아파트를 설계하던 과장은 19평짜리 주공 아파트에 살
고 있었고, 9평짜리 반지하 원룸에 살던 대리는 결혼을 하면서 경기도도 아닌
충청도에 신혼집을 구했는데, 야근으로 늦게 끝나는 날이면 차라리 찜질방에

서 잠을 자는 것이 편하다고 했다. 몇 년 회사를 다니면서 세상에는 120평짜리 타워팰리스보다 더 큰 부잣집도 있다는 것을 알게 되었다. 흔히 부잣집이라고 알고 있었던 집은 정확히 말해 중산층 주택일 뿐, 진짜 부자들의 집은 웬만해서는 보통사람들의 눈에 잘 띄지도 않는다는 것 또한 알게 되었다. 아마 그러한 기억들이 부잣집과 평범한 집의 차이는 무엇일까라는 의문을 낳게 했던 모양이다.

현행 주택은 법적으로 여섯 가지로 분류된다. 단독주택, 다중주택, 다가구주택, 다세대주택, 연립주택, 아파트 등이다. 여기서 단독주택은 문화주택, 불란서주택, 전원주택 등으로 불리면서 항상 그 시대의 희망주택이 되어 왔고, 지금 새롭게 주목 받는 신한옥, 현대한옥 등도 모두 단독주택의 범주에 해당한다. 한편 아파트는 지금 가장 많은 사람들이 살고 있는 명실상부 국민주택이자 대중주택이 되었다. 그 때문인지 서점의 베스트셀러 코너를 장식하는 책들은 대개 아파트와 단독주택에 대한 책들이다. 시내의 아파트를 처분한 돈으로 전원주택을 마련하는 방법이라든지 혹은 답답한 아파트를 개성 있게 꾸미는 방법에 대한 책들도 많다. 그런데 여섯 가지 주택 중에서 아파트와 단독주

택을 제외한 나머지 네 주택들에 대해서는 무관심하며, 이름조차 정식 명칭이 아닌 모호한 이름으로 불린다. 흔히 말하는 원룸, 고시텔 등은 다중주택에 해당하며, 다가구, 다세대, 연립주택은 그저 빌라라는 말로 통칭된다. 또한 아파트와 크게 구분되지 않아 이름조차 아파텔로 불리는 오피스텔은 엄밀히 말해 주거시설이 아닌 상업시설에 해당한다. 어쩌면 바로 이것이 이 시대의 자화상이 아닐까.

홍길동이 아버지를 아버지라 부르지 못했던 이유는 서자라는 떳떳하지 못한 신분 때문이었는데, 다중주택, 다가구주택, 다세대주택, 연립주택이 ○○텔, ○○빌라, ○○맨션, ○○타운이라는 완곡한 이름으로 불리는 이유는 무엇일까. 아울러 서점에 이 네 가지 주택에 관한 책을 쉽게 찾아볼 수 없는 이유는 무엇일까.

아파트는 이미 대중주택이고 단독주택은 희망주택인 현 상황에서, 이 네 가지 주택을 저렴주택이라 이름 붙였다. 비교적 저렴한 가격에 얻을 수 있는 주택이라는 특성이 있고, 그래서 사회에 첫발을 내디딘 20~30대 청년층과 은퇴나 가족 규모의 축소 등으로 좀 더 작은 집을 찾게 된 60~70대의 노년층도

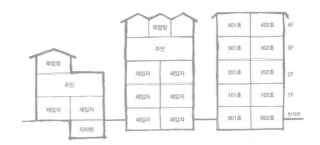

많이 살고 있다. 즉 빈곤한 사람의 주택이라기보다는 생애주기를 통틀어 누구나 살게 되는 주택인데, 그것이 나와는 아무 상관없는 양 애써 외면해온 현실이 안타깝다.

뒤늦게 돋보기를 대고 그 주택들을 자세히 들여다보았다. 문화주택, 불란서주택, 전원주택 등 우리가 희망하는 주택의 원류가 19세기 유럽의 제국주의에 기반하고 있다면, 셋방살이부터 시작되는 저렴주택은 이 땅의 서민들이 자발적으로 이루어낸 그야말로 민중주택이라 할 수 있다. 즉 희망주택이 외세의 압력에 의한 반강제적 근대화의 부산물이자 위로부터의 주택이라면, 저렴주택은 민중의 힘에 자생적으로 발달한 주거유형이자 아래로부터의 주택이라 할 수 있다. 지금까지 크게 주목받지 못했고 명칭조차 그저 빌라로 통칭되던 네 가지 주택, 즉 다중주택, 다가구주택, 다세대주택, 연립주택에 대한 새로운 모습을 발견한 것이 기쁘다.

참고문헌

- A. N. 윌슨, 윤철희 옮김, 《런던의 짧은 역사》, 을유문화사, 2005.

- 국토연구원 편, 《공간이론의 사상가들》, 한울아카데미, 2001.

- 국토연구원 편, 《현대 공간이론의 사상가들》, 한울아카데미, 2005.

- 김대년 외 편역, 《여성의 삶과 공간환경》, 한울아카데미, 1995.

- 김왕배, 《도시, 공간, 생활세계》, 한울, 2000.

- 김형국, 하성규 편, 《불량주택 재개발론》, 나남출판, 1998.

- 남영우, 《도시공간구조론》, 법문사, 2007.

- 노버트 쉐나우어, 김연홍 옮김, 《6000년 인류주거의 역사: 집》, 다우, 2004.

- 대한국토 도시계획학회 편, 《서양도시계획사》, 보성각, 2004.

- 데이비드 하비, 김병화 옮김, 《모더니티의 수도 파리》, 생각의나무, 2005.

- 도시재생네트워크, 《뉴욕 런던 서울의 도시재생 이야기》, pixelhouse, 2009.

- 레오나르도 베네볼로, 윤재희 외 옮김, 《세계도시사》, 세진사, 2003.

- 레이철 페인 외, 이원호, 안영진 옮김, 《사회지리학의 이해》, 푸른길, 2008.

- 로버트 피시만, 박영한, 구동회 옮김, 《부르주아 유토피아》, 한울, 2000.

- 마이크 데이비스, 김정아 옮김, 《슬럼, 지구를 뒤덮다》, 돌베개, 2007.

- 마이크 새비지, 알랜 와드, 김왕배, 박세훈 옮김, 《자본주의 도시의 근대성》, 한울, 1996.

- 마크 기로워드, 민유기 옮김, 《도시와 인간》, 책과함께, 2009.

- 민유기, 《도시이론과 프랑스 도시사 연구》, 심산, 2007.

- 박철수, 《소설 속 공간산책 1》, spacetime, 2002.

- 박철수, 《소설 속 공간산책 2》, spacetime, 2004.

- 박철수, 《소설 속 공간산책 3》, spacetime, 2005.

- 베아트리츠 꼴로미냐, 박훈태, 송영일 옮김, 《프라이버시와 공공성: 대중매체로서의 근대건축》, 문화과학사, 2000.

- 빌 리제베로, 박인석 옮김, 《건축의 사회사》, 열화당, 2008.

- 서용식, 《도시형 생활주택》, 매일경제신문사, 2009.

- 손세관, 《도시주거 형성의 역사》, 열화당, 2000.

- 스피로 코스토프, 양윤재 옮김, 《역사로 본 도시의 모습》, 공간사, 2009.

- 스피로 코스토프, 양윤재 옮김, 《역사로 본 도시의 형태》, 공간사, 2011.

- 알도 로시, 오경근 옮김, 《도시의 건축》, 동녘, 2003.

- 앤소니 킹, 이무용 옮김, 《도시문화와 세계체제》, 시각과 언어, 1999.

- 에드워드 글레이저, 이진원 옮김, 《도시의 승리》, 해냄, 2011.

- 에벤에저 하워드, 조재성, 권원용 옮김, 《내일의 전원도시》, 한울아카데미, 2006.

- 윤복자, 《세계의 주거문화》, 신광출판사, 2000.

- 이무용, 《공간의 문화정치학》, 논형, 2005.

- 이진경, 《근대적 주거공간의 탄생》, 소명출판, 2001.

- 임창복, 《한국의 주택, 그 유형과 변천사》, 돌베개, 2011.

- 전남일 외, 《한국주거의 미시사》, 돌베개, 2009.

- 전남일 외, 《한국주거의 사회사》, 돌베개, 2008.

- 전남일, 《한국주거의 공간사》, 돌베개, 2010.

- 제인 제이콥스, 유강은 옮김, 《미국 대도시의 죽음과 삶》, 그린비, 2010.

- 조엘 코트킨, 윤철희 옮김, 《도시의 역사》, 을유문화사, 2007.

- 존 레니에 쇼트, 이현욱, 이부귀 옮김, 《문화와 권력으로 본 도시탐구》, 한울아카데미, 2001.

- 존 리더, 김명남 옮김, 《도시, 인류 최후의 고향》, 지호, 2006.

- 질 발렌타인, 박경환 옮김, 《사회지리학》, 논형, 2009.

- 최병두, 《근대적 공간의 한계》, 삼인, 2002.

- 코야마 히사오, 유창수 옮김, 《타운하우스》, 을유문화사, 2006.

- 피터 홀, 울리히 파이퍼, 임창호, 구자훈 옮김, 《미래의 도시》, 한울아카데미, 2005.

- 피터 홀, 임창호, 안건혁 옮김, 《내일의 도시》, 한울아카데미, 2005.

- 한국공간환경학회 편, 《공간의 정치경제학》, 아카넷, 2000.